문수사리에게
깨달음에 이르는
세 가지 길을 듣다

티베트불교 문수보살의 비결

문수사리에게
깨달음에 이르는
세 가지 길을 듣다

소남 갤첸 곤다 해설

석혜능 옮김

부다가야

티베트불교 문수보살의 비결

머리말

티베트불교 모든 종파에서 뿌키잠양 남쑴(티베트에서 세 사람의 문수보살)이라고 상찬되는 이는 성자 사꺄 빤디따(꾼가 갤첸 : 1182~1251), 꾼켄 롱첸랍잠(티메 외셀:1308~1363), 제 쫑카빠(롭상 닥빠:1357~1419), 이 세 사람입니다.

이 가운데 쫑카빠 대사의 『도의 세 가지 요결』과 사꺄 빤디따의 『네 가지 사로잡힘에서 벗어나는 비결』에 대해서 이 책에서 해설하고자 합니다.

광대하고 깊은 부처님의 경전은 방대하고, 또한 그 뒤 위대한 성자 나가르주나(용수) 등이 지은 논서도 셀 수 없을 만큼 있지만, 본서에서 해설하는 『도의 세 가지 요결』과 『네 가지 사로잡힘에서 벗어나는 비결』의 가르침에는, 이 모든 경전과 논서의 핵심이 모두 집약되어 있습니다.

이 두 가지 가르침의 공통된 주제인 세 가지 요결에 대해 14세 달라이 라마 존자님은 다음과 같이 설명하고 있습니다.

모든 윤회는 괴로움이라는 것을 보고, 영원한 행복은 해탈에만 있음을 알아, 해탈을 얻고자 하는 강렬한 마음인 「출리」를 일으킵니다. 자신이 겪는 참을 수 없는 수많은 고통이 다른 이에게도 똑같이 있다고 생각하여, 일체중생을 괴로움에서 해방시키고 싶다는 커다란 연민의 마음을 갖추며, 그 커다란 연민을 씨앗으로 하여 「보리심」을 일으킵니다. 그리고 제법(모든 존재)은 자성으로써 존재하지 않는다는 「정견」을 가집니다. 이것이 바로 세 가지 요결입니다.

이 세 가지 가운데 만약 출리가 없으면 해탈을 구하는 마음을 일으킬 수가 없고, 보리심이 없으면 불자라 하더라도 이름뿐, 아무런 의미도 없으며, 공성을 이해하는 견해인 정견이 없으면 해탈을 얻을 수가 없습니다.

자신이 해탈을 얻는 것에 마음이 향하면 출리를 일으키게 되지만, 해탈에 이르기 위해서는 공성을 이해하는 견해를 배워야 합니다. 따라서 불교를 신앙하는 이라면, 출리를 전행前行으로 하여 보리심을 일으키고, 공성의 견해를 배우는 것이 중요합니다. 여기에 밀교의 가르침이 더해지면 지극히 깊고 깊은 가르침이 됩니다.

달라이 라마 존자님을 비롯한 많은 스승들이 말씀하시는 것에서도 알 수 있듯이, 『도의 세 가지 요결』과 『네 가지 사로잡힘에서 벗어나는 비결』에서 전하는 가르침은 티베트에는 바람처럼 두루 널리 퍼져있습니다.

또 하나, 불교의 최종적인 목적이라는 측면에서 설명하면 다음과 같습니다. 불자로서의 원은 궁극적인 부처님의 경지를 성취하는 것인데, 부처님은 깨달은 존재이고, 모든 허물에서 벗어났으며, 모든 공덕을 갖춘 존재입니다. 또한 자리와 이타를 완전히 이룬 존재이기도 합니다. 그러한 부처님의 몸(佛身)은 자리를 완성한 법신과 이타를 궁극까지 완성한 색신의 두 가지로 크게 나눌 수 있습니다. 법신을 얻는 주된 원인은 공성을 이해하는 지혜이고, 색신을 얻는 주된 원인은 보리심(방편)입니다. 이 지혜와 방편은 깨달음의 길, 즉 보리도에서 하나(一體)가 되어야 합니다.

그리고 이타행을 일으키는 주된 원인은 방편인 보리심이고, 보리심이 일어나기 위해서는 일체중생에 대한 커다란 자애와 연민의 마음[자비심]이 있어야 합니다. 그러한 커다란 연민(大悲)이 일어나기 위해서는 다른 이(일체중생)를 괴로움에서 해방시키고자 하는 간절한 마음이 있어야 합니다. 그러기 위해서는 출리의 마음이 일어나지 않으면 안 됩니다. 왜냐하면, 자기 자신의 괴로움을 알지 못하고, 그러한 괴로움에서 벗어나고 싶다는 생각이 없으면 다른 이의 괴로움을 이해할 수 없습니다. 그렇다면 다른 이에 대한 자비의 마음도 쉽게 일어나지 않기 때문입니다.

그러므로 부처님의 경지에 이르기 위해서는, 먼저 출리의 마음을 일으키고, 그 뒤에 보리심을 일으키며, 정견을 얻는 것이 필요하며, 이 세 가지가 깨달음의 주된 원인이 됩니다. 이렇게 세 가지 보리도가 있다는 것이 「세 가지 요결」로 표현된 이유입니다.

이 세 가지 요결은 시대를 묻지 않고 불교에 필요불가결한 것이고, 현교뿐 아니라, 밀교에서도 매우 중요한 토대가 됩니다. 일반적으로 밀교는 이번 생에 깨달음을 완성할 수 있는 빠른 길이라고 하는데, 밀교의 두 가지 차제의 수행도 세 가지 요결을 토대로 행하지 않으면 의미가 없다는 것은 많은 경험자가 말하고 있습니다.

본서에서는 이러한 광대하고 깊은 쫑카빠 대사의 『도의 세 가지 요결』과 사꺄 빤디따의 『네 가지 사로잡힘에서 벗어나는 비결』이 부처님 가르침에 따라 수행하려는 사람들에게 많은 도움이 되리라 생각하며 최선을 다해 해설했습니다. 여러분에게 도움이 되는 부분이 있다면, 그것은 모두 모든 스승들의 덕분입니다. 이 가르침에 의해서 모든 유정들이 행복하게 되고, 부처님의 가르침이 널리 펼쳐지며 오래 머물게 되기를 마음으로 기원합니다.

그리고 본서에 잘못된 것이 있다면, 더 나은 이후를 위해 지적·교시해 주시기를 바라며 귀중한 교훈으로 마음에 담아두려 합니다.

소남 갤첸 곤다

목차

V. 「정견」에 대한 해설

|제2부| 네 가지 사로잡힘에서 벗어나는 비결

2. 이번 생에 사로잡힌 마음에서 벗어난다

3. 윤회 세계 전체에 사로잡힌 마음에서 벗어난다

4. 자리自利에 사로잡힌 마음에서 벗어난다

5. 사물과 현상에 사로잡힌 마음에서 벗어난다

|제3부| 문수의 지혜에 의한 구원
: 중관의 네 가지 명상(中觀四念住)

제1부

—

람쪼남쑴
: 도의 세 가지 요점

제1부

람쪼남쑴 : 도의 세 가지 요점

제 쫑카빠 대사 지음

전 문

—

지존하신 모든 스승님께 정례합니다.

승리자이신 부처님 가르침의 핵심적인 뜻과
올바른 불자들이 찬탄하는 길을,
해탈을 얻고자 하는 인연 있는 이들에게
배가 떠나는 부두에 비유되는
보리도의 세 가지 요점에 대하여
그것을 내가 할 수 있는 한 설명하고자 합니다.

윤회의 행복에 집착하지 말고
유가 구족(수행에 적합한 기회와 조건)이 헛되지 않도록
정진함으로써 승자의 기쁨이 되는 길을 신봉하는
인연 있는 이들은 청정한 마음으로 들으십시오.

청정한 출리가 없으면
윤회의 고해에서 행복의 열매를 쫓으며
그것을 진압할 방편은 없습니다.
윤회에 애착하는 번뇌로
유정들은 모두 속박되어 있으므로
가장 먼저 출리를 추구해야 합니다.

유가 구족의 인간의 몸은 얻기 어렵고
더욱이 일생은 순식간에 지나가 버린다는 것을
마음으로 익숙해지게 되면
이번 생의 쓸데없는 일에 대한 집착은 없어집니다.

인과가 틀림없이 드러나는
윤회의 여러 가지 괴로움을

두 번 세 번에 걸쳐 생각한다면
후생의 사소한 것에 대한 집착도 없어지게 됩니다.

그렇게 익숙해지는 것으로
윤회의 영화를 원하는 마음은
한순간도 일으키지 말고
밤이나 낮,
언제나 해탈을 추구하는 지혜가 생겨난다면
그때야말로 출리가 일어난 것입니다.

그 출리도
청정한 보리심으로 지탱되지 않으면,
무상보리(부처님의 깨달음)의 원만한 즐거움을 얻을
원인이 되지 못하기 때문에
지혜로운 이들은 훌륭한 보리심을 일으켜야 하는 것입니다.

두려워해야 할 네 가지 폭류에 압도되어서
피하기 어려운 업의 견고한 속박에
몸이 움직이지도 못하고

아집이라는 쇠 그물에 둘러싸여
무명의 어둠이라는
끝없는 암흑에 완전히 덮여 있습니다.

무변한 윤회에 환생을 되풀이하면서
삼고(보통의 괴로움, 변화하는 괴로움, 보편적인 괴로움)에 들볶이고
아직도 이렇게 되어있는
어머니[인 일체중생]의 은혜를 생각하며
그리고 최승심인 보리심을 일으켜야 합니다.

진리를 깨달은 반야(지혜)로 무장하지 않으면
출리나 보리심에 능숙해지더라도
윤회의 뿌리를 끊을 수 없기에,

그 때문에 연기법을 요해하기 위해
온 힘을 다하여 노력해야 합니다.

윤회와 열반(미혹과 고통에서 해방된 세계)의
제법의 모든 인과는 항상 거짓 없다고 깨달으면서

반연하는 의처(依處 : 실체로서 인식되는 대상)는
무엇이든 모두 사라졌을 때,
그것이야말로
부처님이 기뻐하실 길로 들어가는 것입니다.

현현(顯現-나타난 것)의 인과에 거짓이 없는 것과
공空을 인정한다는
이 두 가지를 떠난 이해가 개별적으로 나타날 때는
아직 모니牟尼:釋迦世尊의 밀의(密意:眞意)를
이해하지 못하고 있는 것입니다.

언젠가 교차가 아닌 동시에
연기에 거짓이 없는 것을 느낄 뿐,
신념을 가지고
경계에 집착하는 것(대상을 실체로 파악하는 습관)을
모두 멸한다면
그때야말로 견해의 사찰(분석)은 완성된 것입니다.

더욱이 현현[에 실체가 없는 것]을 가지고

있다는 측(존재에 실체성을 인정한다는 극단론)을 배제하고
공[인 것이 환상처럼 나타나는 것]을 가지고
없다는 측(존재가 완전 무라고 하는 극단론)을 배제하여
이러한 공성이 인因과 과果로 나타나는 도리를 안다면
변집견(극단론에 집착하는 견해)에 사로잡히지
않을 것입니다.

이처럼,
「도道의 세 가지 요결」의 여러 요점을
스스로 여실히 이해했을 때,
적정처寂靜處에 몸을 의지하고 정진의 힘을 발휘하면
목표하는 궁극의 경지를 빨리 성취할 수 있습니다.

I.
『람쪼남쑴』의 배경에 있는 가르침과 배우는 방법

문수보살로부터 전수된 핵심적인 가르침

이 가르침의 티베트어 제목 『람쪼남쑴』에서 「람」은 「깨달음의 길(道)」, 「쪼」는 「주요한(要)」, 「남쑴」은 「세 종류」라는 의미가 되므로 「보리도의 세 가지 요점(도의 세 가지 요결)」으로 됩니다.

이것은 쫑카빠 대사(1357~1419)에 의해 지어진 가르침이고, 이타(利他 : 다른 이를 이롭게 하는 것)를 목적으로 하여 부처님의 경지에 이르기 위한 길, 즉 깨달음을 얻기 위해서는 어떠한 과정을 밟으면 좋은가에 대해서 세 가지 비결로써 간결하게 모은 것입니다.

쫑카빠 대사에 의해 지어졌다고 하지만, 쫑카빠 대사가 독자적으로 창작한 것이 아니라, 근본 스승인 문수사리로부터 직접 전수된 핵심적인 가르침이라 하고, 이 「세 가지 요결」은 과거 및 현재의 모든 부처님이 걸어온 길이고, 미래에 부처님이 될 수행자가 걸어야 할 길이며, 모든 이를 깨달음에 이르게 하는 위대한 수레입니다.

『람쪼남쑴』의 토대가 되는 가르침 『보리도차제』

부처님의 경지에 이르기 위해서는 그렇게 되기 위한 원인이 되는 것을 알아야 하는데, 거기에는 틀림없는 가르침(正法)을 들을 필요가 있습니다. 그 틀림없는 가르침을 요약한 것이 『람쪼남쑴』입니다.

이것은 삼계(윤회 세계 전체 : 욕계, 색계, 무색계)의 어두움을 비추는 하나의 등불이라고 할 수 있는 「람림」의 핵심적인 내용이기 때문에 『람쪼남쑴』의 해설을 하기 전에 그 배경에 있는 『람림』에 대해서 조금 설명해 보겠습니다.

「람림」의 「람」은 「길(道)」, 「림」은 「차제(순서, 단계)」이므로, 그 말이 나타내고 있는 「람림」은 「깨달음에 이르는 길의 단계」이고, 그 내용을 한마디로 말하면 소위 대·소승의 공통적인 가르침, 현교와 밀교를 포함하는 불교 가르침의 모두가 모순 없이 정리되어 설해진 것입니다. 그 커다란 특징은 불교의 「교리」와 「실천」을 별개로 하지 않고 단계를 밟아 틀림없는 수행을 해나가기 위한 현실적인 지침으로 되는 것입니다.

불교는 8세기 무렵에 인도에서 티베트로 전해졌는데, 11세기가 되자 티베트의 불교를 둘러싸고 있는 환경에 혼란이 시작되어 사람들 사이에 오해나 잘못이 확산되어 갔습니다. 그 무렵 「장춥외」라고 하는 서티베트의 왕은 그 혼란을 다스리기 위해 많은 곤란을 물리치고 인도의 대학승인 아띠샤 존자(982~1054:벵골 출신. 가르침의 전승은 후에 까담빠라고 불린다)를 티베트에 초빙했습니다. 그리고 염원대로 아띠샤 존자가 티베트를 방문했을 때, 왕은 널리 일반인들도 이해하는 데 도움이 되는 가르침을 써 달

라고 요청했고, 거기에 응하여 아띠샤 존자가 지은 것이
『보리도등론菩提道燈論』입니다. 「람림」은 『보리도등론』을
근본으로 하여 넓혀졌고, 나중에 티베트불교의 커다란
특징 가운데 하나가 되었다고 생각됩니다.

그 후 쫑카빠 대사가 아띠샤 존자의 가르침을 계승하
여 중관 귀류논증파의 철학에 바탕을 두고 이를 재구성
하여 「보리도차제론」을 지었습니다. 쫑카빠 대사의 「보
리도차제론」은 『보리도등론』을 더욱 이해하기 쉽게 한
것이고, 실천하기 쉬운 순서로 정리하고 있습니다.

이 「보리도차제론」에는 유명한 것이 세 종류(『보리도차
제광론』『보리도차제약론』『보리도차제집의』)가 있고, 더욱이 쫑카
빠 대사의 후계자들에 의한 요약과 주석의 주요한 것이
다섯 가지가 있습니다. 그 밖에도 많은 「람림」이 있지
만, 지금 말하는 여덟 종류의 「람림」이 「여덟 책의 위대
한 논서」로서 알려졌습니다.[1]

....

1) 꾼촉소남/재등齋藤 지음, 『실천티베트불교입문』, 春秋社. 참조.

모든 비결이 하나의 길로 표현된 「람림」

「람림」 속에는 부처님 경지에 이르는 길이 하사, 중사, 상사라고 하는 세 단계로 설명되어 있습니다. 이 세 종류는 별도의 사람들에게 붙여진 이름이 아니고, 한 사람이, 예를 들면 초등학생, 중학생, 고등학생으로 성장해 가는 것처럼, 자기 자신이 순서대로 배워가는 단계라고 생각해야 할 것입니다.

앞에서 말한 것처럼, 「람림」은 아띠샤 존자나 쫑카빠 대사가 독자적인 생각에 따라서 창작된 것이 아니고, 삼세의 부처님들에 의해서 경전에 나타난 길에 관해서 설명한 것이고, 거기에는 석가모니 부처님의 모든 경전, 용수나 무착, 미륵 등에 의한 주석이나 논서의 모든 내용이 포함되어 있습니다. 그러므로 『보리도등론』에서 생겨난 「람림」, 그것을 발전시킨 사상인 「보리도차제론」, 그리고 그 핵심이라고도 할 수 있는 『람쪼남쑴』은 모든 부처님의 가르침인 경전의 내용이 집약되어 하나의 책으로 된 것입니다. 그런 의미에서 티베트불교의 4대 종파의 가르침, 혹은 현교·밀교의 모든 가르침에는 본질적으로 「람림」에 설해진 가르침 이외의 요소는 없습니다.

이것을 보다 구체적으로 나타내는 일화로서, 쫑카빠 대사가 스승 라마 우마빠에게 보낸 편지에, 위대한 보살 아띠샤 존자에 의한 『보리도등론』의 비결을 틀림없이 이해하고, 거기에 나타난 순서대로 제자들을 이끄는 것, 또는 그대로 실천하면 모든 경전을 바른 순서로 나열한 것이 되므로, 수많은 그 밖의 다른 가르침을 설하는 노력은 필요 없었다고 쓰고 있습니다.

실제로 아띠샤 존자의 『보리도등론』은 쫑카빠 대사의 「보리도차제론」과 비교해 보면 내용은 같아도 말이 짧고, 그만큼 상세히 설명되어 있지 않습니다. 그러나 적절한 스승이 적절한 말로 친절하게 해설한 것을 들을 수가 있다면, 『보리도등론』에는 모든 비결이 모여 있다는 것을 알 수 있습니다. 그러므로 다른 여러 가지 수행 방법을 보일 필요가 없었다고 쫑카빠 대사는 말하고 있어야 합니다.

『보리도등론』을 한번 말하는 것만으로 이 세계에 있는 모든 가르침의 핵심을 말하는 것이 되고, 그것을 듣는 것만으로 이 세계에 있는 모든 가르침의 핵심을 듣는 것이 됩니다. 왜냐하면 아띠샤 존자의 주요한 제자인 돔된빠(1005~1064)가 「훌륭한 경전은 삼장三藏입니다.」라고 말하고 있는 것처럼, 부처님들의 모든 경전이 모여 있는 삼장(經·律·論)을 「람림」에서 알 수 있기 때문입니다.

「람림」의 네 가지 위대성

「람림」에는 네 가지 위대성과 세 가지 특징이 있습니다. 먼저 네 가지 위대성부터 설명해 보겠습니다.

그 첫 번째는 「모든 가르침을 모순 없이 완벽하게 이해할 수 있는 위대함」입니다. 람림에 따르면, 흔히 말하는 대승과 소승의 양쪽을 모순 없이 이해할 수가 있습니다. 특히 인도나 티베트에서는 현교를 배우거나 밀교를 배울 때, 계율을 엄격히 지키는 승려 생활과 밀교는 서로 모순되는 측면이 있고, 양쪽이 서로 비난하던 시대도 있었습니다. 그렇지만 11세기에 아띠샤 존자가 티베트에 초청되어 『보리도등론』을 지은 후에는 그러한 오해가 없게 되었고, 승려도 밀교를 수행할 수가 있게 되었습니다. 또한 밀교수행자도 계율을 지키는 것이 중요하다고 인식하게 되었습니다. 14세기 무렵에도 비슷한 문제가 생겼지만, 그때에도 쫑카빠 대사가 『보리도차제광론』을 설하여 오해가 해소되었습니다. 그와 같이 「람림」에는 가르침의 기본이 되는 계율에서부터, 가장 높은 단계의 가르침이라고 하는 『구히야사마자(秘密集會)』와 같은 밀교의 심오한 가르침까지 모든 가르침을 모순 없이 바르게 수행할 수 있게 하는 위대함이 있습니다. 그러므로 「람림」의 가르침을 접하면 훌륭한 가르침이라고 감동하고, 공부와 실천이 그 이상으로 나아가게도 됩니다. 여러 가지 모순이나 의문과 만나서 수행이 잘되지 않는 일도 있지만, 「람림」은 매우 논리적으로 정리하고 있으므로 오해가 없게 되는 것입니다.

위대함의 두 번째는 「모든 가르침의 비결을 얻을 수가 있는 위대함」입니다. 부처님의 가르침 중에는 버려야 할 것은 하나도 없습니다. 그러므로 앞에서 언급할 것처럼 하사 · 중사 · 상사의 3사三士의 가르침도 별도의 사람이 각각 배우는 것이 아니라, 같은 한 사람이 그들 모두를 단계적으로 받아들이면 부처님의 가르침 모두를 배울 수가 있습니다.

위대함의 세 번째는 「부처님의 의도를 쉽고 신속하게 얻을 수 있는 위대함」입니다. 「람림」과 같은 가르침이 없으면 부처님의 가르침의 핵심과 의도를 알아채기 위해 얼마만큼 노력하고 시간을 소비해야 하는지에 대해 무리가 따르게 될 것인지 모릅니다.

위대함의 네 번째는 「큰 죄와 잘못이 저절로 없어지게 되는 위대함」입니다. 여기에서의 「죄」는 특히 법(가르침)을 버린 죄를 의미합니다. 뿐만 아니라, 종파가 다른 사람을 비난하거나 업신여기는 것도 이 죄에 해당합니다. 「람림」에 따르면 소승과 대승, 혹은 각 종파 간의 모순도 없게 되므로 죄나 잘못을 범하는 일이 저절로 없어지게 됩니다.

이처럼 위대한 「람림」이라도 몇 번이고 가르침을 들은 후에, 잘못 이해한 법이 병이 되어 효과가 없게 되는 일도 있습니다. 그럴 때 일반적인 별도의 가르침에 의해 병이 된 것이라면 『보리도차제광론』이나 『람쪼남쑴』으로 대표되는 「람림」, 혹은 「로종(마음의 훈련)」의 가르침으

로 치료할 수가 있는데, 「람림」을 잘못 이해하여 병이
되어 버리면 더 치료할 약이 없다고도 합니다.

모든 사물이 절대적인 것이 아니라는 가르침을 사람
들이 같이 들었다 하더라도 시기에 따라서 그 효과는 매
우 다릅니다. 계속 듣고 있으면 처음 들었을 때의 감동
이 없게 되거나, 효과가 없어져 버리거나, 의문이 생기
기도 합니다. 그러므로 가르침을 배울 때에는 단지 공부
나 학문으로서가 아니라, 실천으로 접근할 필요가 있습
니다. 배우는 것에 대해 잘 생각하고 명상을 통해서 더
욱 이해를 깊게 하면서 올바른 귀의의 마음을 가지고 구
루요가와 발원을 하고, 생각과 신행의 양면에서 가르침
이 자신의 것이 되도록 해나가야 합니다. 존귀한 가르침
에 대하여 병이 되는 일이 있으면 매우 위험합니다. 몇
번이고 듣는 가운데 「이게 뭐지?」하는 생각이 들지 않도
록 충분히 주의할 필요가 있습니다.

「람림」의 세 가지 특징

다음은 「람림」의 세 가지 특징입니다.

첫 번째의 특징은 「현교와 밀교의 모든 가르침의 내용이 모여 있는 것」입니다. 특히 『보리도차제광론』은 「무상요가탄트라」의 수행을 하는 사람도 시야視野에 넣어서 쓰고 있습니다. 그렇다고 해도 3사 속에 중사中士의 가르침은 이른바 소승적으로 설해져 있는 것처럼 생각하는 사람도 있을지 모릅니다. 그렇지만 그것을 배우는 것은 결코 쓸데없는 것이 되지 않습니다. 상위의 가르침을 이해하기 위해서는 단계를 따라 생각해야 하므로 그러한 가르침도 필요한 것입니다. 3사의 길로서 가르침을 세 종류로 나눌 필요성은 『보리도차제광론』에 상세히 설해져 있는데, 어떤 길은 줄기幹로서, 어떤 길은 가지枝로서 설해져 있지만, 실천하는 데는 그 양쪽이 다 필요합니다.

두 번째 특징은 「마음을 훈련教化하는 가르침이 실천하기 쉽게 설명된 것」입니다. 학문적으로 가 아니라, 실천의 측면에서 설명되어 있어서 매우 이해하기 쉬운 것입니다.

세 번째 특징은 「석가모니 부처님으로부터 마이뜨레야(미륵) 등으로 흐르고 있는 광대한 방편의 법맥[廣大行]과, 같은 석가모니 부처님으로부터 문수사리 등으로 흐르고 있는 깊고 깊은 지혜의 법맥[甚深觀]이라고 하는 양쪽 흐름의 비결을 겸비하고 있는 것」입니다. 그러므로 이 이상의 가르침은 없다고 해도 지나친 말이 아닐 것입니다.

석가모니 부처님은 많은 가르침을 설하셨습니다. 이러한 가르침을 담은 경전을 각 시대나 문화에 따라 이해하려고 하니, 그중에는 단순히 말 그대로 해석할 수 없는 것도 있었습니다. 이것에 대하여 나가르주나나 아상가 등의 논사들이 지은 논서는 그 시대나 문화를 바탕으로 잘 정리되어 있고, 거기에 있는 말 그대로 이해할 수 있는 점도 있습니다.

비유해서 말하면, 「경전」은 산에 자라고 있는 그대로의 약초와 같은 것이고, 「논서」는 그러한 여러 종류의 약초를 채취하여 하나의 집에 넣어 둔 것과 같은 것이라고도 합니다. 이것에 대하여 「람림」은 그것들이 약으로 조제된 상태이고, 「람림」을 따른다는 것은 이미 조제된 약을 마시는 것입니다. 그러므로 경전이나 논서처럼 이해하는 데 어려움이 없다고 할 수 있습니다. 예를 들면, 앞에서 말한 네 가지 위대함도 「람림」을 따르지 않으면 쉽게 얻을 수가 없을 것입니다. 얻을 수 있다고 하더라도 많은 시간과 노력이 필요할 것입니다.

　그러면 왜 석가모니 부처님이나 이전의 위대한 성자들은 「람림」과 같은 가르침을 설하지 않은 것일까? 한 가지 생각해 볼 수 있는 것은, 「람림」을 말하기 이전의 사람들은 머리가 명석해서 「람림」처럼 정리된 것으로 배우지 않아도 스스로 수행할 수가 있었는지도 모릅니다. 그런데 그 후 사람들이 서서히 타락해 가게 되었고, 「람림」처럼 잘 정리된 가르침이 없으면 배우는 것이 어렵게 된 상황도 생각해 볼 수 있습니다. 예를 들면, 경전의 내용을 있는 그대로 이해하는 것은 어렵지만, 「람림」과 같은 가르침이 있으면 이해하기도 쉽고, 경전에서 의미하는 훌륭한 내용도 이해하기 쉬운 측면이 있는 것과 같은 것입니다.

높은 단계의 밀교 수행은 잠시 곁에 둔다

일찍이 까담빠의 뽀또와(1027~1105), 쩽아와(1038~1103)와 함께 돔된빠의 3대 제자의 한 사람이라고 하는 뿌충와(1031~1109)가 쩽아와에게 「오명처에 빼어나고 견고한 선정을 얻어서 5신통이나 8실지悉地를 얻는 것과 아띠샤 존자로부터의 흐름인 「람림」의 가르침을 완벽하게 이해할 수는 없어도 어느 정도는 이해하는 것 중에서 어느 쪽을 선택할까요?」라고 여쭈었다고 합니다. 그때 쩽아와는 「람림」의 내용을 자신의 심상속(轉生하는 마음의 연결)에 실제로 생기게 할 수가 있다면 당연한 것이고, 가령 그렇게 할 수 없다면 단지 「람림」쪽으로 향하는 것만 있더라도 이쪽을 선택할 것이다.」라고 대답했다고 합니다.

윤회에 있어서 선정에 뛰어나면 색계나 무색계에 전생轉生합니다. 색계는 식욕이나 성욕 등의 욕구에서 벗어나서 청정한 몸을 가지고 있는 하늘의 세계이고, 무색계는 청정한 물질에의 욕망에서도 벗어나서 미세한 물질적인 신체마저도 갖지 않는 하늘의 세계입니다. 단지 이 선정이라고 하는 것은 불교에만 한정된 것은 아닙니다. 우리는 지금 색계나 무색계에 있지 않기 때문에 그 쪽이 좋은 것처럼 생각하거나, 또는 천신들처럼 신통력이 있다면 얼마나 좋겠냐고 생각할지도 모릅니다. 그러나 우리는 예전에 몇 번이나 색계나 무색계에 태어나 문법학이나 수사학·논리학·기술·공예·역법·의학·약학 등에 뛰어나거나, 다섯 가지 신통력을 얻어 몇 겁(인도에서 무한의 시간을 나타내는 단위)이 이어질 만큼 선정에 깊이 들거나, 여덟 가지 실지(成就)를 얻은 적도 있었습니다. 그렇지만 그러한 탁월한 능력으로도 윤회를 뛰어넘을(해탈) 수는 없었습니다. 다시 말하면, 「람림」과 같은 가르침을 따라 배우고 수행한 적은 한 번도 없었습니다.

아띠샤 존자는 「이 가르침을 조금이라도 이해할 수가 있으면 반드시 윤회를 초월할 수 있습니다.」라고 『보리도등론』에서 말하고 있고, 그래서 일반적인 어떠한 가르침보다도 이 가르침이 중요하다는 것을 강조하고 있습니다.

아띠샤 존자가 티베트에 있을 무렵의 일화가 있습니다. 인도에서 돌아온 어떤 사람에게 아띠샤 존자가 「지금 인도는 어떤 상태인가?」라고 물었더니, 「헤바즈라의 요가 행자가 자신만이 해탈을 얻는 성자로 되었습니다.」
라고 대답했습니다. 그러자 아띠샤 존자는 「아, 지옥에
떨어지지 않아서 다행입니다.」고 했다고 합니다. 이것은
가르침이나 수행 방법은 대승, 가령 가장 높은 「무상요
가」적인 수행이라도, 그 자신이 비 불교적인 수행자이고
세 가지 요결(출리 · 보리심 · 정견)을 가지지 않으면 지옥에
떨어질 가능성도 있다는 것이고, 그렇다면 그런 높은
단계의 수행을 성취했다 하더라도 의미가 없다는 것입
니다.

　문수사리가 쫑카빠 대사에게 『람쪼남쑴』을 전수했을
때, 문수사리는 「해탈을 얻고 싶다면 일반적으로 뛰어나
다고 하는 비결이나 깊고 깊은 가르침을 모두 잠시 곁에
두고, 먼저 출리의 명상을 해야 합니다.」라고 말했습니
다. 세 가지 요결이 마음에 없으면 비록 여섯 가지 바라
밀의 수행 즉, 보시를 하고 계율을 지키고 인욕에 힘쓰
고 정진 노력하고 선정을 닦더라도, 그런 수행은 단지
이번 생에 현세 이익적인 나타남으로만 되고, 윤회의 원
인으로 될 뿐입니다. 밀교를 동경하며 수준 높은 위대한
것으로 생각하고, 실제로 그 수행을 하더라도 세 가지

요결이 없이는 진정한 의미에서의 해탈의 원인은 없습니다. 그러므로 예를 들어, 밀교적인 수행 방법에 뛰어난 사람이라 하더라도 잠시 그것을 옆에 두고 「세 가지 요결」을 자기 자신의 마음속에 진정으로 체험할 수 있도록 해야 합니다.

가르침에 들기 전 몸과 마음의 준비

『람쪼남쑴』을 배우고, 혹은 게송을 외울 때는 평소의 명상이나 독경을 할 때와 마찬가지로, 먼저 호흡에 의식을 집중하며 숨을 내쉴 때 번뇌가 모두 밖으로 나가고, 들이쉴 때 시방의 부처님과 보살들의 가지력加持力이 자신 속으로 용해해 들어온다는 이미지를 떠올려 될 수 있는 한, 마음이 청정한 상태가 되도록 합니다.

다음으로 좋은 동기를 일으킵니다. 그러기 위해 자세를 바르게 하고 자신의 마음에 지금 무엇이 나타나고 있는가를 잘 관찰합니다. 이번 생에 대한 기대나 의심 등, 여러 가지 것이 나타나고 있을 것입니다. 마음속을 잘

살펴서 나쁜 것이 걸렸을 때는 「내가 무시이래(시작함이 없는 과거부터) 이러한 고통 속에 있었지만, 이번에 얻기 어려운 유가 구족(수행하기에 적절한 기회와 조건)이 있는 인간의 몸을 얻어서 올바른 가르침과 스승을 만났으니, 이 가르침을 할 수 있는 한, 잘 배우자. 번뇌의 마음에 현혹되어 버리면 모처럼 얻은 유가 구족이 쓸모없이 되어 버리기 때문에 나쁜 마음을 한순간이라도 따라서는 안 된다.」라고 강하게 결의합니다. 죽음이 언제 찾아올지 모른다는 것을 생각하여 지금의 삶에 집착하지 말고 현세 이익을 버리고 내세를 위하게 되는 좋은 마음을 일으킵니다.[2]

다음에, 윤회 세계는 어디라도 고통과 고통의 원인뿐이라는 것을, 지금까지의 자신의 체험에서 깊이 생각합니다. 윤회 세계의 결점을 깊이 인식하고 그것을 마음 깊이 싫어하고 거기에서 벗어나고 싶다는 강한 생각을 일으킵니다.

또한 자기 주위에 있는 셀 수 없는 많은 존재도 자신과 마찬가지로 번뇌나 업에 의해 속박되어 자유가 없고,

----

[2] 유가 구족의 구체적인 내용은 꾼촉/재등 저, 『실천티베트불교입문』, 춘추사, 263쪽 참조.

가지가지 괴로움에 의해 오랫동안 계속 허덕이고 있다는 것을 생각하고, 그러한 그들에 대하여 강한 자비를 일으켜 「나는 저들을 윤회에서 해방시켜야 한다. 나에게는 그러한 책임이 있다.」라고 생각합니다.

그렇지만 지금의 자신에게는 일체 중생은커녕 단지 한 사람조차도 진정한 의미에서 구제할 힘이 없습니다. 그들에게 완전히 이롭게 할 힘이 있는 이는 정등각자인 부처님뿐입니다. 가령 성문이나 연각과 같은 해탈을 달성했다 하더라도 자기 한 사람이 괴로움에서 벗어날 뿐이고, 모든 존재에 대한 완전한 이익은 되지 않습니다. 그러므로 「어머니였던 일체중생을 구제하기 위하여 나는 부처님의 경지를 얻을 필요가 있다. 그러기 위해서 수행을 해야 한다. 그래서 지금 이 가르침에 들어가는 것이다.」라고 강한 생각(보리심)을 일으킵니다. 그러한 생각을 가지고 『람쪼남쑴』과 같은 존귀한 가르침을 듣는 (혹은 읽는) 것이 중요합니다.

가르침을 들을 때에 여의어야 할 세 가지 과실

가르침을 들을 때에는 좋은 동기를 가지는 것과 함께 세 가지 과실에서 벗어나야 합니다. 여기에서는 가르침을 듣는 사람을 그릇에 비유해서 설명합니다.

첫째, 그릇이 뒤집혀 있어서는 안 됩니다. 그릇이 뒤집혀 있으면 하늘에서 비가 내려도 그릇에 담기지 않습니다. 아무리 맛있는 음료수나 음식이 있어도 그릇에 담을 수가 없습니다. 그런 상태가 되지 않도록 하기 위해서는 관심을 가지고 집중해서 잘 듣는 것이 중요합니다.

둘째, 그릇이 더럽혀져 있으면 안 됩니다. 그릇이 뒤집혀 있지 않더라도 그릇이 더러워져 있으면 아무리 맛있는 음식물을 담아도 그것을 먹을 수가 없습니다. 하늘에서 쏟아진 감로라도 더러워져 버리면 그것을 맛볼 수가 없습니다. 그와 마찬가지로, 가르침을 단순히 흥미의 대상, 혹은 학문으로 접근하여 집착하거나, 그것에 의해서 지식을 늘리고 명성을 얻으려 하는 현세 이익만을 생각하고 있는 상태가 그릇이 더러워져 있다고 하는 것입니다. 동기에 잘못이 있으면 아무리 잘 들어도 과실이 됩니다.

셋째, 그릇 바닥에 구멍이 있어서는 안 됩니다. 그릇이 깨끗하고 반듯하게 놓여있어도 바닥에 구멍이 나 있으면 아무리 음식을 담아도 새기 마련입니다. 이것은 마음이 산란해져 있는 상태와 같습니다. 그처럼 산란한 상태에서는 아무리 들어도 말이나 의미가 잘 파악되지 않게 되고, 곧바로 잊어버려서 가르침이 마음속에 남아있지 않게 됩니다.

가르침을 들을 때에 따라야 할 여섯 가지 생각

더욱이 가르침을 들을 때에는 여섯 가지 생각에 따르는 것이 중요합니다.

첫째, 듣는 쪽은 자신을 환자라고 생각해야 합니다. 우리는 시작이 없는 과거로부터 항상 삼독(탐욕, 성냄, 무지)에 계속 더럽혀져 와서 쉽게 치료할 수 없는 중증의 환자라고 인식하는 것이 중요합니다. 집착이나 화를 낼 때 커다란 아픔이 일어나거나, 또는 질투심은 부드럽고 온

화한 마음을 기분이 나쁘게 바꿔버립니다.

둘째, 법을 설하는 사람(스승)을 의사라고 생각하는 것입니다. 병의 원인은 무엇입니까? 증세가 어느 정도인가를 진단받기 위해서 먼저 의사를 찾아야 합니다. 의사를 찾았다면 크게 기뻐하고, 의사가 말하는 대로 치료를 합니다. 의사를 존경하고 소중히 하고, 의사의 지시를 잘 지킵니다.

의사에게 진찰을 받지 않고 자기 마음대로 약을 먹는 것은 좋지 않습니다. 가벼운 감기 정도라면 괜찮을지 모르지만, 우리가 아픈 것은 시작이 없는 과거로부터 이어져 오고 있는 만성 중병이기 때문에 그것에 관한 지식과 경험이 있는 의사의 진단에 따라 적절한 약을 처방받지 않으면 위험하게 될지도 모릅니다. 서점에서 산 책이 아무리 재미있고 흥미 깊은 것이라도 그것은 불특정 다수를 위한 것이기 때문에, 그 한 사람 개인의 병을 치료하는 좋은 방도가 되지 않는 경우가 있습니다. 그렇게 되지 않기 위해서는 경험이 있는 의사를 따라 치료 방법을 지시받는 것이 필요합니다. 이런 것은 일반적인 병을 생각해 보아도 알 수 있는 것입니다.

셋째, 가르침(부처님의 가르침)을 약이라고 생각하는 것입니다. 의사의 진찰을 받아서 병의 원인이 판명되었으면 적절한 약을 먹어야 합니다. 이처럼 법을 설하는 사람으로부터 받은 비결이나 가르침을 중요하게 여기고 그 실천을 절대 잊어서는 안 됩니다.

넷째, 열심히 수행하는 것을 자신의 병을 고치는 치료제라고 생각하는 것입니다. 몇 번이고 반복해서 실천하는 것이 병을 치료하는 방법입니다. 중증이라면 어느 정도, 항상 약을 먹으며 치료를 해야 합니다. 가르쳐진 것을 잘 이해하고 실천하지 않으면 모처럼 의사로부터 받은 약을 먹지 않고 가지고만 있는 것과 같은 것입니다. 병의 치료에는 수행이 필요합니다. 수행하지 않고 단지 듣기만 하는 학문과 같은 상태라면 그다지 의미가 없습니다.

다섯째, 성자(스승)를 여래라고 생각하는 것입니다. 「여래」는 여기에서는 석가모니 부처님을 의미하고 있습니다. 「람림」에는 법을 설하는 사람을 지존하신 스승으로 공경한다고 설하고 있는데, 귀의할 때와 마찬가지로 스승을 부처님으로서 보는 것이 중요합니다.

여섯째, 세간에 있는 한 오래도록 부처님의 가르침이 존재하기를 원하는 것입니다. 가르침을 듣고, 그것에 따라서 오래도록 실천을 이어갈 수 있으면 나쁜 일이나 잘못이 감소하거나, 이번 생의 이곳에서도 행복하게 살 수가 있습니다. 그러므로 「부처님의 가르침이 오래도록 이어지고 넓혀지소서.」라고 원하는 것입니다.

II.
『람쪼남쑴』의 서문 해설

여기서부터 『람쪼남쑴』의 내용을 구체적으로 해설해 보겠습니다. 이것은 크게 세 부분으로 나눌 수가 있습니다.

첫째는 서문, 둘째는 주요한 내용인 본문, 셋째는 후기에 해당하는 부분입니다.

서문은 다시 세 부분으로 나누어져 있습니다.

첫째는 예경·공양의 말, 둘째는 법의 위대함과 논서를 짓기 위한 서원이 설해져 있는 부분, 그리고 셋째는 제자에게 법을 듣도록 이끌기 위한 비결입니다.

서문 1

—

지존하신 모든 스승님께 정례합니다.

스승님께 예배하기

서문1의 「지존하신 모든 스승」은 티베트어로는 「제쭌 라마」라는 말입니다. 「람림」의 어느 주석서에 의하면 「제」는 「지극하다(至)」는 뜻으로 삼사 가운데 「하사下士」에 해당합니다. 「쭌」은 「존귀하다(尊)」는 뜻으로 「중사中士」, 그리고 「라마」는 「스승(上師)」이라는 뜻으로 「상사上士」를 나타내고 있다고 하였습니다. 즉 「지극하고 존귀한 스승, 제쭌 라마」에게 예배하는 것에 의해서 「람림」의 삼사三士의 가르침 모두에 예배하는 것이 된다는 것입니다.

이러한 서문의 최초의 부분은 논서 등을 지을 때 반드시 말하는 예경·공양의 말씀이고, 티베트어로 「츄-쥬」라고 합니다. 이것은 인도나 티베트에서 옛날부터 행해

54

온 습관인데, 이 논서를 「완전히 다 쓸 수 있도록, 그리고 그동안에 장애가 생기지 않기를」 바라는 서원도 들어 있습니다.

이처럼 예배와 공양의 말을 하고 기원하는 대상은 자비와 지혜, 그리고 훌륭한 본존 등 여러 가지가 있습니다. 일반적으로는 가령 지혜에 관한 책이면 「문수사리」에게, 계율이라면 「석가모니 부처님」께 예배하는데, 『람쪼남쑴』의 내용은 「람림」이므로 「지존하신 모든 스승」에게 예배하는 것입니다. 이 「모든 스승」은 광대한 행의 계열[廣大行] 및 깊고 깊은 지혜의 계열[甚深觀]에 직접적인 또는 간접적인 스승들을 말합니다.

그 가운데서도 특히 깊고 깊은 지혜 계열의 문수사리를 쫑카빠 대사는 항상 만나고 있었습니다. 전기傳記를 보면 쫑카빠 대사는 처음에 스승 라마 우마빠를 통하여 간접적으로 문수사리를 만나고 있었는데, 수행이 진전된 후에는 직접 만날 수 있게 되었고, 그 뒤에는 모든 가르침을 문수사리로부터 직접 배웠습니다. 쫑카빠 대사는 어떠한 세세한 일도 문수사리에게 들었다고 하고 있으므로, 쫑카빠 대사의 저작 중에 문수사리의 가르침이

아닌 것은 없다고 생각할 수 있습니다. 쫑카빠 대사 자신
도 「모든 것은 문수사리로부터 전수된 것이고, 자기 생각
으로 지은 것은 단 하나도 없다.」라고 말하고 있습니다.

스승의 중요성을 안다

「람림」의 핵심인 『람쪼남쑴』을 마음에 생기게 하기
위해서는 스승인 선지식에게 의지하는 것이 필요합니
다. 스승에게 의지하고, 스승을 따르므로 비로소 그 비
결을 이해할 수가 있습니다. 스승은 그처럼 중요한 존재
이기 때문에 스승을 찬탄하고 예배하는 것입니다.
　스승의 중요성에 대해서 까담빠의 게셰 뽀또와는 다
음과 같이 말하고 있습니다.

　　해탈을 이루는 데는 스승보다 중요한 것은 없다.
　　현실의 활동을 보고
　　곧바로 할 수 있는 것처럼 생각되는 일이라도
　　가르치는 사람이 없으면 할 수 없는데,

삼악취에만 윤회하다가 온 우리가
가 본 적이 없는 곳(부처님의 경지)**에 가려 한다면**
스승이 없으면 어떻게 갈 수 있겠습니까?[3]

아직 가 본 적이 없는 장소에 갔을 때, 거기에 가 본 경험이 있는 사람이 길 안내를 하는 것처럼, 해탈과 부처님의 경지로 향해 가고자 할 때는 자격 있는 스승에 의지하는 것이 필요합니다. 혼자서 길을 잘 가기는 불가능하고, 스승을 따르지 않고 가령 책으로만 성취한 사람은 과거에 한 사람도 없었습니다. 지금 이후에도 그것은 불가능하다고 말할 수 있습니다.

자격 있는 좋은 스승을 따른다

단 스승에도 좋은 스승과 그렇지 않은 스승이 있습니다. 제자는 스승을 보고 배우기 때문에 좋은 스승을 따

---

[3] 소남 저/석혜능 역, 『티베트밀교명상법』, 불광출판사, 159쪽.

르면 제자도 좋은 사람으로 되고, 그렇지 않은 스승을 따르면 제자도 타락하게 됩니다.

스승의 자격은 여러 가지가 있습니다. 가령 계율의 측면에서 간단히 말하면, 구족계, 보살계, 밀교계 등의 계율을 엄격하게 지키고 견고한 공덕을 갖춘 스승을 따라야 합니다. 밀교 수행의 경우는 특히 자신의 신·구·의의 모든 행위를 모두 스승의 가르침 그대로 실제로 행하고, 도의 근본으로써 오직 스승만을 주목하는 것이므로, 스승이 가져야 할 자격에 대해 잘 알고 그것을 갖춘 스승을 찾아야 합니다.

실제로 스승이 가진 공덕과 지식의 양에 따라 제자가 갖출 수 있는 공덕과 지식의 양도 다르게 됩니다. 완전한 길을 아는 스승으로부터 가르침을 듣고 이해할 수가 있으면 제자도 또한 지식이나 공덕이 높은 사람으로 될 수 있지만, 완전한 길을 알지 못하는 스승을 따르면 제자도 완전한 길을 알 수 없게 됩니다. 가령 그 스승이 현교(일반적인 가르침)밖에 알지 못하거나, 혹은 소승의 가르침밖에 알지 못한다면 완전한 스승이라 할 수 없는 것입니다.

스승의 가르침대로 다 수행하지 못하고 단지 가르침

을 듣고 이해하는 것만으로도, 그 밖의 일반적인 공덕보다 크다고 하므로, 올바른 자격을 갖춘 스승을 만나서 그 스승을 바르게 따르며 수행을 하면 얼마만큼의 공덕이 되는지는 짐작조차도 할 수 없습니다. 반대로 올바른 스승을 따르지 않으면 얼마만큼 커다란 손실이 되는가도 충분히 알고 주의할 필요가 있습니다.[4]

쫑카빠 대사는 『보리도차제약론』에서 「이번 생과 내생에서 선업을 쌓고 선한 연기緣起로 되는 원인은, 눈에 볼 수 있는 행위만이 아니라 마음에서도 스승에게 바르게 따르는 노력으로 얻을 수 있으므로, 목숨을 걸고서라도 스승을 저버리는 일과 같은 것은 하지 말고, 가르침 그대로 성취하는 것을 기뻐하라.」고 말하고 있습니다. 「나도 요가 행자로서 그렇게 실천했듯이, 해탈을 얻으려는 사람들도 그처럼 해야 하리.」라고 하고 있습니다.

아띠샤 존자나 그 제자인 돔뙨빠 등 위대한 지혜를 갖추고 다른 이와 비교할 수 없는 활약을 한 사람들도, 모두 자신의 스승에게 올바르게 따른 결과로 그러한 것이

....
4) 소남 저/석혜능 역,『티베트밀교명상법』, 불광출판사, 161쪽 참조.

가능하게 된 것입니다. 밀라래빠(1040~1123)가 한 생애 동안에 깨달음을 얻은 것도 스승을 온전히 올바르게 따랐기 때문입니다.

스승을 올바르게 따르면 좋은 연기가 된다

스승을 어떻게 따르는가는 수행의 어떤 시점에서도 중요하지만, 특히 최초의 시점에서의 따르는 방법은 그 뒤의 연기가 좋고 나쁨을 결정하는 원인이 됩니다.

예를 들면, 마르빠(1012~1093:까규파의 개산조)는 자기 스승인 나로빠(1016~1100:마르빠에게 「나로의 육법」을 전수) 곁에 쉬고 있었는데, 나로빠가 본존인 헤바즈라의 만다라를 화현으로 나투고 나서 마르빠에게 "아들 마르빠야, 잠자고 있지 말고 일어나라. 공중에 너의 본존인 헤바즈라 만다라가 와 계신다. 너는 나에게 예배하겠느냐, 아니면 본존에게 예배하겠느냐?"고 하니, 제자 마르빠는 얼른 일어나서 본존의 만다라에 예배했습니다. 그러자 나로빠가 "스승 이전에는 부처님이라는 이름도 없었고, 천 겁의 부처님들도 스승에 의해 생긴다. 본존은 스승의 화신이기 때문이다."라고 말하였다고 합니다.[5] 이 일화에서도 우리는 스승에 대한 행위에 많은 주의가 필요하다는 것을 기억해야 합니다.

위대한 스승 티쳉 덴빠 다르규의 스승이었던 아왕 추조르가 병이 들었을 때 티쳉 덴빠 다르규는 심혈을 기울여 보살펴 드렸고, 그것에 의해 중관사상을 바르게 이해했다고 하고 있습니다. 또한 사꺄 빤디따(1182~1251)도 스승 제쭌 닥빠걜첸(1147~1216)이 병이 들었을 때 열심히 보살펴 드린 인연으로 문수사리를 직접 친견할 수 있었고, 그 뒤는 특별한 고생도 없이 위대한 학자가 되었으며, 티베트뿐만 아니라 몽골이나 중국 등 이르는 곳마다 찬탄을 받았는데, 그것도 모두 스승을 바르게 따른 결과였습니다.

어느 경전에는 「가르침을 설하는 사람을 단지 한 사람의 인간으로 보고 성스러운 스승으로 보지 않으면 백생 동안 개로 전생轉生하고 그 후에는 도살자가 된다.」고

----

5) 소남 저/석혜능 역, 『티베트밀교명상법』, 불광출판사, 170~173쪽 참조.

하였습니다. 또한 『칼라차크라 탄트라』에는 「스승에 대하여 화를 내면 가령 그것이 한순간이라도 몇 겁에 걸쳐서 쌓은 선업도 물거품처럼 되어 버리고, 몇 겁에 걸쳐서 지옥의 고통을 겪어야 한다.」라고 하고 있습니다. 더욱이 아슈바고샤(馬鳴)가 지은 『사사법오십송師事法五十頌』에는 「스승을 따르는 것을 할 수가 없으면 이번 생에서도 몸의 병이나 정신의 괴로움 등에 크게 괴로워하게 되고, 또한 죽기 전에는 더욱 고달픔이나 괴로움이나 공포가 엄습하고, 수명이 다하기 전에 죽는 일도 있다.」라고 하고 있습니다.

또한 인도의 쌍게 예셰가 옥좌에 대해서 설법을 하고 있을 때, 거기에 모인 많은 제자의 숫자에 마음을 빼앗겨 교만심이 생겨났습니다. 그래서 자신의 스승이 방에 들어와도 그쪽으로 바라보지도 않았다는데, 그 일로 나쁜 과보를 받았다고 전해지고 있습니다.

하물며 스승을 박해하거나 비난하거나 하면 많은 경우 지옥에 태어나는 과보를 받습니다. 전통적으로는 「스승을 따른다.」고 하는 것을 엄격하게 받아들이고, 최초로 글자를 가르쳐 준 사람도 모두 스승과 같다고 생각했습니다. 지금은 그렇게까지는 하지 않더라도 부처님 가르침을 설해주는 사람을 중요시해야 한다는 것은 확실합니다.

달라이 라마 존자님은 「어떤 스승을 자신의 스승으로 하기 전에 그 사람이 신뢰할 수 있는 사람인지 어떤지, 스승으로서 적절한지 어떤지를 확실하게 하려면 먼저 그 사람이 부처님 가르침을 전하는 곳에 가서 한 번이라도 강의를 들어보라.」고 서양 사람들에게 조언하고 있습니다.

스승에 대한 제자의 태도에 대해서 엄밀하게 말하면, 수행하고 있을 때를 제외하고는 항상 스승을 보살펴 드린다는 것입니다. 신·구·의로 스승을 보살펴 드리면 그 행위는 바로 구루요가가 되는 것입니다. 그렇게 헌신하고 섬긴다면 따로 특별히 구루요가를 하지 않아도 된다고 할 정도입니다.

스승을 따르면 어떠한 공덕이 있고, 따르지 않으면 어떠한 과실이 되는가를 알아야 합니다. 그리고 스승을 따를 때는 스승을 부처님으로 보는 것이 중요합니다. 그렇게 말하는 것은 밀교 경전에 지금강(vajradhara)이 장래

스승으로 되어 나타난다고 예언되어 있기 때문입니다.

스승에 대해서 분석 명상을 한다

이처럼 스승을 부처님으로 보아야 한다는 것은 석가모니 부처님의 가르침으로서도 있지만, 논리적으로도 성립되는 것입니다. 따라서 스승의 중요성을 더욱 깊이 이해하기 위해서는 「분석적인 명상[위빠사나]」을 합니다.

명상이라고 말하면, 「집중력의 명상[사마타]」과 같은 것으로 생각하거나, 무념무상으로 되는 것이라고 오해하는 예도 있는데, 티베트불교에서는 「분석적인 명상」이 매우 중요시됩니다. 일찍이 명상으로써 이 「분석적인 명상」을 명확히 구별한 이는 쫑카빠 대사였습니다. 진언 염송이라고 하여 수를 세기만 하는 명상을 하는 것 등에 대하여, 「분석적인 명상」은 경전의 말씀을 외우면서 그 내용에 대하여 깊이 분석하고 고찰해 가는 방법입니다. 석가모니 부처님의 여러 가지 경전의 인용이나 논거에 대해서도 그와 같이 깊은 분석을 반복해서 고찰해 가는 것입니다.

예를 들면, 「자신이 집착하고 있는 대상」이나 번뇌에 대해서 분석적 명상으로 깊은 관찰·분석을 반복해 가면 집착이 강해졌을 때는 번뇌도 강해져 있는 것을 알 수 있게 됩니다. 마찬가지로 「무상」 「윤회의 고통」 「인과관계의 법의 법칙」 등에 대해서도 분석적인 명상을 반복해서 그것들에 매우 익숙해지게 되면 이윽고 내면에 자비심이 생겨납니다.

여기 서문 1에서의 주제는 「스승」이므로, 지금강持金剛인 스승이라는 존재가 어떤 것인가에 대해서 분석적인 명상을 합니다. 그렇게 하면 깨달음에 대해서 새로운 이해나 체험이 생기게 될 것입니다.

서문 2

—

승리자이신 부처님 가르침의 핵심적인 뜻과
올바른 불자(보살)들이 찬탄하는 길을,
해탈을 얻고자 하는 인연 있는 이들에게

배가 떠나는 부두에 비유되는
보리도의 세 가지 요점에 대하여
내가 할 수 있는 한 설명하고자 합니다.

세 가지 요결이 없으면 수행은 의미를 잃는다

서문 2의 첫째 행에 「승리자이신 부처님 가르침의 핵심적인 뜻」의 중요한 세 가지가 「보리도의 세 가지 요점」, 즉 『람쪼남쑴』입니다.

『성 문수진실명경』에는 「삼승(성문승, 연각승, 보살승)으로부터 출리出離하시어 오직 일승一乘의 도과道果를 이루시도다.」(135송)라고 말하고 있습니다. 이것은 궁극적으로 길(道)은 하나(一乘)이므로, 유정有情이라면 예외 없이 해탈을 얻어서 부처님의 경지에 이를 수가 있다는 의미이고, 그렇게 하는 데 필요한 것이 「보리도의 세 가지 요점」입니다.

그러면 궁극적으로는 일승인데 왜 삼승이라는 생각이 있는 것인가? 그것은 미요의未了義로 설해진 가르침도 있기 때문입니다. 미요의란 궁극의 진리를 직접적으로 설한 것이 아니라는 의미인데, 그러한 가르침이 있는 것은 한 종류의 설명 방식으로는 다양한 근기의 상대를 모두 이끌 수가 없기 때문입니다. 석가모니 부처님은 모든 유정 각각의 마음 상태에 맞추어 상대의 이해력이나 여러 가지 조건에서 그 상대에 가장 효과적인 설명 방식으로 가르침을 설하셨습니다. 그와 같이 개개의 흥미나 관심, 마음의 능력에 따라 길은 각각 다른 것입니다. 여기에서는 궁극적인 길에 필요한 요소로서 세 가지 중요한 비결을 나타내고 있습니다.

둘째 행의 「올바른 불자(보살)들이 찬탄하는 길」은 불교의 생명과도 같은 보리심을 나타내고 있습니다. 3~4행의 「해탈을 얻고자 하는 인연 있는 이들이⋯」에서는 해탈을 구하는 이들에게 올바른 사상인 정견을 나타내려고 하고 있습니다. 해탈을 얻기 위해서는 윤회의 원인인 무명을 끊는 정견이 필요하고, 그것이 열반에 들기 위한 단 하나의 문입니다.

다섯째 행의 「그것(「길의 세 가지 요결」)을 내가 할 수 있는 한 하고자 합니다.」에서 「할 수 있는 한」이라고 한 표현은 저자의 겸손함을 나타낸 것입니다. 저자가 아직 깨달지 못했다거나, 혹은 의문을 가지고 있다는 의미가 아니고, 또한 적고 짧은 글로도 「할 수 있는 한」 내용을 넓고 바르게 설명해 보자는 의미도 있습니다.

이 서문 2는 티베트어로 「쫑빠 담차와」라고 하는데, 법의 위대함과 이 논서를 짓기 위한 서원을 말하고 있는 부분입니다. 이것은 인도에서부터 기원이 있는 것인데, 장애 없이 저술하는 작업이 성취되기를 바라는 염원도 담겨 있습니다.

모든 가르침을 해독하는 열쇠

부처님의 경전 중에 가장 뛰어난 것으로 현교 경전에는 『반야경』이 있습니다. 그 내용에는 두 가지를 생각할 수 있는데, 하나는 경문의 언어상의 직접적인 내용, 즉 공성이고, 또 하나는 행간에서 읽을 수 있는 숨겨진 내용으로서의 방편(보살의 5도나 10지 등에 기초한 수행단계)입니다. 이 『반야경』의 숨겨진 내용의 수행단계에 대해서는 마이뜨레야(미륵보살)의 『현관장엄론』에 상세히 설해져 있습니다. 『현관장엄론』은 부처님의 모든 가르침이 설해져 있는 점에서는 「람림」과 같은데, 「람림」처럼 정리된 순서를 따라서 설해져 있지는 않습니다. 그런 의미에서는 「람림」은 『현관장엄론』보다도 더욱 이해하기 쉬운 뛰어난 가르침이라고 할 수 있을 것입니다.

예를 들면, 겔룩파라면 「구히야사마자(密集)」, 닝마파라면 「대원만(족첸)」, 까규파라면 「대수인(착첸)」이라고 하는 것처럼, 각 종파가 전통적으로 가장 높은 단계에 놓고 있는 수행법이 있는데, 그런 것보다 「람림」은 더욱 뛰어나다고 할 수 있습니다. 왜냐하면, 그 핵심인 「람쪼남쑴」, 즉 세 가지 요결이 없으면 아무리 높은 단계의 수행도 의미가 없게 되기 때문입니다.

그러므로 「람림」, 혹은 그 핵심인 『람쪼남쑴』은 그 밖의 모든 가르침이나 논서, 실천 방법을 올바르고 쉽게 이해하는 열쇠라고도 할 수 있습니다. 모든 내용이 모여 있어서 다른 가르침과의 연결도 알 수 있고, 마침내 경전의 글자에서조차 의미를 찾을 수 있게 될 것입니다. 이 비교할 수 없는 가르침을 배우는 것에는 커다란 의미와 가치가 있습니다.

안이하게 받아들이지 않고 가르침을 조사한다

　수행할 때는 손에 닿는 차례대로 아무것이나 하는 것이 아닙니다. 올바른 가르침과 만나고 올바른 실천을 하는 것이 매우 중요합니다. 잘못된 가르침에 따라 내용을 다르게 파악해 버리게 되면, 거기까지의 노력도 물거품이 됩니다. 잘못된 가르침에 의한 수행은 아무리 수행하더라도 안 좋은 결과로 되지 않기는 어렵습니다. 가르침은 이번 생의 이익뿐만 아니라, 먼 장래까지 영원히 관계가 있어서 안이하게 받아들이지 말고 그 내용을 잘 조사해 보는 것이 중요합니다.

　그것에 대해서 사꺄 빤디따는 장사하는 사람이 상품을 잘 조사하는 것처럼 성스러운 가르침에 대해서도 잘 조사해 보는 것이 좋고, 장사라면 가령 잘못되었다 해도 짧은 한 생만의 일로 끝나지만, 부처님의 가르침은 이번 생뿐만 아니라 영원한 것이고, 잘못되어 버리면 대단한 일이 되기 때문에 가르침을 만났을 때는 주인 없는 들개가 고기를 발견했을 때처럼 곧바로 덥석 물지 말고, 그것이 올바른 것인가 어떤가를 잘 조사해 보도록 주의를 기울여야 한다고 했습니다.

또한 밀라래빠도 올바른 비결의 가르침을 수행하지 않으면, 설령 동굴에 들어가 명상에 힘쓴다고 하더라도 그건 단지 자기 자신을 괴롭히는 일이 될 뿐이라고 말하고 있습니다.

좋은 가르침에 익숙해지고, 좋은 가르침에서 벗어나지 말라

스스로 가르침을 조사해 보라고 하지만, 그렇게 할 수 없는 일도 있습니다. 그 이유는 우리가 너무나 번뇌와 악업에 익숙해져 있어서, 익숙해져 있는 쪽이 자신에게 맞는 것처럼 느껴지게 되고, 익숙한 가르침이 마음에 들어 바로 그것을 받아들여 버리기 때문입니다. 그러므로 공덕이 없으면, 설령 바른 가르침과 만나도 마음이 거기에 반응하는 것이 아니라, 도리어 올바르지 않은 가르침 쪽을 좋아하고 그쪽에 집착해 버립니다. 부처님의 가르침은 시대에 영향을 받지 않는 불멸의 정법 가르침입니다. 그런데 석가모니 부처님 생존 당시의 모든 사람이 다 불교도로 되었던가요? 그렇지 않습니다. 우리가 외도라고 하는 불교 이외의 가르침이 마음에 들어 그쪽의 가르침에 들어간 사람도 많이 있었습니다.

현재는 그 당시보다 더 나쁜 상황이고, 미래는 더 나쁜 시대가 될 거라는 것도 생각할 수 있습니다. 이런 가운데 지금 우리는 이번 생이나 과거 생에 지은 선한 행위 때문에 바른 부처님의 가르침을 만난 것입니다. 부처님의 이 바른 가르침을 우연히 만난 것이 아닙니다. 그렇지만 가령 바른 가르침을 만나서 배우고 있다 하더라도, 얼마 가지 않아 싫증을 내며 버리는 일도 있습니다. 그러므로 「이제부터라도 올바른 가르침과 떨어지지 않기를」 바라고 다짐하는 것이 중요합니다.

서문 3

—

윤회(미혹과 괴로움의 세계)**의 행복에 집착하지 말고**
유가 구족(수행에 적합한 기회와 조건)**을 헛되지 않도록**

정진(노력)하는 것에 의해서
승자의 기쁨으로 되는 길을 신봉하는
인연 있는 이들은 청정한 마음으로 들으십시오.

올바른 제자가 되는 법에 귀를 기울여라

서문의 세 번째로 제자들에게 법을 들려주기 위한 비결을 말하고 있습니다. 이것은 어떤 방향으로 제자들을 이끌 것인가 하는 것이기도 합니다.

윤회에 있어서 행복하게 보이는 것에 한순간이라도 집착하지 않고 해탈을 구하는 이들이 있어, 모처럼 얻은 유가 구족을 의미 있게 하려면, 이 몸을 근거로써 이용하여 가르침의 핵심인 보리심을 얻어야 합니다. 「승자(부처님)의 기쁨으로 가는 길」에 올바로 완전히 따르기 위해서는 가령 한 부분이라도 미혹이나 잘못이 있어서는 안 됩니다.

그러면 바르게 배울 수 있는 제자들이란 어떤 사람들일까요? 그것은 올바른 지혜가 있고, 좋아함 · 싫어함 등의 극단에서 떠나 법을 신뢰할 수가 있는 사람들입니다. 즉, 앞에서 언급한 세 가지 과실에서 떠나고, 여섯 가지 생각에 따라서 가르침을 들을 수 있는 사람이 「인연이 있는 이들」입니다. 그런 사람들은 「맑은 마음으로 들으라.」고 여기에서 말하고 있습니다.

또 하나의 해석에 의하면, 첫째 줄의 「윤회의 행복에 집착하지 않고」라고 하는 부분은 「출리」를 의미합니다. 「유가 구족을 의미 없게 하지 않도록 정진합니다.」는 것은 「보리심」입니다. 「람림」의 가르침에 의하면, 유가 구족의 핵심은 세 가지가 있는데, 첫째는 선취(천상과 인간계)에 전생轉生하는 것, 둘째는 출리, 셋째는 보리심입니다. 그러므로 보리심을 배우고 수행하는 사람은 유가 구족을 최대한 활용하는 사람이고, 가만의 인간으로 태어난 것의 핵심을 얻은 것이 됩니다. 이어서 「승자의 기쁨으로 되는 길을 신봉합니다.」고 하는 부분은 「정견」을 설하고 있습니다. 따라서 서문 3의 앞 4행만으로 이미 「도의 세 가지 요결」로 됩니다.

여기까지가 서문의 해설입니다.

III.

「출리」에 대한 해설

– 윤회의 괴로움을 싫어하고, 해탈을 구하는 마음

이제부터 『람쪼남쑴』의 본문에 들어갑니다. 본문은
출리, 보리심, 정견의 순서로 말하고 있습니다.

본문 4

—

청정한 출리가 없으면
윤회의 고해에서 행복의 열매를 쫓으며
그것을 진압할 방편은 없다.
윤회에 애착하는 번뇌로

**유정들은 모두 속박되어 있으므로
가장 먼저 출리를 추구해야 합니다.**

출리가 일어나야 하는 이유

출리는 일반적으로 세 가지 포인트에서 설명할 수 있습니다. 그 첫 번째는 출리가 일어나야 하는 이유입니다. 출리란 윤회의 결점을 알고 그것을 마음에서 싫어하고 거기에서 벗어나고 싶다고 간절히 바라는 상태입니다.

윤회의 괴로움 속에 사는 우리는 비유하면 감옥에 갇혀있는 사람과 같은 것입니다. 감옥에 갇혀있는 사람이 만약 자기 자신을 행복하다고 생각한다면 영원히 거기에서 나올 마음은 생기지 않을 것입니다. 마찬가지로 윤회 세계를 행복하고 문제가 없는 곳으로 잘못 파악하고 있다면 해탈을 바라거나 그러기 위해 노력하는 일도 없을 것입니다.

그러므로 이 윤회는 좋은 것이 아니라 감옥과 같은 것이라고 먼저 생각하는 것이 중요합니다. 그런 마음이 되면 자연히 이 상태를 싫어하는 마음이 생기게 되고, 여기에서 해방되고 싶다고 바라는 마음이 생길 것입니다. 그렇지 않으면 무엇을 하더라도 윤회의 일시적인 행복이나 안락함에 집착하는 것일 뿐이고, 그 상태에서는 윤회에서 벗어나 해탈할 방법을 알 기회도 만날 수 없습니다.

여기에서는 먼저 윤회란 어떤 것인지 그 성질을 알아야 하고, 우리가 계속 윤회하고 있는 이유를 알아야 합니다. 우리가 무수히 윤회전생을 반복해 온 것은 오취온(번뇌를 수반한 오온)을 얻은 것이 원인입니다. 우리 인간은 오취온이 화합하여 존재하고 있습니다. 그리고 우리 유정이 무엇에 의해 속박되고 있는가 하면, 이 오취온에 의해서입니다. 오온이란 심신을 구성하는 다섯 다발인데, 이 오온이 왜 유루有漏일까요? 오온인 몸과 마음을 얻은 원인은 다른 것이 아니라 자기 자신의 번뇌와 업이기 때문입니다. 우리는 무시 이래의 무한한 시간의 흐름 속에서 몇 번이고 수도 없이 오취온에 의해서 업을 쌓고, 업의 결과를 받는 일을 끝없이 반복해 왔습니다. 그처럼 끝없는 윤회전생의 악순환에서 해방되고 해탈하기 위해서는, 이 윤회의 속성과 성립에 대해서 잘 이해하고, 그리고 그 윤회의 삶을 마음 밑바닥에서부터 싫어하고, 거기에서 해방되고 싶다고 간절히 바라는 출리의 마음이 필요합니다.

「출리」는 「람림」에서는 「하사下士와 중사中士에 공통하는 길」의 주요 주제입니다. 부처님의 경지를 얻기 위해서는 보리심이 매우 중요하지만, 그 보리심을 일으키기 위해서 없어서는 안 될 것이 출리입니다. 특히 불교에서는 더욱더 강한 출리의 마음이 필요합니다.

타인의 고통을 알기 위해 자신의 고통을 안다

출리를 추구할 때는 석가모니 부처님이 설하신 사성제 중에 고제(윤회세계의 본질은 괴로움이라는 진실)와 집제(괴로움에는 원인이 있고, 그것은 번뇌와 업이라는 진실)를 먼저 이해해야 합니다. 그렇지 않으면, 괴로움과 괴로움의 원인을 완전히 소멸한 멸제인 열반을 얻는 방법, 즉 도제에 관심을 가질 수 없습니다.

수행으로 출리나 해탈을 구할 때 단지 빈말만이 아니

라 마음속에서 우러나는 생각이어야 합니다. 그렇게 하지 않으면 결국 다시 윤회의 행복에 관심을 두고, 그것을 구하며 집착하는 결과로 되어 버립니다. 윤회의 속박에서 해방되기 위한 청정한 출리가 일어나게 하려면 먼저 자신이 이 윤회에서 얼마나 괴로워하고 있는 것인가를 인식하고, 자기 자신의 마음 상태를 잘 이해하는 것이 중요합니다. 자신의 진정한 괴로움을 알지 못하면 타자의 괴로움도 알 수 없습니다. 타자가 어떻게 이 윤회에서 괴로움에 시달리고 있는가를 알지 못하면, 그것에 대하여 한순간도 견딜 수 없다는 생각이나, 어떻게라도 돕고 싶다는 생각이 일어날 리가 없습니다.

타자의 처지를 생각해 주는 마음은 불교 용어로 「자비」라고 표현하고 있습니다. 이것은 「자(慈)」는 곧 「불쌍히 여기는 마음:자애」와, 「비(悲)」 즉 「슬퍼하는 마음:연민」의 마음입니다. 출리는 엄밀하게 말하면, 자비의 「비」의 측면에 더욱더 관계가 있습니다. 「비」의 마음이란, 생물이 괴로워하고 있는 상태가 너무나도 괴롭고 슬퍼서, 그들이 어떻게 하면 그 상태에서 벗어나게 할 수 있을까 하고 간절하게 생각하는 마음입니다. 이 마음이 특정한 대상만이 아니라 모든 존재에까지 넓혀지는 것이 「대비」입니다.

이 대비가 생겨나지 않으면 위 없는 보리심은 일어나지 않습니다. 그것은 대비가 원인이 되어 보리심이 일어나기 때문입니다. 예전 성자들의 가르침에 있는 것처럼 보리심이 일어나게 하기 위해서는, 일체중생이 윤회 속에서 괴로워하고 있는 것에 아파하는 커다란 연민, 대비가 마음속에서 일어나야 합니다. 그러기 위해서는 먼저 자기 자신의 괴로움을 잘 알고, 그 괴로움의 상태를 마음에서 싫어하고 벗어나고자 하는 출리의 마음을 일으킬 필요가 있습니다. 출리의 마음이 없으면, 설령 불교도라든가 보살이라고 해도 단지 말뿐입니다.

아띠샤 존자는 「자애(慈)와 연민(悲)을 수행할 수 없는 보살을 티베트인은 알고 있습니다.」고 했습니다. 이것은 당시의 티베트인에 대한 엄격한 질책의 말씀입니다. 불교가 타락한 시대에 자비, 즉 자애와 연민의 마음을 일으킬 수 없는 수행자가 티베트에 있었다는 것입니다. 단지 말로만 수행을 하고 불교의 진정한 가르침을 이해하지 못하는 사람들에게 아띠샤 존자가 주의를 촉구한 것입니다. 이것은 현대에도 통하는 것입니다.

본문 5-a

—

유가 구족의 인신은 얻기 어렵고
더욱이 일생은 순식간에 지나가 버린다고,
마음으로 익숙해지게 하면
이번 생의 쓸데없는 일에 대한 집착은 없어집니다.

출리를 일으키는 방법
① 이번 생에 대한 집착에서 벗어난다

출리가 필요한 이유를 이해할 수 있다면, 다음으로 실제로 출리의 마음을 일으키는 방법이 필요합니다. 그것에는 구체적으로 두 가지가 있습니다. 첫째는 「이번 생에 사로잡히지 않는 것」, 또 하나는 「내세에 사로잡히지 않는 것」입니다. 여기에서는 먼저 「이번 생에 사로잡히지 않는 것」부터 설명해 보겠습니다.

우리는 지금 자신의 인생을 생각하고 계획을 세우고 항상 자신을 중요시합니다. 의·식·주(티베트의 통념에서는 「의·식·명예」)가 넉넉하게 만족하게 되기를 바라는, 현세 이익만을 인생의 행복이라고 생각하고 있습니다. 그러한 상태는 불교의 가르침에서 보면 이번 생의 결과에만 사로잡혀 있는 삶입니다.

우리는 지금 충분히 수행할 수 없는 상태에 있습니다. 또한 수행하고 싶다는 생각으로 수행을 시작해 보아도 그다지 진전이 되지 않습니다. 그것은 자신의 마음이 이번 생에 사로잡혀 있는 것이 원인이고, 이번 생에 대한 집착 때문입니다. 만약 그처럼 이번 생에 사로잡혀 있고 집착하고 있는 상태에서는 설령 가르침을 바르게 이해하고 있다고 하더라도 바르게 수행하는 것은 아닙니다.

단지 의례나 형식으로 경을 읽고 외우는 것이라면 출리의 마음이 없어도 누구나 할 수 있습니다. 세간적인 일을 하는 것과 경을 외우는 일의 양쪽을 동시에 할 수 있을 것입니다. 가령 마음속으로 오늘 예정된 일을 생각하면서 입으로 경을 외우는 것도 가능합니다. 그러나 이번 생을 버리는 것과 세간적인 것의 양쪽을 동시에 할 수는 없습니다. 세속적인 생각 그대로가 법대로 되기를 바라는 생각을 가져도 그런 의미에서의 양립은 불가능합니다.

돔된빠가 가르친 진정한 수행

아띠샤 존자의 주요한 제자이고, 티베트에서는 관세음보살의 화신으로 믿고 있는 까담빠의 돔된빠가 진정한 수행을 어떠한 것으로 생각하고 있는가를 보여주는 일화가 있습니다.

어느 때 한 사람의 수행자가 불탑 주위를 도는 수행을 하고 있었습니다. 그것을 본 돔된빠는 「불탑을 도는 것 [탑돌이]도 괜찮지만, 그것보다도 진정한 수행을 하십시오.」라고 했습니다. 그 사람은 「확실히, 그냥 불탑을 도는 것보다 오체투지를 하는 것이 수행이 되겠지.」라고 생각하고 오체투지를 시작했습니다. 그러자 돔된빠는 다시 「오체투지도 괜찮지만, 그것보다도 진정한 수행을 하십시오.」라고 했습니다. 그래서 수행자는 「불탑을 돌거나 오체투지를 하는 것보다 경을 올리는 쪽이 수행이 되는 것이 틀림없다.」고 생각하고 경을 올리고 명상을 시작했습니다. 돔된빠는 「경을 올리고 명상을 하는 것도 괜찮지만, 진정한 수행을 하는 것이 그것보다도 훨씬 훌륭합니다.」라고 말했습니다. 난감해진 수행자가 「그러면 진정한 수행이라는 것은 무엇을 하면 좋은 것입니까?」라고 묻자, 「이번 생을 버리십시오.」라고 세 번 반복해서 말했다고 합니다.

이 말의 의미는 직접적으로는 이번 생을 버리는 것입니다. 그리고 간접적으로는 수행은 단지 겉으로 드러난 행동이나 말로만 하는 것이 아니라는 것입니다. 수행이란 첫째로 마음으로 하는 것입니다. 그러므로 이번 생에 사로잡혀 있는 마음을 버리고, 이번 생에 대한 집착에서 벗어나는 것이 필요합니다.

단지 하나의 비결을 준 수행자

일찍이 게셰 샨나 춘둔빠라고 하는 까담빠의 수행자

가 있었습니다. 그는 아띠샤 존자로부터 「이번 생을 버린다.」고 하는 단지 하나의 비결을 받은 제자입니다. 그 이외의 비결(가령 자비나 보리심을 일으키는 것 등)에 대해서는 전혀 듣지 않았다고 합니다. 그것을 안 돔된빠는 「아띠샤 존자는 진정한 의미의 수행 비결을 준 것이다.」고 생각했다고 합니다. 그렇지만 샨나춘둔빠 자신은 당초에 그 비결에 충분히 만족해하고 있지 않았습니다. 그는 이번 생을 버린다고 하는 비결의 참다운 중요성을 이해하지 못했습니다. 이 비결의 진정한 의미를 알아차리고, 수행을 위해서는 먼저 이번 생을 버리는 것이야말로 중요하다고 생각할 수 있게 된 것은 상당한 시간이 지난 뒤가 되어서였다고 합니다.

세간 8법에서 떠나라

여기에서 말하는 「이번 생을 버린다.」고 하는 것은, 세간 팔법으로서의 의 · 식 · 주(또는 명예)에서 벗어나는 것을 의미합니다. 세간팔법이란 인간의 마음을 자극하는 세간적인 여덟 종류의 일 「이익」과 「손실」, 「고」와 「락」, 「명예」와 「불명예」, 「칭찬」과 「비난」입니다. 웬만한 수행자라면 의·식·주를 버리는 것은 비교적 쉽게 할 수 있을 것입니다. 그러나 명성에 대한 집착은 마지막까지 버리지 못하는 일도 있습니다. 가령 아무도 없는 깊은 산 동굴에서 명상에 몰두하면서, 「저 산속에는 대단한 수행자가 있는 것 같다.」는 식으로 누군가가 말해 줬으면 하고 생각해버리는 것입니다. 하긴 아직 초보의 수행자라면 명성보다도 의·식·주 쪽이 훨씬 중요한 것으로 생각할는지 모르겠습니다.

나가르주나의 『권계왕송(친구에게 보내는 편지)』에는 다음과 같이 말하고 있습니다.

세계를 아는 왕이여, 세상 속의 여덟 가지 법, 즉 이익과 손실, 고와 락, 명예와 불명예, 칭찬과 비난에 마음이 향하게 하지 말고, 그런 것들에서 초연해져야 합니다.

(『대승불전14 용수』 중앙공론사, 325쪽)

위대한 수행자 린레빠(1128~1189)도 「세간팔법에서 벗어나서 마음이 평정하도록 해야 하나니, 윤회는 분별이 모인 마을이고, 세간팔법의 시체가 넘쳐나는 무서운 공동묘지와 같기 때문이다.」라고 말하고 있습니다.

우리는 경제적으로 혜택을 받으면 기뻐하고, 가난하면 마음이 침울하고 슬퍼하게 됩니다. 명성으로 존경을 받으면 기뻐한 나머지 유정천의 천신이 된 것 같고, 비난받고 경멸받으면 깊은 나락(지옥)에 떨어집니다. 건강하면 행복감을 느끼다가도 조금이라도 병이나 상처가 있으면 불행하다고 생각하고, 또한 자신에게는 항상 좋은 일만을 기대하고, 좋은 일이 없으면 슬픔에 빠져듭니다.

이러한 세간팔법에 사로잡혀 사소한 것에도 하나하나 휘둘리지 않고, 일희일비를 반복하는 일 없이, 마음이 항상 평정하도록 주의를 기울여야 합니다. 훌륭한 학자나 수행자라 하더라도 세간팔법에 때 묻고 거기에 사로잡히게 되면, 아무리 훌륭한 학문을 배우고 높은 수행을 했다 하더라도 그것은 진정한 법(수행)이 아닙니다.

수행의 내용과 자신의 마음을 잘 연결시켜라

중요한 것은 바른 가르침을 받아들이고 깊이 이해하는 것입니다. 불교의 가르침이라도, 그리고 「족첸」이나 「마하무드라」, 「구히야사마자」 등 심오한 밀교 가르침이라도, 그것을 수행하는 사람 자신이 진정한 의미에서 불자가 되고 밀교 행자가 되지 않으면 의미가 없습니다. 그런 심오한 가르침을 굉장한 것이라고 상찬하고 동경해도, 그것에 집착하는 마음뿐이고 그대로 행하지 않으면, 마음이 가르침대로 되는 것은 없고 단지 말로만의 수행자일 뿐입니다. 가령 열심히 경을 외우는 것은 좋은 일임이 틀림없지만, 그런 때에도 경의 내용과 자신의 마음을 잘 연결하지 않으면 의미가 없습니다.

까규파의 걀와 구창와(1189~1259)의 제자 양군빠는 「가르침은 착첸(마하무드라)이라고 해도 수행자 자신이 착첸으로 되지 않으면 도움이 되지 않는다.」라고 했습니다. 쫑카빠 대사도 「가르침은 불교라 해도, 그 사람이 불자가 되지 않으면 의미가 없다.」고 말하고 있습니다.

다시 말하면, 「이번 생을 버린다.」고 하는 것은 세간팔법을 버리는 것, 이번 생의 이익에 집착하지 않는 것입니다. 그렇게 하여 마음을 평정하게 지키는 것이 수행에 커다란 비결입니다. 그렇지 않으면 진정한 수행자라고 할 수 없고, 삼악취에의 문을 닫을 수도 없습니다.

「가장 심오한 열 가지 보배」의 비결

세간팔법을 버리는 비결은 「로종 가르침」의 법맥으로서, 까담빠에 전해진 「뿍노르쭈」라는 가르침이 있습니다. 「뿍」이란 「심오하다」, 「노르」는 「보배」, 「쭈」는 「열」이므로, 「가장 심오한 열 가지 보배 같은 수행의 비결」이라는 의미가 됩니다.

「가장 심오한 열 가지 보배」에는 「네 가지 근거가 되는 것」과 「세 가지 금강」과 「세 가지 세계」가 있습니다. 아래에 차례대로 설명해 보겠습니다.

《네 가지 근거가 되는 것》
① 마음의 깊숙한 곳은 다르마(법)에 근거한다.

② 가르침의 깊숙한 곳은 청빈에 근거한다.

③ 청빈의 깊숙한 곳은 죽음에 근거한다.

④ 죽음의 깊숙한 곳은 동굴에 근거한다.

첫째의 「마음의 깊숙한 곳은 법에 근거한다.」는 것은 마음의 깊숙한 곳에서는 항상 법에 근거한다는 것입니다. 이번 생에 있어서 얻기 힘든 유가 구족을 얻었다 하더라도 그 상태도 무상하고, 언젠가 반드시 죽음이 찾아옵니다. 그 시기가 언제인가는 누구도 알지 못합니다. 그리고 죽을 때에 도움이 되는 것은 성스러운 다르마(법) 이외에는 아무것도 없습니다. 아무리 넉넉한 재산이나 명예 등이 있어도, 죽을 때에 그것들은 아무런 도움도 되지 않습니다. 그러므로 이번 생이 어떤 상황이든 조금도 괴로워하지 말고, 신·구·의 전체로 수행을 하는 것이 중요합니다. 생전에 세간적으로 아무리 혜택받고 원만한 생활을 하고 있어도 사후에는 본인에게 아무것도 없는 것은, 왕으로 살았든 개로 살았든 마찬가지입니다. 죽을 때에 도움이 되는 것은 단지 한 가지 다르마(법)뿐입니다.

둘째의 「가르침의 깊숙한 곳은 청빈에 근거한다.」는 것은, 「수행을 위해서는 괴로움도 싫어하지 않고, 설령 가난하게 되더라도 괜찮다.」라고 생각하는 것입니다. 의 · 식 · 주의 모든 면에서 아무리 가난하더라도 단지 지금 바로 「진정한 수행이 될 수 있도록」 바라는 것입니다. 수행을 할 수만 있다면 환경이나 조건은 전혀 생각하지 않는 것, 이것이 가르침의 깊숙한 곳에 있는 청빈을 향하는 것입니다.

「수행만 하고 있어서 과연 생활이 될 수 있을까?」 「먹을 것도 입을 것도 얻지 못하게 되는 것이 아닐까?」라고 걱정이 될지도 모릅니다. 그렇지만 진실한 수행을 위해서는 「가령 그렇게 되어도 좋다.」고 생각하는 것입니다. 그것이 견고한 결의입니다. 또한 「그렇게 될지도 모르고, 되지 않을지도 모른다.」라고 어떻게 될지 예측할 수 없다고 생각하는 사람도 있을 것입니다. 그럴 때도 마음의 깊숙한 곳에서는 「먹을 것도 입을 것도 충분히 얻지 못하는 결과가 된다고 하더라도 수행을 하는 편이 중요하다.」라고 강한 결의를 가지는 것입니다. 그리고 그러한 가난을 두려워하지 않고 수행을 할 때는 결코 그것을 후회하지 않도록 해야 합니다. 그것이 마음으로 다르마에 의지하고, 다르마에 근거하는 것입니다.

셋째의 「청빈의 깊숙한 곳은 죽음에 근거한다.」는 것은, 「수행 때문에 가난해져서 죽게 되어도 괜찮다.」라고 생각하는 것입니다. 청빈하게 수행하고 있을 때 「자신은 겨우 약간의 음식밖에 모을 수가 없고, 가난 속에서 수행하고 있으므로 오래 살지도 못하고 이대로 죽어버릴지도 모르겠다.」라는 생각이 들지도 모릅니다. 또는 수행을 시작해 보기는 했으나 도중에 「이번 생을 소홀히 해 버리는 것은 너무 지나친 것이 아닐까?」라든지, 「이것은 너무 지나칠지도 모르겠다.」「집도 가족도 뭐라도 다 놓쳐버리게 된다면 큰일이다.」라는 걱정이 생길지도 모릅니다.

그럴 때는 「전생에 오직 수행을 위해 목숨을 건 적이 없으므로, 이번 생에는 수행을 위해 목숨을 걸어도 좋다.」, 혹은 「부자든 가난하든 모두 똑같이 죽는 것이니까, 돈을 벌기 위해 악업을 쌓다가 죽은 것보다도, 가령 고통스럽더라도 수행을 하고 죽을 수 있다면 의미가 있다.」라고 생각하는 것입니다. 「수행하다가 죽게 된다면 그것도 좋다.」「수행을 위해서는 굶어 죽어도 좋다.」「입을 것이 없어서 얼어 죽어도 좋다.」는 식으로 강한 결의를 가지는 것이 중요합니다.

넷째의 「죽음의 깊숙한 곳은 동굴에 근거합니다.」라는 것은, 사람 사는 마을에서 멀리 떠나 아무것도 없는 동굴에서 수행하는 것입니다. 그러한 수행 장소는, 병이 들어도 약도 없고, 나이가 들어 죽을 때에도 도움을 줄 수 있는 사람도 아무도 없을 것 같은 외진 곳입니다. 그러한 동굴에서 수행하다가 죽으면 자신의 시체는 대체 어떻게 될 것이냐고 걱정이 될 것입니다. 그러나 이번 생에는 어떠한 것도 집착하지 않고, 그리고 죽은 뒤 「자신의 유체가 어떻게 되든 상관없다.」라고 생각하면서 어떤 것에도 사로잡히지 않는 것입니다. 오래 살 것인지 살지 못할 것인지는 아무도 알지 못하므로, 아무튼 수행을 계속하는 것이 중요합니다. 「거기서 죽게 되고, 그때 도움을 주는 사람이 아무도 없어도 좋다.」「아무것도 없는 동굴에서 단지 혼자서 수행하고, 들개처럼 죽음을 맞이해도 괜찮다.」라고 결의하는 것입니다.

밀라래빠와 같은 성자들은 이러한 가르침을 단순히

말로만 하는 것이 아니라, 진정으로 실천했습니다. 밀라래빠 뿐만 아니라, 많은 수행자가 단지 혼자 숲속에 들어가서 수행에 전념하며, 죽을 때는 야생동물들이 조용히 몸을 누이고 죽는 것처럼, 자신에게는 장례식도 49재도 필요 없다고 마음으로 결의하고 고독한 적정처에서 수행을 계속하는 것을 원했다고 합니다.

《세 가지 금강》
⑤ 올바른 수행의 금강
⑥ 부끄러움 없는 자취의 금강
⑦ 지혜의 금강

다섯째의 「올바른 수행의 금강」이란, 친족이나 친구들의 잘못된 애정이나 집착에 사로잡히지 않는 것입니다. 자신이 수행하는 것에 대하여 친족이나 친구들이 반대하여 수행은 나중에 해도 된다고 간청하며 울고불고 하더라도, 자신의 마음을 금강석처럼 단단하게 가지고 그들에게 사로잡히는 일 없이 올바르게 수행해야 합니다.
여섯째의 「부끄러움 없는 자취의 금강」이란, 잘못한

부끄러움을 버리는 것입니다. 바른 수행을 하고 있다면, 가령 「저 사람은 형편없다고 사람들로부터 비난을 받거나, 지위도 재산도 없고 아무런 힘도 없는 자라고 하며 하찮게 취급하고 차별받는다고 하더라도 괜찮다.」라고 결의하는 것입니다. 그리고 이번 생에만 집착하고 있는 친족이나 친구의 조언은 그것이야말로 번뇌나 허물의 근원이 되고 방해가 되기 때문에, 그런 인연들에서 완전히 벗어나는 것이 중요합니다. 여기에서 말하는 금강이란 것은, 마음이 매우 견고한 것을 상징합니다. 그러므로 어떠한 차별이나 비난을 받더라도 자신의 마음속에 잘못한 부끄러움을 가지지 않고, 견고한 자취를 남기며 실천하는 것입니다.

일곱째의 「지혜의 금강」이란 ①~⑥의 가르침에 의해 자신이 결의하고 서원한 것과 자신의 마음이 항상 떠나지 않는 것을 의미합니다. 그러한 서원을 절대로 깨뜨리지 않고, 핵심도 의미도 없는 세간적인 것에서 완전히 떠나고, 항상 불교의 견고한 가르침에 따라 수행하는 것입니다.

《세 가지 세계》

⑧ 인간 세계에서 벗어나는 것.

⑨ 들개의 세계와 같이 되어도 좋다고 생각하는 것.

⑩ 부처님의 세계에 들어가는 것.

여덟째의 「인간 세계에서 벗어나는 것」이란, 이번 생의 원만이나 행복을 적이라고 알고, 이번 생에 대한 지나친 관심을 버리는 것입니다. 이번 생의 사회적 지위나 평가의 높고 낮음은 관계가 없다고 마음에 새기고, 가령 모든 이가 「저 사람은 마음이 어그러져 있는 게 아니야?」라고 조롱받더라도 마음 깊숙한 곳에서는 「이번 생의 인간사회의 세속적인 가치관에서 벗어난 것처럼 보이더라도 괜찮다.」라고 깊이 마음에 정하는 것입니다. 단지, 여기에서 중요한 것은 게셰 체카와의 『일곱 가지 마음 닦는 법七事修心』에도 있는 것처럼, 「생각만을 변용시키고, 외부의 몸과 말은 그대로의 상태에 남겨둔다.」는 것입니다.

아홉째의 「들개의 세계와 같이 되어도 좋다고 생각하는 것」이란, 의·식·주(및 명예)의 측면에서는 손해만 있을 뿐이고, 수행을 계속하기 때문에 굶주림의 결과로 되었다 하더라도 그것에 대하여 인내한다는 것입니다.

열째의 「부처님의 세계에 들어가는 것」이란, 이러한 수행으로 본존(부처님)의 경지를 성취한다는 것입니다. 이번 생의 정신없는 것의 모든 것에서 벗어나 조용한 곳에서 수행하여 최종적으로 본존(부처님)의 경지에 이를 수 있기를 원하며 마음으로부터 수행을 하면, 가령 일시적으로는 먹을 것도 없고 굶어 죽을지도 모르는 상황이 되었다 하더라도, 결코 죽는 일은 없습니다. 일반적으로는 음식이나 마실 것이 없으면 굶어 죽을 가능성이 있지만, 진정한 수행자라면 굶어 죽는 일은 없습니다.

이것은 불교 역사에서 생각할 수 있는 것입니다. 왜냐하면, 일찍이 석가모니 부처님이 남기신 많은 공덕에 의해 수행자들은 보호되고 있기 때문입니다. 이전에 석가모니 부처님은 「내 뒤를 잇는 수행자들이 진정한 수행을 하는 것 때문에 죽게 되는 일은 결코 없도록 하여지이다.」라고 서원을 세우고 회향했기 때문입니다.

법에 의지하고 강한 결의로 후회 없이 행한다

이 「뿍노르쭈」의 가르침을 실천하는 것은 간단하지 않습니다. 이처럼 극단적으로 보이는 것을 지금은 아직 완전한 형태로 실천할 수 없을지 모르지만, 조금이라도 수행을 하려는 의지를 굳건히 하고 강하게 결의하는 것이 중요합니다. 「이러한 수행은 도저히 할 수 없다.」라고 단정하고 체념해 버리지 말고, 「언젠가는 할 수 있을 것이다.」라고 생각하고 「해보자!」라고 결의하는 것에 의의가 있습니다.

이와 같은 실천 때문에 가난하게 되거나 지위 등을 잃고 일반사회로부터 배제되더라도 그것을 두려워하지 않고 세간팔법에서 완전히 벗어나는 것이 중요합니다. 일반사회란 곧 세간팔법을 실천하는 사회이므로 세간팔법과 정반대의 가르침을 실천하는 자라면 그와 같은 세간에서 이탈하고 제외되어도 괜찮다고 생각해야 합니다. 그 뒤는 가령 황야를 방황하는 들개와 같이 보이더라도 수행에 의미 있는 것만을 생각하며 살아가는 것입니다.

요컨대 할 수 없다고 하며 아무것도 하지 않는 것이

아니라 현시점에서도 어느 정도는 실천하는 것입니다. 왜냐하면 세간적인 풍요로움과 수행의 성과라는 양쪽은 얻으려 해도 되지 않기 때문입니다. 의미가 있는 수행을 하고 싶다면 이번 생의 세간적인 것에 집착하지 않고, 그런 측면에서는 손해를 보아도 좋다고 생각하고, 수행을 위한 마음을 잘 보호하는 것이 중요합니다. 그렇게 하여 진정한 수행을 하게 되면 이윽고 부처님의 경지를 성취하는 것에 연결되는 것입니다.

과거 성자들의 가르침

걀와 왼싸빠는 「저에게는 이 몸 유지하기 위한 최소한의 의·식·주 만이 필요할 뿐이오며, 부처님의 경지를 성취하기 위해 수행하고 있는 지금 성냄과 집착을 버리고 오직 적정처에서 유가 구족의 몸과 마음을 얻을 수 있도록 수행하여지이다.」라고 기원하고, 그 기원대로 수행하여 이번 생에 깨달음을 얻었다고 합니다. 또한 위대한 요가행자 밀라래빠도 처음에는 평범한 사람이었지만, 절대적인 헌신과 수행으로 이번 생에 부처님의 경지를 성취했습니다.

이처럼 과거의 위대한 성자들도 먼저 이번 생을 버리는 것에서 시작했습니다. 이번 생을 버리는 것은 수행의 첫 번째 단계이고 입문이라 할 수 있는 것입니다. 이것에 대해서 밀라래빠는 다음과 같은 내용의 시를 남기고 있습니다.

아들이여,
진심으로 수행을 하려고 생각한다면
가슴 속에 신심이 자랐다면
이번 생에 눈을 향하지 않는다면
세상 이익에 관심 없다면
진실에 따르려 한다면

친족은 수행의 장애물임을 알아
그들은 실재한다고 생각하지 말고
집착의 불길을 끄도록 하여라.

맛있는 음식이나 재물은 악마가 보내는 사절단이라
익숙해져 버리면 좋지 않으니 집착을 버릴지라.

다섯 가지 욕망은 악마의 오랏줄이니
얽힘에서 집착을 버려라.

젊은 친구들은 악마의 덫이니
반드시 속임에서 잘 주의하라.

태어난 고향은 악마의 아성이니
해방되기 어려운 것에서 빨리 도망갈지라.
모든 것을 버리고 가는 것이라면
이제 곧 버린다면 의미가 있다네.

환영과 같은 이 몸은 인형처럼 쓰러지니
이제 곧 연기를 준비하면 좋으리.

마음의 독수리는 반드시 날아가니
이제 곧 끊는 편이 좋으리.

내가 말하는 것을 잘 듣고 행한다면
아들이여, 그대에게는 불법의 연이 있는 것이네.

또한 다음과 같은 내용의 시도 있습니다.

나의 행복은 친족에게 알려지지 않고
슬픔은 적에게 알려지지 않는다.
이처럼 깊은 산속의 적정처에서 죽을 수 있다면
(나의) 소원을 완전히 이룰 수 있다.

늙은 것은 친구에게 알려지지 않고
병은 누이에게 알려지지 않는다.
이처럼 깊은 산속의 적정처에서 죽을 수 있다면
(나의) 소원을 완전히 이룰 수 있다.

죽음은 사람들에게 알려지지 않고
시체가 부패된 것을 새가 보지 않는다.
이처럼 깊은 산속의 적정처에서 죽을 수 있다면
(나의) 소원을 완전히 이룰 수 있다.

출입구에 사람의 발자국 없고
중간에는 피도 남아있지 않다.
이처럼 깊은 산속의 적정처에서 죽을 수 있다면
(나의) 소원을 완전히 이룰 수 있다.

죽은 뒤, 시신 옆에 누구 한 사람 있지 않고
한탄하며 슬피 우는 이도 없다.
이처럼 깊은 산속의 적정처에서 죽을 수 있다면
(나의) 소원을 완전히 이룰 수 있다.

「어디에 갔는가?」라고 묻는 이도 없고
가는 곳을 가르쳐 줄 사람도 없다.
이처럼 깊은 산속의 적정처에서 죽을 수 있다면
(나의) 소원을 완전히 이룰 수 있다.

아무도 없는 깊은 산속 동굴에서
무엇 하나도 없이, 이 몸 하나로
중생의 이익을 위해 죽을 수 있다면
(나의) 소원을 완전히 이룰 수 있다.

이런 내용은 말 그대로는 이번 생에 사로잡히지 않는 것과 이번 생을 버리는 기쁨이나 만족이 표현되어 있습니다. 그와 동시에 밀교적인 의미에서는 밀라래빠의 몸이 무지개 몸으로 되어 성불했다는 것이 암시되어 있습니다. 이처럼 똑같은 하나의 문장이라도 몇 가지 중층적 의미를 읽을 수 있는 것이 있습니다.

출리의 마음을 일으키기 위해 현세 이익인 세간팔법에서 벗어나 올바른 수행을 할 때는 그것에 관한 성자들의 비결을 알고, 「나도 그렇게 되어지이다.」라고 기원하며 결의합니다.

유가 구족의 얻기 어려움

다음에, 「죽음의 무상」에 대해서 고찰해 보겠습니다. 그 전에 「유가 구족」이 얼마나 얻기 어렵고 의미 있는 것인가에 대해 충분히 명상하고, 잘 이해할 필요가 있습니다. 그러기 위해서는 스승으로부터 가르침을 듣거나 책을 읽는 것만이 아니라, 자기 관점에서도 힘을 기울여야 합니다. 들은 가르침이 자기 자신의 힘이 되도록 하기 위해서는 들은 내용에 대해서 잘 고찰할 필요가 있습니다. 자기 자신의 현실 생활과 가르침의 내용이 일치하고 있는지 어떤지를 보는 것도 도움이 됩니다.

쫑카빠 대사는 『보리도차제광론』에서 「유가 구족이 있는 인신은 얻기 어렵고, 그것은 모든 소원을 이루어 주는 여의수如意樹보다도 훌륭한 것이다.」고 말하고 있습니다. 「이 몸이 소멸하기 쉬운 것은 공중의 번개와 같은 것이라, 이러한 인신을 얻을 수 있는 것은 이번뿐이다.」라고. 이처럼 들은 내용을 잘 소화하여 유가 구족의 특성과 죽음의 무상 두 가지를 진정으로 이해할 수 있으면, 가령 모든 산이 금으로 되고 모든 바닷물이 우유가 되고, 모든 사람이 자신의 하인이 된다고 하더라도, 그것들에 대하여 집착하지 않고 수행을 향한 견고한 결의를 할 수가 있을 것입니다.

그러면 유가 구족이란 구체적으로 어떤 것인가? 「유가」란 여덟 가지 여가가 없는 상태에서 벗어나 수행을 하기에 적합한 때도 있는 것입니다. 「구족」이란 불교를 만나 수행을 하기 위해 외적인 측면과 내적인 측면의 조

건, 다시 말하면 자신과 다른 이의 양쪽에 의해서 생기는 조건이 갖추어져 있는 것입니다.[6]

내적인 측면의 조건 가운데 한가지로써 수행을 할 때의 근거가 되는 것은 인간의 이 몸입니다. 이 몸을 얻었기 때문에 수행도 가능하게 된 것입니다. 지금의 자신은 어느 정도 연약해서 의지할 수 없는 존재일지라도, 얻기 힘들고 의미 있는 유가 구족을 얻고 있는 것이라면 그것이 얼마나 훌륭하고 혜택받은 상태인가를 잘 자각해야 합니다. 인신을 얻은 것을 가장 의미 있게 하는 것은, 다른 이를 위해서도 자신을 위해서도 부처님의 경지를 성취하는 것입니다.

유가 구족의 얻기 어려움은, 구체적으로 원인과 결과의 두 가지 측면에서 생각해 볼 수 있습니다. 유가 구족을 얻을 수 있는 근본 원인은 올바른 계율을 받아서 그것을 엄격하게 지키는 것, 보조적인 원인은 보시의 수행을 하는 것, 그리고 장래에 있어서 올바른 가르침을 수지하고 수행을 할 수 있도록 오염되지 않은 청정한 기원

....
6) 「8유가 10구족」의 구체적인 내용은, 소남 저/석혜능 역, 『티베트밀교명상법』, 불광출판사, 45~50쪽 참조.

을 하는 것 등입니다. 그런 결과로써 인간의 모습으로 태어나는 것입니다.

인간으로 태어나는 것이 얼마나 희유한 것인가를 생각해 보면, 유가 구족의 얻기 어려움을 스스로 이해할 수가 있습니다. 구체적으로 말하면 먼저 삼악취와 비교해서 삼선취에 태어나는 중생의 수는 매우 적습니다. 선취 중에서도 인간계와 그 이외의 유정 수를 비교하면 인간으로서 생을 누리는 자의 수는 적은 것입니다. 그 인간 중에서도 이 남섬부주(불교의 우주관에서 지금 우리가 사는 세계)에 사는 사람의 수는 적고, 더욱이 그중에서도 유가 구족을 얻은 사람의 수는 매우 적을 것입니다. 특히 올바른 불교나 밀교를 만난 사람은 적고, 게다가 그것을 계속 이어가는 사람은 겨우 몇뿐일 것입니다.

비유로 잘 설명하고 있는 것처럼 「한 번 많은 콩을 벽을 향해 던졌을 때 바닥에 떨어지지 않고 벽에 그대로 남아있는 콩처럼(撒豆留壁)」 유가 구족을 얻는 일은 희유한 것입니다. 우리는 이미 인간으로 태어나 있어서 이 상태가 희유하다고 해도 실감이 나지 않을지 모릅니다. 그러나 자기 주변에 있는 많은 동물의 경우를 생각해 보십시오. 또한 마찬가지로 아귀나 지옥에 사는 이들의 경우를 상상해 보면, 인간으로 태어난 것이 얼마나 행운인가를 알 수 있을 것입니다. 어느 경전에는 「인간의 모습으로 태어나는 것이 어려운 것은 물론, 단지 '인간'이라고 하는 이름을 듣기조차도 매우 어렵다.」고 하고 있습니다.

수행하기 위해서는 이러한 유가 구족의 훌륭함을 알고 시간을 결코 헛되이 하지 않는 것입니다. 수행에는 여러 가지 단계가 있습니다. 우리는 불교도로서 보리심을 일으켜야 합니다. 보리심을 일으키지 않은 채 아무리 높은 단계의 밀교 수행 등을 겉으로 행하더라도 그다지 의미가 없습니다. 보리심을 일으키기 위해서는 커다란 연민의 마음[大悲]이 필요하고, 커다란 연민의 마음이 생기게 하기 위해서는 출리가 있어야 합니다. 그렇게 하기 위한 첫 단계는 이번 생의 세간팔법에 사로잡히지 않는 것입니다. 그러기 위해서는 지금의 이 인간으로 사는 삶이 얼마나 얻기 어렵고 의미 있는 것인가를 깊이 실감하는 것이 필요합니다. 그리고 「이 귀중한 유가 구족을 세간팔법을 위해서가 아니라 수행을 위해 사용해야 한다.

지금 바로 수행을 시작하지 않으면 안 된다.」라고 자각하는 것입니다. 왜냐하면, 이러한 인생은 영원히 이어지는 것이 아니라 잠깐 사이에 지나가 버리고, 어느 날 돌연히 죽음이 찾아오기 때문입니다.

죽음의 무상(죽음에 대한 세 가지 사실)

유가 구족이 이해될 수 있으면 다음 단계인 죽음의 무상에 대해 고찰해 보겠습니다. 「람림」에 의하면, 죽음에 대해 생각하지 않으면 그것은 잘못이라 합니다. 죽음에는 「세 가지 사실」이 있습니다. 더욱이 그 「세 가지 사실」에 각각 세 가지씩 이유가 있으므로 모두 「아홉 가지 이유(생각해야 할 것)」가 있습니다. 그리고 「세 가지 사실」에 대한 「세 가지 결론」이 있습니다. 이런 것에 대해 순서대로 잘 생각하며 명상해 갑니다.

| 사실 1 | 죽음은 피할 수 없다.

【이유(생각해야 할 것)】

① 어떠한 조건도 죽음의 방문을 방해할 수 없다.

② 그 무엇으로도 수명을 늘리거나 짧게 할 수 없다.

③ 살아 있는 동안에 수행하든 하지 않던 죽음은 반드시 찾아온다.

【결론】

따라서 수행해야 한다.

죽음은 모든 사람에게 반드시 찾아옵니다. 어떤 장소에 살아도, 아무리 좋은 음식을 먹고, 가장 좋은 약을 먹어도, 그리고 어떤 곳으로 도망을 가더라도 최종적으로 죽음을 면하는 사람은 한 사람도 없습니다.

이렇게 인간으로 태어나고서도 살아 있는 동안에 수행하지 않고 있는 사람들도 많은 것이 현실입니다. 그런 것과 관계없이 죽음은 반드시 찾아옵니다. 수행이 끝날 때까지 기다려 주는 일은 없습니다. 그리고 지금 죽어버리면 이번 생과 같은 유가구족을 다음에 언제 다시 얻을 수 있을지 모릅니다. 그러므로 지금 바로 수행해야 하는 것은 확실합니다.

| 사실 2 | 언제 죽을지 모른다.

【이유(생각해야 할 것)】
① 남섬부주에 사는 사람의 수명은 불안정하고, 타락한 시대에는 더더욱 불확실하다.
② 죽게 되는 조건(병원균이나 악령 등)은 많지만, 살기 위한 조건은 적다.
③ 몸은 물방울처럼 무너지기 쉬워 확실성이 없다.
【결론】
따라서 지금 바로 수행을 시작해야 한다.

우리가 지금 사는 세상은 죽음의 조건은 많지만, 생존의 조건은 적고, 자기가 언제 죽을지는 아무도 모릅니다. 우리는 마치 소용돌이치는 강한 바람 속에 있는 등불과 같은 상태로 존재하고 있습니다. 지금까지 존재해 온 것이 불가사의할 정도입니다. 흔들리며 움직이는 물거품처럼 무너지기 쉬운 목숨이라면 내일 죽지 않는다는 보장은 없습니다. 그러므로 지금 바로 수행을 시작해야 합니다. 내년부터, 다음 달부터, 내일부터 하자는 식으로 말하고 있을 여유는 없습니다.

| 사실 3 | **죽을 때는 올바른 다르마(법) 밖에 도움이 되지 않는다.**

【이유(생각해야 할 것)】
① 재산은 도움이 되지 않는다.
② 친족이나 친구도 도움이 되지 않는다.
③ 아무리 소중하게 지켜온 몸도 도움이 되지 않는다.
【결론】
따라서 가르침만을 행해야 한다.

죽을 때에는 가르침 이외에 도움이 되는 것은 없습니다. 그럴 때의 경우를 생각하면 지금부터 행해야 할 것은 수행뿐입니다. 이번 생에 대한 집착을 약화하고, 「보배와 같은 보리심이 생기게 한 채로 죽을 수 있어지이다.」라고 기원하는 것이 중요합니다.

—

인과가 틀림없이 드러나는
윤회의 가지가지 괴로움을
두 번 세 번에 걸쳐 생각한다면
후생(내세)의 사소한 것에 대한 집착도
없어지게 됩니다.

출리를 일으키는 방법
② 내세에 대한 집착에서 벗어난다

유가 구족과 죽음의 무상에 대해 생각하고, 이번 생의 현세 이익에서 벗어났다면 다음에는 내세에 대한 집착에서도 벗어나는 것입니다. 가령 이번 생에 대한 집착에서 벗어났다 하더라도, 내세는 천상계에 태어나고 싶다, 혹은 다시 인간으로 태어나서 유복하고 행복한 생활을 하고 싶다는 식으로 기대하거나, 다른 이의 경우는 생각하지 않고 자신의 고통이 없어지기만을 생각하며 수행하고 있다면, 그것은 모두 내세에 대한 집착이 원인입니다. 그러므로 여기에서 내세에 자신에게 일어날 수 있는 좋은 과보나 그것에 대한 집착에서도 벗어나는 것이 필요합니다.

인과관계의 법칙과 업의 네 가지 성질

여기에서 인과관계에 대해 생각해 보겠습니다. 인과관계인 업의 법칙과 윤회의 고통이 잘 이해되면, 다음 생에서 부귀나 재산, 명성 등을 얻는 것에 대한 기대나 구상을 없앨 수가 있습니다.

윤회의 인과관계는 아주 복잡하여서 그 자세한 것은 부처님밖에 알지 못합니다. 그러나 적어도 인과관계의 법칙에 대해서 잘 배우고, 그것을 신뢰할 필요가 있습니다. 그렇게 하지 않으면, 무명으로부터 이끌려 일어나는 모든 업에서 해방될 수가 없고, 몇 번이고 죄를 범하고 윤회전생을 반복하게 되는 것입니다.

인과관계의 업은 선업과 불선업의 두 가지로 크게 나

눌 수 있습니다. 따라서 선을 행하고 불선업을 행하지 않는다는 식으로 수행을 해야 합니다.

「람림」에는 다음과 같은 업의 네 가지 성질이 설해지고 있습니다.

① 업은 확실하다.(善因樂果, 惡因苦果)
② 업은 항상 증대한다.
③ 업이 없으면 결과는 만나지 않는다.
④ 한 번 쌓은 업은 아무리 시간이 지나도 없어지지 않는다.

당신은 죽음을 어떤 것으로 생각합니까? 죽음이란 등불이 꺼지는 것처럼 아무것도 없게 되는 것이 아닙니다. 몸은 없어져도 마음(心相續)은 없어지지 않고, 사후에 다시 이 마음(재생연결식;업)은 어딘가의 장소에 태어나는 것입니다. 그리고 유정이 태어날 곳은 윤회 세계의 삼선취나 삼악취의 어느 곳으로 결정되어 있습니다.

살아 있을 때 선업을 지은 이는 삼선취에 태어나고, 불선을 거듭 지은 이는 삼악취에 떨어지게 됩니다. 죽음

에 직면했을 때 자유는 없고, 업에 의해서 태어나야 합
니다. 십선의 반대인 십불선(살생, 투도, 사음, 망어, 기어, 양설,
악구, 탐욕, 진에, 사견) 가운데 몸의 불선인 살생, 투도, 사음
중에서 가장 무거운 것은 살생입니다. 그중에서도 특히
악질적인 살생을 한 이는 지옥에, 중간 정도의 살생이라
면 아귀에, 가벼운 살생이라면 축생에 전생한다고 하고
있습니다.

한편, 선업 쪽은 훌륭한 선업이라면 천상에, 중간 정
도라면 아수라에, 작은 선업이라면 인간에 윤회한다고
하였습니다.[7] 나가르주나는 「불선업에 의해서 모든 고
통이 생기고 삼악취에 태어나며, 선업에 의해서 삼선취
에 태어난다. 그러므로 모든 생에서 선취에 태어날 수
있도록 해야 한다.」고 말하고 있습니다.

일반적으로 선을 일으키는 힘은 미약하고, 불선을 일
으키는 힘은 강하기 때문에, 어떻게 하더라도 삼악취에
태어날 확률이 높습니다. 지옥에는 작열하는 더위나 몸
도 얼어버리는 추위 등, 상상할 수 없는 고통이 있고, 아

----

[7] 십선에 대해서는, 꾼촉/소남/齋藤 著,『실천티베트불교입문』, 춘추사, 30~31쪽 참조.

귀에는 배고픔과 갈증 등에 의한 고통과 공포가 있습니다. 또한 축생은 무지 때문에 서로 죽이고 먹히는 약육 강식의 공포와 참기 힘든 고통은 말로써 표현할 수조차 없습니다.

이러한 고통을 단순히 비유로 한 이야기로써 방관적으로 듣는 것이 아니라, 자신이 실제로 그 상태라면 어떻게 할 것인가를 진심으로 하나하나씩 상상해 보십시오. 가령 뜨거운 지옥에 사는 것처럼 뜨거운 물을 뒤집어썼다면 어떻게 되겠습니까? 지옥의 중생은 인간보다도 몸은 약하지만, 감각은 훨씬 예민하여서, 같은 고통이라 해도 매우 강하게 느끼게 된다고 합니다. 이런 삼악도의 참을 수 없는 처참한 고통을 내가 받는다고 생각해 보십시오.

선·불선의 강약에 관한 요소

불교에서는 인과관계에 대해 생각하며, 사후에 삼악취에 떨어지는 것에 두려움을 가졌을 때부터 귀의가 시작됩니다. 지옥에 떨어지지 않기 위해서는 삼보(불법승)에 마음 깊은 곳에서부터 귀의하는 것이 중요합니다. 『람쪼남쑴』에는 직접적인 말로써 귀의는 설해져 있지 않습니다. 내용으로써 필요하므로 「람림」에 연계해서 조금 설명을 추가하면, 특히 현교에서는 가령 아침에 눈을 떴을 때 일어나는 사소한 한 가지 일이라도 모두 삼보의 가피를 받은 것이기 때문에 「얻기 힘든 귀중한 유가 구족을 의미 있는 것이 되도록 하자.」라고 항상 마음으로 생각하는 것이 중요합니다. 이러한 귀의의 핵심은 인과관계인 업의 법칙에서 인과관계를 신뢰하고, 선을 행하고 불선을 버리는 수행에 정진하고 노력하는 것이 진정한 의미의 귀의가 됩니다.

복잡하고 쉽게 이해할 수 없다고 해서 인과관계인 업의 법칙을 무시하면 잘못입니다. 신통력을 얻을 정도의 수행자라도, 박학다식한 학자라도, 인과관계인 업의 법칙을 무시하는 일을 하면 삼악취에 떨어지는 결과로 됩니다. 인과관계를 알면서 그것에 근거해 수행하지 않거나, 또한 지식이 없으므로 뭔가 잘못된 행위를 한 경우도 결과는 마찬가지다.

석가모니 부처님 시대 때, 렉뻬카르마라고 하는 매우 박학한 비구가 있었습니다. 그는 설법의 내용은 잘 기억했지만, 부처님에 대한 신심이 없었고 인과관계인 업의 법칙도 신뢰하지 않았습니다. 그 때문에 다음 생에서는 지옥에 떨어졌다고 합니다. 부처님의 가르침을 지식으로서는 이해하고 있어도 실천하지 않았거나, 혹은 인과관계인 업의 법칙을 신뢰하지 않았던 결과라고 할 수 있습니다.

인과관계인 업의 법칙에 대해 세심한 주의가 필요한 이유는 앞에서 언급한 것처럼, 업은 증대하는 성질이 있기 때문입니다. 선·불선을 묻지 않고, 아무리 작은 행위라도 그 결과는 최종적으로 커다란 영향을 미치게 됩니다. 그러므로 고통이든 즐거움이든 우리 몸에 지금 일어나고 있는 것 모두는 우리들의 과거의 업에 의한 결과입니다. 선한 행위의 결과는 그것을 행한 것을 후회하지 않는 한 반드시 즐거움으로 되고, 불선한 행위는 그것을 후회하지 않는 한 얼마만큼 시간이 지나더라도 반드시 고통을 수반하는 결과로 됩니다. 그러므로 일상생활 속에 십선을 행하고 십불선을 행하지 않는 것이 매우 중요합니다.

선·불선의 강약의 정도는 각각의 행위의 대상, 동기, 행위를 일으키는 과정에 개재介在하는 것(가령 보시할 때라면 보시하는 금품 등), 행위를 일으킨 뒤의 마음 상태의 네 가지 조건에 의해 결정됩니다. 이 네 가지 조건이 모두 선이라면 완전한 선, 불선이라면 완전한 불선으로 됩니다. 그러므로 자신의 행위에 잘 주의하여 신체·언어·마음의 어느 것인가에 의해 불선을 행했을 때는 곧 참회하고 정화해야 합니다.

인간계의 「팔고八苦」와 「육고六苦」

수행은 인과관계인 업의 법칙을 이해하고, 그것을 따르는 것에서부터 시작된다고 해도 지나친 말이 아닙니다. 그것에 의해서 내세에 대한 지나친 기대나 집착, 두려움을 어느 정도 없앨 수가 있습니다. 인과관계를 이해하므로 해서 지옥의 고통을 두려워하게 되고, 절대로 지옥에 가고 싶지는 않다고 하는 마음에서 출리出離가 일어나는 것입니다. 그렇지만 그렇게 하여 다음 생에 선취에 태어나더라도 결국 윤회 속에 있는 것이므로, 윤회 전체에서 완전히 해방되지 않는 한 고통을 완전히 뛰어넘을 수는 없습니다.

가령, 선취인 인간계에도 여덟 가지 고통(八苦)이 있습니다. 태어남의 고통(生苦), 늙음의 고통(老苦), 병듦의 고통(病苦), 죽음의 고통(死苦), 미워하는 이와 만나는 고통(怨憎會苦), 사랑하는 이와 헤어지는 고통(愛別離苦), 구하는 것을 얻지 못하는 고통(求不得苦), 다섯 가지 존재의 다발이 있는 고통(五陰盛苦)입니다. 이것은 『보리도차제광론』에도 설해져 있는 것입니다.

더욱이 인간계에는 「여섯 가지 고통(六苦)」도 있습니다. 첫째는 「확실함이 없는 고통」입니다. 가령 이번 생의 부친이 다음 생에서 적으로 되거나, 전생의 적이 이번 생의 아내로 되기도 하여, 윤회 세계의 현상은 지리멸렬하고 전혀 확실성이 없습니다. 이번 생에서도 「어제의 적은 오늘의 친구」라고 말할 수 있는 그대로입니다.

나가르주나는 『권계왕송』에서 다음과 같이 말하고 있습니다.

아버지는 아들로 되거나, 어머니는 아내로 되거
나, 적은 우군이 되거나, 또는 그 반대로도 됩니다.
그러므로 윤회에 속하는 것에 확정된 것은 아무것
도 없습니다.[8]

둘째는 「만족할 수 없는 과실」입니다. 예를 들면, 먹
거나 마시는 것에 대해서도 얼마만큼 먹거나 마시는 것
이 있어도 만족할 수 없는 것입니다. 그것에 대하여 다
음과 같이 말하고 있습니다.

사람들은 네 개의 큰 바다보다도 많은 젖을 먹어
왔습니다. 하물며 어리석어 윤회에 전전하며 헤매
는 이가 그것보다도 많은 것을 먹은 것은 말할 것도
없습니다.[9]

셋째는 「몇 번이고 몸을 버리는(죽는) 고통」, 넷째는
「몇 번이고 태어나는 고통」, 다섯째는 「몇 번이고 높은

8) 『대승불전 14 용수』중앙공론사, 333쪽.
9) 『대승불전 14 용수』중앙공론사, 333쪽.

지위에 올라서고는 다시 떨어지는 고통」, 여섯째는「혼자 태어나서 혼자 죽는 고통」입니다. 이런 것에 대해서도 구체적으로 생각해 보십시오. 이들 여섯 가지 고통의 본질을 생각해 보면 알 수 있듯이, 윤회의 과실이란 다시 말하면 결코 만족할 수 없는 것이 아닐까요? 그 이상의 과실은 없다고 할 수 있습니다.

윤회 세계란 무엇인가

이러한 윤회에서의 해방이란 어떤 것인가를 잘 생각해 보면, 단순히 물리적인 장소가 아니라, 오취온에서의 해방이어야 한다는 것을 알 수 있습니다. 오온이란, 심신을 구성하는 다섯 가지 다발(요소), 즉「색(물질적인 존재로서 나타난 것)」「수(고락 등을 여러 가지로 감수 · 체험하는 작용)」「상(대상의 특징 등을 파악하고 식별하는 작용)」「행(의사나 충동에 근거하는 마음의 형성 작용)」「식(정신적인 분야, 즉 생물의 마음 활동에 있어서 중추 부분)」을 모은 것입니다. 첫 번째의「색」은 육체적 · 물리적인 요소이고, 나머지 네 가지는 정신 영역에 속하·

는 것입니다. 윤회에 있어서 천상의 무색계는 색온色蘊이 없는 4온뿐인데, 무색계 이외의 생물은 모두 5온인 심신을 가지고 존재하고 있습니다.

앞에서 말한 여덟 가지 고통 가운데 여덟 번째 오취온고는 이와 같은 오온이 있어서 생기는 인간계의 고통을 가리키고 있습니다. 그러나 천상의 무색계라도 「색」을 제외한 4가지 온蘊(수·상·행·식)이 있어서 고통이 있습니다. 그러한 의미에서 천상에서 지옥까지 선취에서든 악취에서든 윤회의 세계에 있는 한 어떤 곳에도 편재하는 고통을 불교 특유의 용어로 「행고」라고 부르고 있습니다.

그래서 불교에서는 이러한 행고의 원인인 오온을 적敵으로 알고, 그것을 소멸하는 것을 목표로 하는 부파도 있습니다. 그들의 견해에 의하면, 오온이 소멸한 상태를 가령 등불이 꺼진 것처럼 몸도 마음도 완전히 없어진 상태로 알고, 그 상태를 해탈로 알고 있습니다.

또한 불교 이외의 명상자로서 깊은 선정으로 체험하는 색계나 무색계의 상태를 해탈로 이해하고 있는 예도 있습니다. 불교적인 견해에서 말한다면 그것도 윤회의

한 부분일 뿐인데, 그것이 해탈이라고 생각하고, 거기에서 지옥에 떨어져 고통을 받거나 색계나 무색계에서 행복을 누린다는 것이 진실이 아니었다는 것으로 알게 되는 것입니다. 그렇지만 그때의 명상자들은 그 색계4선이나 무색계4선의 상태를 올바르게 이해하는 것이 아니라 「결국, 해탈이라 하는 것은 없다.」라고 하는 사견을 일으켰다고 합니다.

이러한 선정에 대한 일반적인 이해와 불교에서 말하는 해탈은 다른 것입니다. 범부의 마음은 사후에 다시 윤회 세계에 되돌아온다고 생각할 수 있습니다. 이와 같은 윤회에서 완전히 벗어나기 위해서는 무아에 대한 이해, 즉 공성을 이해하는 지혜가 필요 불가결합니다.

그러므로 해탈을 구하는 사람이 나아가야 할 길은 먼저 윤회의 성질을 알고, 그것을 싫어하고, 이번 생이나 내세뿐만 아니라 윤회 전체에 대한 집착에 사로잡힌 상태에서 벗어나서, 완전한 출리의 마음을 일으키는 것입니다.

이처럼 윤회 세계 전체의 고통에 대해서 생각하고 명상하는 것은 매우 중요합니다. 그런데 만약 이 명상으로 고통의 감각이 지나치게 강해질 때는, 부처님의 위대한 공덕, 그리고 윤회의 처참한 고통에서 벗어나 해탈할 가능성이나 혜택받은 환경, 즉 유가 구족에 대해 생각하는 것도 하나의 대치법입니다.

본문 6

—

그렇게 익숙해지는 것으로
윤회의 영화를 원하는 마음은
한순간도 일으키지 말고
밤이나 낮 언제나 해탈을 추구하는
지혜가 생겨난다면
그때야말로 출리가 일어난 것입니다.

출리가 올바르게 일어난 기준

이 본문 6의 내용이 진정으로 출리의 마음이 일어났

는가 일어나지 않았는가의 기준입니다. 문수사리로부터 전수되었다고 하는데, 실로 엄밀하고 또한 완전한 표현으로 되어있습니다.

가령 천상계에 태어나서 일시적으로 선망의 대상이 된 것과 같은 생을 얻었다 하더라도, 그런 것도 최종적으로는 고통밖에 없습니다. 윤회에 핵심은 없는 것이므로 한편으로 좋은 것처럼 생각되는 것도 최종적으로는 모두 무의미하게 되어 버립니다.

이것을 잘 생각하여 이번 생이나 내세뿐만 아니라 윤회 전체의 고통을 이해한 결과, 세속의 일시적인 행복이나 풍요로움에 사로잡히지 않게 되고, 어떠한 상태도 부러워하는 마음이 전혀 생기지 않게 되며, 거기에 있는 모든 상태를 본질에서 고통이라고 받아들이게 되고, 윤회에서 벗어나고 싶다고 강하게 바라게 되면 그것이 완전한 출리의 상태입니다.

그러한 마음으로 한 번만 되면 좋은가 하면 그렇지 않습니다. 「작심삼일」이라는 말이 있는 것처럼, 티베트어에도 「게쥰푸스」라는 말이 있습니다. 이 말이 의미하는 것처럼 「털처럼 금방 불에 타 없어지게 되는 출리」로 되어서는 안 됩니다. 낮에도 밤에도 윤회를 싫어하고, 아침에 눈 뜨는 순간부터 윤회의 고통스러운 상태에 대한 연민이 일어나며, 밤에 잠자리에 들 때까지 쭉 그것이 마음에 있도록 해야 합니다. 그러한 마음이 있으면 자연히 해탈을 구하는 마음이 될 것입니다. 그렇게 된다면 진실한 출리라고 해도 좋습니다.

『람쪼남쑴』에서 얻기 어려운 유가 구족, 죽음의 무상無常, 인과관계인 업의 법칙 등을 생각하며 출리를 일으키기까지의 과정은 「람림」의 「하사와 중사에 공통하는 길」에 해당합니다.

출리와 대비는 한 손의 양면

출리는 대비(연민)를 생기게 하므로 특별한 원인이고, 출리가 일어나지 않는 한 대비는 생기지 않습니다. 대비는 모든 중생의 고통에 참을 수 없는 마음이기 때문에, 그런 마음이 일어나려면 다른 이의 고통을 이해할 수 있어야 합니다. 다른 이의 고통이 이해될 수 있도록 하기 위해서는 자신의 고통을 알 수 있어야 합니다. 자신의 고통도 모르는데 어떻게 다른 이의 고통을 알 수 있겠습니까?

샨티데바의 『입보살행론』에는 다음과 같이 말하고 있습니다.

> 중생들은 자기 자신의 이익을 위해서도
> 꿈에서조차 이러한 마음을 일으킨 적이 없는데,
> 하물며 다른 이를 위해 이런 마음을
> 일으킬 수 있겠나이까?[10]

그러므로 출리와 대비大悲는 손의 표리表裏와 같은 것입니다. 출리의 대상은 자신이고 자신의 고통을 생각하면 출리出離에 연결됩니다. 한편, 대비의 대상은 일체중생이고 일체중생의 고통을 생각하고 명상하면 대비大悲에 연결됩니다. 그러므로 출리와 대비는 고통을 참을 수 없다고 하는 측면에서는 같고, 대상만이 다릅니다. 출리

10) 『입보살행론』 1:24, 석혜능 편역, 부다가야, 21쪽

出離는 불교의 모든 가르침에 공통되는 가르침입니다.

지식을 얻었다면 그대로 행한다

우리는 지금 번뇌를 증대시키는 일을 하고 있을 뿐이고, 「람림」의 하사와 중사의 가르침조차 충분히 훈련하지 못하고 있습니다. 그렇지만 이러한 지식을 얻었으니 신통력과 같은 것에만 관심을 가지려 하지 말고, 삼학을 중요한 것으로 해야 합니다. 여기에서 말하는 삼학이란, 계 · 정 · 혜(계율, 선정, 지혜)를 의미합니다. 계 · 정 · 혜의 핵심을 설하는 것은 「람림」이기 때문에, 그 내용에 대해, 문 · 사 · 수를 행하는 것이 중요합니다. 그렇게 함으로써 불교의 현교적인 기초에서, 밀교 중에서도 무상요가의 생기차제나 구경차제까지 틀림없이 성취하고, 부처님의 경지에서 사는 것이 가능하게 됩니다.

그러므로 먼저 이번 생의 세간팔법에 사로잡히지 않는 것이 중요합니다. 이번 생의 사로잡힘이 없게 되면 그 뒤는 매우 하기 쉬워집니다. 내세에 인간계나 천상계에 태어난다고 하더라도 그만큼 큰 기대나 집착도 일어나지 않게 될 것입니다. 이번 생·내생으로 한정하는 것이 아니라, 윤회는 어디라도 확실성이 없는 것, 만족할 수 없는 것, 신뢰할 수 없는 것이라는 것을 마음속 깊이 이해할 수 있으면 「람림」에서는 중사, 『람쪼남쑴』에서는 출리의 단계로 됩니다.

올바른 과정을 지나서 앞으로 나아간다

출리의 가르침을 듣고 지금까지 자신이 계속 믿고 온 세속적인 일에서 윤회의 결함을 본 것으로 싸늘한 기분이 일어나 버리는 때도 있을 것입니다. 그 결과 다른 이의 눈에 차가운 사람으로 비칠지도 모릅니다. 그렇다 하더라도 이 단계에서는 자신의 친족이나 친구를 비롯한 모든 사람이나 일에 확실성이 없다는 것, 또한 윤회의 넉넉함이나 원만이 어느 정도 있어도 최종적으로는 무의미한 것 등 윤회의 결점에 대해서 깊이 생각하며 명상하고, 이번 생이나 내생의 일시적인 이익에 사로잡히는 마음에서 벗어나는 것이 중요합니다.

그러한 것을 이해할 수가 있으면 이번 생만을 생각해도 편안해진다고 생각합니다. 세간팔법에서 벗어나 버리면 지금까지와 같은 문제도 없게 될 것입니다. 그 결과, 지금까지 분노를 느끼게 했던 것도 아무래도 좋다고 생각하고, 게다가 돌이나 나무처럼 마음이 흔들리지 않는 상태로 되는 때도 있을 것입니다.

그런 상태에도 선한 경우와 불선한 경우가 있고, 어디까지나 올바른 수행의 결과로서 그렇게 된다는 것이 중요합니다. 또한 선한 경우라 하더라도 항상 그런 상태이고 계속 이어지면 좋다는 것이 아닙니다. 그것은 어디까지나 하나의 과정이고 최종적으로는 자비나 보리심을 일으키는 것을 잊어서는 안 됩니다.

문제는 바깥이 아니라 안에 있다

마음이라는 것은 흥미 깊은 것입니다. 진정으로 출리나 자비를 일으키는 것만을 생각하고 있으면, 역으로 생활에도 곤란하지 않고 현세 이익에도 부족함 없는 결과로 됩니다. 반대로 이번 생의 일만을 생각하고 있으면 해탈이나 부처님의 경지는커녕 이번 생의 현실 생활도 잘해 갈 수 없게 됩니다. 왜냐하면, 문제는 바깥의 물질적인 부분이 아니라 자기 자신의 마음속에 있기 때문입니다. 마음이 올바르고 선한 것이라면 물질적으로도 곤란하지 않게 됩니다. 또한 역으로 물질적으로 혜택 받고 있더라도 마음이 바르고 선한 것이 아니라면 의미가 없고 얻은 것도 결국 잃어버리게 됩니다.

출가하는 것을 출리라고 부르는 일도 있는데, 중요한 것은 모양에 있는 것이 아니라 마음입니다. 가령 몸과 말은 승려라도 마음이 일반사람과 같다면 모양만 승려인 것에 지나지 않습니다. 또한 모처럼 인간으로 태어나서 유가 구족을 얻고서도 의·식·주 만을 생각하고 있다면 동물과 마찬가지 상태입니다. 유가 구족의 최대 핵심은 자비나 보리심을 일으키는 것이고, 그러기 위한 근본은 현세 이익이나 내세에 사로잡히지 않고 출리의 마음을 일으키는 것입니다. 출리를 완전히 이해한 바탕에 본격적으로 불교로 향할 때는 선한 것만을 생각하고 불선이 완전히 없어지는 상태를 목표로 합니다.

이런 것에 대하여 몇 번이고 몇 번이고 듣고 생각하고 마음을 훈련해 가면 조금씩 마음에 변화가 생깁니다. 반복해서 몇 번이고 듣고서 지식 상으로는 특히 새로운 것이 없는 것처럼 느껴지더라도 이해나 아는 측면에서는 항상 새로운 것이 있습니다. 그 때문에 티베트에서는 「'람림'을 아홉 번 읽으면 아홉 번 새로운 이해가 있다.」고 합니다.

IV.
「보리심」에 대한 해설

– 모든 중생을 윤회 세계의 고통에서 구하기 위해

스스로 부처님의 깨달음을 목표로 하는 마음

본문 7

—

그 출리도 청정한 보리심으로 지탱되지 않으면,

무상보리(부처님의 깨달음)의

원만한 즐거움을 얻을 원인이 되지 못하기 때문에

지혜로운 이들은 훌륭한 보리심을

일으켜야 하는 것입니다.

보리심을 일으켜야 하는 이유

보리심에 대해서 여기에서는 세 가지 포인트에서 설명합니다. 첫째는 보리심을 일으켜야 하는 이유입니다.

이미 말한 것처럼, 출리는 보살승뿐만 아니라 성문승이나 연각승에도 공통하는 것입니다. 가령 출리의 마음을 일으켰다 하더라도 성문이나 연각의 수행을 하여 자기 한 사람의 해탈을 구하는 성자가 되었다면, 가령 해탈에 이르렀다 하더라도 완벽한 상태가 아닙니다. 많은 경전에「그들은 아직 완벽하지 않고 원만한 공덕이 갖추어져 있지 않다.」고 하는 것처럼 번뇌장은 소멸하였지만, 지혜의 장애인 소지장이 아직 남아있다면 완전한 깨달음이 아니기 때문입니다.

이러한 상태는 결함을 모두 소멸하고 있지 않기 때문에 궁극적인 공덕을 얻지 못했다는 의미이고, 자기 한 사람만의 해탈로는 은혜 깊은 어머니인 일체중생을 내버려 둔 것이 되기 때문에 중생의 측면에서 보아도 불이익입니다. 애초에 자신만의 이익을 생각하고 다른 이를 돌아보지 않는 태도는 일반사회의 통념에서 생각해 보아도 부끄러움을 모르는 상태라고 할 수 있는 것이 아니 겠습니까?

예를 들면, 자신만 해탈의 문에 드는 것보다 지옥에 떨어지는 것이 낫다는 식으로 말하는 이도 있는데, 그 의미는 「이타의 문에 들어가는 연을 가진 사람이 자신을 위한 문에 들어가서 해탈하는 것과 처음부터 이타를 위 한 문에 들어가고 거기에서 자신이 범한 죄에 의해 지옥 에 떨어지는 것을 비교하면, 가령 지옥에 떨어졌다 하더 라도 처음부터 이타의 문에 들어간 쪽이 좋다.」고 하는 의미입니다. 단지 이 경우의 전제 조건은 어디까지나 「이타利他의 문에 인연이 있는 자」라고 하는 것입니다.

불교의 진리에 관한 중관 귀류논증파의 견해, 혹은 일 승사상에서는 자신만의 해탈도 최종적으로는 이타의 문 에 들게 된다고 하는데, 그것은 매우 힘든 일이라고 합 니다. 일단 자신만의 해탈에 들어가 버리면, 그 뒤 이타 의 문에 들어가기까지는 엄청나게 많은 시간이 걸리기 때문이라고 합니다.

그래서 쫑카빠 대사는 『보리도차제광론』에서 부처님 의 근본 교설인 사성제 가운데, 멸성제滅聖諦가 자신만의 해탈을 추구하는 태도가 되지 않도록, 그리고 도성제道聖諦가 단지 자신만의 해탈에 이르는 방법으로 되지 않도록 하려는 의도에서, 멸성제와 도성제에 대해서는 그다지 상세하게 언급하지 않았습니다. 단지 윤회의 본질은 고통이라고 하는 진실[苦聖諦]과 고통에는 원인이 있다고 하는 진실[集聖諦]에 대해서만 상세하게 해설하고 있을 뿐입니다. 그렇게 한 것도 「람림」이 목표로 하는 것은 이타를 위한 보살승(大乘)에 들어가는 것이기 때문입니다. 그리고 연각승의 주요한 수행 주제인 「12연기」에 대해서도 『보리도차제광론』에 설해져 있는데, 그것은 어디까지나 출리를 바르게 이해하기 위해서입니다. 출리를 바르게 이해하는 것에 의해서 자기 이외의 많은 중생의 일 즉, 이타에 대해서도 널리 생각할 수 있게 되면 대비나 보리심을 일으키는 선한 조건으로 될 수 있기 때문입니다.

보리심을 일으키는 것의 열 가지 이익

출리를 토대로 하여 보리심을 일으키는 것은 중요합

니다. 보리심이 없으면 아무리 신통력이 있어도, 박학하고 공성을 이해하는 지혜가 있어도, 대승에 든 불자로 될 수가 없습니다. 불교도인가 아닌가의 중요한 기준은 보리심의 유무이고, 보리심을 일으키고 나서부터 비로소 불자가 됩니다. 보리심은 모든 타락에서의 해방을 가능하게 하는 것이고, 이것을 빼고 깨달음을 위한 완전한 원인은 성립되지 않습니다.

보리심을 일으키는 것에 의한 열 가지 이익을 샨티데바는 『입보살행론』에서 다음과 같이 말합니다.

① 대승의 문에 들어가게 된다.
② 보살이나 불자(승자의 아들)라고 하는 존귀한 이름을 얻을 수가 있다.

보리심을 일으키면 제불諸佛이 매우 기뻐하시는 것에 대하여 다음과 같이 쓰여 있습니다.

보리심을 일으키는 순간
윤회의 감옥에 갇혀있는 불쌍한 중생이라도
선서의 아들인 불자(=보살)라 불려지고,

신들과 인간의 예경의 대상이 되나이다.[11]

③ 불자라고 하는 종성種姓의 힘으로 성문·연각보다도
　뛰어난 이가 된다.

왕자로 태어난 아이가 태어날 때부터 신하들로부터
공경받는 것처럼, 보리심을 일으킨 이는 해탈한 성자들
로부터 존경받게 됩니다.

④ 신속히 승자(勝者:부처님)들의 법맥을 계승하게 되었다고
　부처님과 보살들이 마음에서 기뻐하신다.

어느 경전에 의하면 누가 보리심을 일으킨 것을 알면
시방에 있는 모든 부처님의 법좌가 흔들려서, 공양을 올
리고 기뻐하고 가피합니다. 제9지나 제10지에 도달한
위대한 보살들도 그것을 기뻐하고, 그 사람이 완전한 깨
달음의 경지에 이르게 되기를 기원하고, 인드라와 브라
흐만 등의 신들도 예배하고, 공양의 대상으로 한다고 합

⋯⋯⋯⋯⋯⋯⋯⋯

11) 『입보살행론』 1:9, 석혜능 편역, 부다가야, 16쪽.
12) 오역죄 : 어머니를 죽이고, 아버지를 죽이고, 아라한을 죽이고, 교단의 화합을 파
　　괴하고 분열시키고, 부처님의 몸을 상하게 하여 피를 흘리게 하는 것.

니다. 인드라나 브라흐만 등의 세간의 신들은, 일시적이라고는 하지만 매우 부귀하고 혜택받은 존재들입니다. 둘도 없이 소중한 보리심을 가진 사람들은 그러한 인드라 신들에게도 예배와 공양의 대상이 된다는 것입니다.

⑤ 공덕이 쉽게, 곧바로 원만해진다.

보리심에 의해 저절로 신속하게 두 가지 자량(복덕과 지혜)을 쌓을 수가 있습니다. 보리심의 대상은 일체중생입니다. 무한한 허공이 있는 한 존재하는 일체중생이 고통에서 벗어나 행복을 얻게 되기를 바라는 마음을 가진 사람은 무량한 복덕을 쌓고, 인간의 숫자와 같은 방대한 공덕을 얻을 수 있게 됩니다. 한 번 보리심을 일으키면 가령 개미 한 마리에게 먹을 것을 주는 것과 같은 사소한 행위조차도 커다란 공덕이 되고, 그것은 마침내 부처님의 경지를 얻는 원인이 됩니다.

⑥ 모든 죄가 홀연히 정화될 수 있습니다.

불교의 수행은 한마디로 말하면 공덕을 쌓고 업을 정화하는 것입니다. 보리심을 내었다면, 가령 오역五逆[12]

등의 무거운 죄가 있다 하더라도 신속하게 정화할 수 있
습니다. 이것에 대해서는 다음과 같이 설하고 있습니다.

다른 선업은 모두 파초芭蕉와 같아서
열매를 맺고 나면 시들어 버리지만,
보리심의 나무는 열매를 맺고 난 뒤에도
시들지 않고 오히려 계속해서 열매를 맺나이다.

큰 두려움이 있을 때 힘 있는 이에게 의지하듯
보리심에 의지하면,
극중한 악업을 지었다 하더라도
한순간에 두려움에서 벗어날 수 있는데
어째서 사람들은 보리심에 의지하지 않는가?[13]

금강살타 성취법 등에도 일반적으로 설해져 있는 것
처럼, 보리심을 일으키는 것과 공성을 이해하는 지혜를
얻는 것은 가장 훌륭한 정화의 방법이 됩니다. 보리심을

----
13) 『입보살행론』1:12~13, 석혜능 편역, 부다가야, 17쪽.

일으킬 수 있으면 얼마만큼 깊은 죄가 있어도 신속히 정화됩니다. 왜냐하면 보리심은 모든 중생을 대상으로 하기 때문입니다. 가령 오역은 특정한 사람을 대상으로 한 무거운 죄이지만, 보리심은 일체중생을 대상으로 하고 있어서 이쪽의 범위가 훨씬 넓고, 오역죄도 포함해서 정화하는 더없이 훌륭한 힘이 됩니다.

까담빠의 게셰 뉴구빠는 「보리심을 갖춤에 따라 공덕을 얻게 되고, 죄도 정화할 수 있고, 수행의 장애도 제거할 수 있다.」고 말하고 있습니다.

보리심이 없으면 본존 요가나 맥관·풍·틱레(滴)에 의한 고도로 높은 단계의 밀교 수행, 공성에 대한 명상 등을 하더라도 효과를 얻지 못한다고 하였습니다.

⑦ 자타의 모든 목적을 바로 성취할 수 있다.

천상계에 사는 천신들도 공양을 올릴 만큼 공덕을 갖추고, 모든 허물을 없앨 수 있는 길은 완전한 부처님이 되는 것입니다. 보리심을 얻고 무수한 중생을 생각하는 것에 의해서 그 사람은 여의보수如意寶樹처럼 훌륭한 공덕을 갖추게 됩니다.

⑧ 선업을 짓는 일과 수행에 방해되는 것이 아무것도 없게 된다.

불자가 됨으로써 제불의 수호 속에 있게 되고, 다까(勇者)·다끼니(勇猛女)들이 항상 지켜줍니다. 그러므로 악마나 다른 이로부터의 장애도 그 힘을 없애 버립니다. 병에 걸리거나 굶어서 죽는 것과 같은 해가 미치는 결과에 이르는 일도 없습니다.

⑨ 보리심은 유정의 모든 행복의 원천이고, 만물을 기르는 대지와 같다.

모든 행복은 보리심에서 생기므로 보리심에는 커다란 힘이 있고, 일체중생의 행복의 원천이 됩니다.

⑩ 5도道·10지地를 신속하게 완성할 수 있다.

「신속하게」라고 하더라도 현교顯敎에서는 무수한 겁인데, 이 끝없는 윤회에 있어서 보리심을 일으킬 수만 있다면, 무수한 겁이라 하더라도 언젠가는 깨닫는 것이 가능하게 됩니다.

우리는 이 윤회에 있어서 무수한 전생에 여러 가지 신

통력이나 실지(성취)를 얻은 적이 있었는지 모르지만, 보리심을 일으킨 적은 한 번도 없었습니다. 무시 이래로 한 번도 얻은 적이 없는 것을 얻은 것은 놀라운 일이 아니겠습니까. 지금 말한 것처럼 보리심의 훌륭함이나 공덕에 대해서 잘 생각하고, 그것을 얻으려는 결의를 갖는 것이 중요합니다.

밀교의 깨달음도 보리심만 먹는다

'이번 생에서 깨닫는 것이 가능하다.[即身成佛]'라고 하는 밀교에 있어서, 그것이 실현되는 여부도 보리심이 있는가 없는가에 있습니다.

밀교가 설해지는 일도 희유하고, 특히 무상요가탄트라의 생기차제나 구경차제와 같은 수행법은 항상 어디에서나 들을 수 있는 것이 아닙니다. 한편, 보리심은 불교의 현교·밀교의 모든 가르침에 공통이고, 수행의 어느 단계에서도 필요 불가결한 것입니다.

쫑카빠 대사는「가르침을 실천할 때는 보리심을 가장

중요한 것으로 해야 한다.」고 말하고 있습니다. 쫑카빠 대사는 보리심 이외에 이렇게 말한 것은 없다고 합니다. 또한 『입보살행론』에는 보리심의 공덕에 대해서 다음과 같이 말하고 있습니다.

겨우 중생의 머리 아픈 고통을
없애주겠다는 생각만 해도
중생을 이롭게 하려는 좋은 의도이기에
무량한 복덕을 얻게 된다면,

모든 중생의 한량없는 고통을 없애주고
그들을 모두 최고의 행복으로
인도하기를 원한다면,
그 한량없는 공덕을
어떻게 말로 다 표현할 수 있겠나이까.[14]

또한 경전에는 「보리심의 복덕의 크기는 허공보다도 광대하다.」고 말하고 있습니다. 보리심에 관한 경전은

....
14) 『입보살행론』 1:21~22, 석혜능 편역, 부다가야, 20쪽.

수없이 많지만, 대표적인 경전은 『화엄경』입니다. 논서로는 샨티데바의 『입보살행론』이나 『대승집보살학론』 등에 상세하게 설해져 있습니다.

본문 8

—

두려워해야 할 네 가지 폭류에 압도되어서
피하기 어려운 견고한 업의 속박에
몸이 움직이지도 못하고
아집이라는 쇠 그물에 둘러싸여
무명의 어둠이라는 끝없는 암흑에
완전히 덮여 있습니다.

본문 9

—

무변한 윤회 속에 환생을 되풀이하면서
삼고(보통의 괴로움, 변화하는 괴로움, 보편적인 괴로움)에 들볶이고

아직도 이렇게 되어있는
어머니인 일체중생의 은혜를 생각하며
그리고 최승심인 보리심을 일으켜야 합니다.

일체중생의 고통을 어찌해야 할까

보리심의 공덕에 대해서 이해할 수 있으면, 이제 일체
중생이 「두려워해야 할 네 가지 폭류에 압도되어」 괴로
워하고 있는 것을 마음으로 생각합니다. 여기에서 네 가
지 폭류, 즉 욕망이나 무지 등의 번뇌의 무서운 네 가지
강의 흐름에 대해서 생각해 보겠습니다. 「원인으로서의
네 가지 폭류」는 탐욕, 사견, 유(내세에 영향을 미치는 업이 성숙
한 단계:12연기의 열 번째), 무명입니다. 그리고 「결과로서의
네 가지 폭류」는 생 · 로 · 병 · 사입니다.

모든 중생은 이러한 무서운 강의 흐름에 압도된 것과
같은 상태입니다. 끊을 수 없는 그물에 수족이 걸린 상
태라고 해도 좋을 것입니다. 그 그물은 무쇠와 같은 아
집이라고 할 수 있습니다. 더욱이 그것은 밝은 대낮과

같은 것이 아니라, 밤처럼 깊은 어둠에 덮여 고독하고 폐쇄적인 상태입니다. 모든 중생은 그러한 윤회의 바다에 무한히 생을 반복하면서 참기 어려운 고통을 항상 겪으며 살아왔습니다.

이러한 절망적인 고통 속에 있는 일체중생을 해방할 책임은 자신에게 있다고 인식해야 합니다. 왜냐하면 자신은 지금 유가 구족의 혜택을 받고 일체중생을 해방할 수 있는 조건을 가지고 있기 때문입니다. 그렇다면 지금 이야말로 자비를 일으키고 귀한 최승심(보리심)을 내기 위한 노력을 하겠다고 결의하고 실천해야 합니다.

어떻게 해서 대비를 일으킬 수 있는가

불교의 가르침에는 보배와 같은 보리심을 훈련으로 일으키는 두 가지 방법이 있습니다. 하나는 석가모니 부처님으로부터 마이뜨레야, 아상가 등으로 전해진 가르침에 속하는 「인과의 일곱 가지 비결」, 또 하나는 석가모니 부처님으로부터 문수사리, 샨티데바의 흐름으로 전해진 가르침에 속하는 「자타교환」입니다. 이 두 가지는 완전한 바른 방법이고, 쫑카빠 대사의 『보리도차제광론』에도 이 두 가지가 설명되어 있습니다.

세 번째 방법으로, 이 두 가지를 합해서 효과적으로 행하는 방법도 있는데, 이것도 아주 중요합니다. 상세한 것은 부똔 남카이 빼르의 『태양의 빛』(게세 체카와 作 『七事修心』의 주석서)에 해설하고 있다.[15]

보리심을 일으키는 구체적인 방법으로서 여기에서는 특히 인과의 일곱 가지 비결에 대해서 해설해 보겠습니다. 이 방법을 행할 때는 먼저 「평등심」을 일으킵니다. 다음에 일체중생을 어머니로 인식하고, 그 어머니의 은혜를 생각하고, 그 은혜를 갚는다고 생각합니다. 이 세 가지 단계에 의해서 「자비」의 「자(자애)」, 즉 「자애로운 마음」을 일으킵니다. 이 「자애로운 마음」이 원인이 되어 자비의 「비(연민)」, 즉 중생의 고통을 「슬퍼하고 애달파하는 마음(연민)」이 생긴다. 그 대상이 모든 중생에까지 넓혀진 것이 「대비」입니다. 이 대비가 일어나면, 이타를 구하는

----

15) 소남/藤田 著, 『티베트밀교 마음의 수행』, 法藏館 ; 田崎 外 譯, 『달라이 라마 다른 이와 함께 산다』, 春秋社, 참조.

「수승한 결의」가 저절로 생겨납니다. 이 여섯 단계의 마음 훈련 결과로서 일곱 번째 단계에 보리심이 생깁니다.

준비로서 평등심을 기른다

우리는 언제나 좋아하는 사람에게 집착하고, 싫어하는 사람에게는 화내거나 미워하면서 항상 극단으로 치우친 상태입니다. 이러한 상태에서 벗어나서 마음을 중립적이고 평정한 상태로 하기 위해 인과의 일곱 가지 비결의 명상에 들기 전에 반드시 평등심의 명상을 합니다.

처음에 적, 자기 편(가족, 친척, 친구 등), 적도 자기 편도 아닌 제삼자라고 하는 세 가지 그룹을 상정합니다. 먼저 자신의 집착이나 분노와는 관계없는 제삼자를 대상으로 하여 그들에 대한 자신의 마음을 잘 관찰합니다. 집착이나 성냄에서 벗어난 평정으로 중립적인 마음의 상태를 체험합니다.

다음에 친척이나 친구 등 자신에게 강한 집착이나 애착의 대상이 되는 사람들에 대한 자신의 마음을 관찰합니다. 이때에는 막연한 이미지가 아니라 자신이 잘 알고 있는 특정한 상대를 구체적으로 한 사람 한 사람 떠올리는 것이 효과적입니다. 그리고 지금은 친밀한 그 사람도 과거세에 사실은 몇 번이고 적이 되어서 자신에게 혹독하게 하거나 해를 미치게 한 가능성이 있다는 것을 생각합니다. 그 상태를 구체적으로 마음에 그리고 그때의 기분을 실제로 느끼며, 그것에 의해서 그들에 대하여 지금 자신이 가지고 있는 극단적인 애착을 버리고, 마음이 평정하고 중립적으로 되도록 합니다.

그다음에 자신의 적이나 싫어하는 사람을 눈앞에 관상합니다. 그 사람은 지금은 그렇다 하더라도 모든 과거에서 자신의 어머니였던 적도 있었고, 가족이나 친구였던 경우도 있었습니다. 그때에는 자신에 대하여 좋은 일을 많이 해 주었습니다. 그 상황을 마음속에 그리고 그때의 기분을 느끼며 그들에 대한 혐오하는 마음이 없이 마음을 평정하고 중립적으로 합니다.

일체중생은 적도, 자기 편도, 적도 자기 편도 아닌 자도 모두 자신과 마찬가지로 고통에서 벗어나 행복을 얻고 싶어 하는 마음을 가지고 있다는 점에서는 같습니다.

더욱이 그러한 일체중생은 모두 과거세에 자신의 어머니였던 적이 있는 존재입니다. 그렇다면 모든 중생은 모두 같다고 해야 하지 않겠습니까? 시초를 알 수 없는 그때부터 되풀이해 온 이 윤회에서 모든 중생이 한 번은 자신의 어머니이고 아버지이고 친구였다고 한다면 이번 생이라고 하는 한정된 시기의 일시적인 관계 속에서만 특정한 사람을 좋아하게 되어 집착하거나 반대로 싫어하고 미워하더라도 아무런 의미도 없습니다. 그것이 깊이 이해될 수 있으면, 적敵에 대해서도 마음이 평정하고 평등한 상태로 될 것입니다.

평등심의 명상은 직접적으로는 인과의 일곱 가지 비결의 여섯 가지 원인의 하나로 되어있지만, 반드시 명상하지 않으면 안 되는 항목입니다.

인과의 일곱 가지 비결
① 일체중생을 어머니로 안다

그러면 보리심을 일으키는 여섯 가지 원인에 대해 설

명해 보겠습니다. 먼저 마음에는 시작이 없는 것을 논리적으로 생각합니다. 여기에서는 마음의 연속성을 이해해야 합니다. 가령 오늘의 내 마음은 어제의 내 마음에서 이어져 있습니다. 마찬가지로 올해의 내 마음은 작년의 내 마음에서 이어져 있습니다. 그렇다면 이번 생의 내 마음은 전생의 내 마음에서 이어져 있는 것이 됩니다. 이와 같은 마음의 연결을 「심상속」이라 하고 있습니다. 마찬가지로 전생의 심상속은 그 또한 전생의 심상속이라는 최초의 마음이 있는 것일까요? 여기서 예전에는 마음은 존재하지 않았다는 상태는 없다고 생각됩니다. 만약 시작이 있다면 여러 가지 문제가 생길 것입니다.

윤회에 시작은 없고, 우리들의 생에도 시작은 없으므로 이러한 가운데 우리는 일찍이 여러 가지 장소에서 몇 번이고 태어난 적이 있습니다. 어떤 장소라도 여기에 태어난 적은 한 번도 없다고 할 수는 없습니다. 그리고 또한 중생으로서 몸을 얻은 것도, 이번이 처음이 아닙니다. 인간계뿐만 아니라, 동물계에도 셀 수 없을 정도로 몇 번이고 태어났을 것임이 틀림없습니다. 그것은 자신만이 아니라 다른 이도 물론 마찬가지입니다. 그러는 중에 일찍이 자신의 어머니였던 적이 없는 중생은 한 사람도 없는 것은 물론, 실제로는 한 번만이 아니라 몇 번이나 어머니였던 경우도 있습니다. 하나의 사람으로서도 무수한 생 중에서 셀 수 없는 횟수로 어머니였던 경우를 생각할 수 있습니다. 이런 것을 마음으로부터 이해할 수 있게 하려면 몇 번이고 반복해서 명상할 필요가 있습니다.

인과의 일곱 가지 비결
② 어머니의 은혜를 안다

다음에 어머니로부터 받은 은혜에 관한 생각을 일으킵니다. 가장 명상하기 쉬운 일반적인 방법으로서 이번 생의 자신의 어머니를 생각합니다.

가령 일찍이 자신이 어머니의 자궁에 있었을 때의 경우를 생각해 보십시오. 어머니는 뜨거운 차나 차가운 것을 마실 때도 배 속의 아기에게 영향이 있지 않겠냐고, 아주 염려하며 당신을 소중히 했다고 생각합니다. 식사할 때도 당신에게 나쁜 영향이 미치는 것이라면 자신이 먹고 싶은 것도 참았습니다. 자신의 몸이나 건강보다도 아기인 당신을 소중하게 생각하며 열 달 동안 소중하게 길러준 것입니다.

태어난 후에도 아무것도 할 수 없는 무력한 당신에게 젖을 먹이고, 기저귀를 바꾸어 주고, 당신이 울면 무슨 일이 있었냐고 상냥하게, 마치 보배처럼 소중하게 사랑해 주었습니다. 당신이 병에라도 걸리면 자신이 대신 아팠으면 하고 생각하고, 중병에 걸렸을 때는 자신이 대신 죽어도 좋다고까지 생각했습니다.

당신이 스스로 먹고 얘기하고 걷기도 하는 현재와 같은 인간답게 된 것은 아무리 사소한 것까지도 모두 이번 생의 어머니 덕분입니다. 내 아이가 눈에 들어오면 언제나 눈으로 미소 지으며 부드러운 목소리로 말을 걸고, 가령 떨어져 있을 때도 마음속에는 한순간도 잊지 않고 염려해 주는 것이 당신의 어머니의 덕분입니다. 그러한 염려가 없었다면 당신은 결코 인간으로서 성장할 수 없었고, 동물과 같은 삶을 살고 있을지도 모릅니다. 아니면 이미 생명이 없어졌을지도 모릅니다.

그리고 또한 아기에서 어린이로 되고 학생이 되어서

부끄러운 일이나 괴로운 일이 있을 때도 어머니는 우리 편이 되어 주고 여러 가지로 보살펴 주시고 염려를 해 주셨습니다. 성장해서 일할 나이가 되어서도 어머니 자신은 연로하심에도 아직 「내 아들이나 딸은 어떻게 하고 있는지.」하고 항상 염려해 주십니다. 그러한 존재는 어머니 이외에는 없습니다.

명상에서는 젊고 건강할 때의 어머니라도 괜찮지만, 연로하시고 병이 들어 있는 상태 쪽이 좋을지도 모릅니다. 그리고 아기일 때부터 지금까지 어머니로부터 받은 깊은 은혜를 생각합니다. 현재의 당신처럼 불교 수행을 할 수 있게 되기까지 성장할 수 있었던 것은 당연히 어머니가 길러주신 덕분입니다. 만약 태어난 그대로 내버려져서 아무런 보살핌도 애정도 받지 못했더라면 당신은 지금처럼 불교의 가르침을 만나고 수행하는 등은 생각조차도 할 수 없었을지도 모릅니다. 이러한 것에 대해서 잘 숙고를 해 보십시오.

물론 현실에서는 이번 생의 어머니도 윤회 세계에서 살아가면서 여러 가지 괴로움이나 고통도 있어서, 자식인 당신에 대하여 항상 완전한 보살핌을 하거나, 완벽한 환경을 준비해 둔 것은 아닙니다. 그렇지만 어쨌든 현재와 같은 상태로까지 성장할 수 있었다는 것을 생각해야 합니다. 어머니가 자신에게 보여준 다정함이나 애정 등 긍정적인 면에 대해서 할 수 있는 한 구체적으로 몇 번이고 반복해서 생각해 보십시오. 그렇게 하면, 현세의 어머니로부터 받은 은혜를 「고마운 것」으로 겸허하게 받아들일 수가 있게 될 것입니다.

우리는 일반적으로 다른 사람에 대하여는 사소한 것도 「고맙다.」고 하면서 자신의 어머니에게는 아무리 도움을 받아도 그것을 당연한 것으로 하고 감사의 마음을 잊어버립니다. 오히려 거꾸로 자신에 대한 어머니의 도움이나 보살핌이 충분하지 않다고 불평·불만의 마음만을 가득 품고 있는 일도 있습니다. 그렇지만 지금 말하는 것처럼, 명상을 구체적으로 몇 번이고 반복해서 하게 되면, 그 은혜를 생각할 수가 있을 것입니다.

그 뒤는 아버지에 대해서도 마찬가지로 명상합니다. 현세의 아버지도 또한 과거에는 셀 수 없을 정도로 당신을 낳고 길러준 어머니였습니다. 그때에는 이번 생의 어머니와 마찬가지로 어린아이인 당신에게 자상한 마음으로 대해 주었습니다.

부모와 자신 간의 애정은 인간 이외의 동물도 마찬가지로 깊은 것입니다. 그리고 또한 이러한 어머니와 자식의 깊은 은혜 관계는 현세의 부모 자식 관계뿐만이 아니라 친척이나 친구, 관계없는 사람, 그리고 미워하는 사람이나 적과의 사이에도 성립하는 것을 잘 생각해 보십시오. 한두 번이 아니라 몇 번이고 셀 수 없을 만큼의 과거부터, 일체중생과 나 사이에 부모 자식의 관계였다는 것을, 그래서 어머니였던 일체중생이라는 것을 깊이 이해할 수 있을 때까지 명상해 보십시오.

인과의 일곱 가지 비결
③ 어머니에게 은혜를 갚는다

이어서 어머니였던 일체중생에게 은혜를 갚는 명상을 합니다. 은혜 깊은 어머니인 중생은 지금, 앞에서 말한 것처럼 매우 괴로운 네 가지 폭류 속에서 괴로움에 빠져 있습니다. 그 어머니의 자식으로서의 우리는 그러한 괴로움에서 어머니를 해방해야 합니다. 지금 우리들의 수중에는 그렇게 할 방법이 없습니다. 그런데도 어머니인 중생을 돕지 않고 내버려 둔다면 최저의 인간도 아니지 않겠습니까? 어머니인 중생을 해방하는 책임은 자신에게 있다는 것을 느꼈다면, 의·식·주 등의 세속의 일시적인 행복만이 아니라, 궁극적인 행복을 주는 것을 생각해야 합니다. 따라서 은혜를 갚는 방법 중에서 가장 좋은 것은 자기 자신이 보리심을 일으키는 것입니다. 그것이 궁극적인 의미의 행복을 주는 것으로 이어집니다.

인과의 일곱 가지 비결
④ 자애의 마음을 일으킨다

다음에 「모든 중생이 괴로움에서 벗어나서 완전히 행복하게 되어지이다.」라고 마음에서 원합니다. 윤회의 고통 속에 있는 중생에게는 무루한(오염이 없는) 행복은 전혀 없을뿐더러, 유루한(오염된, 변화하는) 행복조차도 조금밖에 없습니다. 중생이 생각하는 행복은 변화하기 쉬운 것이고, 언젠가는 괴로움으로 변화하는 것일 뿐입니다. 행복을 바라면서 진정한 행복을 얻는 방법을 알지 못하고, 괴로움을 원하지 않는데도 그 행위의 대부분은 괴로움의 원인인 번뇌와 악업뿐입니다. 그런 상황 속에서 「중생이 진정한 행복을 얻게 되도록 하여지이다.」라고 마음속에 생각하는 것, 이것이 자애의 마음입니다.

인과의 일곱 가지 비결
⑤ 연민의 마음을 일으킨다

다음에 일체중생이 괴로워하는 상태를 슬퍼하여 「모든 중생이 고통과 고통의 원인에서 완전히 벗어나지이다.」라고 간절히 원하는 마음을 일으킵니다. 그것이 자비의 비(悲), 즉 일체중생을 대상으로 하는 커다란 연민(大悲)입니다.

가령 한 사람의 아들이나 딸이 중병에 걸려 괴로워할 때도 어머니는 잠시도 쉬지 않고 「어떻게든 이 아이에게 도움이 되도록」 하고 강한 원을 계속해서 생각합니다.

「불쌍히 여기는 마음」이란 그런 마음입니다. 어느 경전에는 「조금이라도 괴로워하고 있는 사람을 보았을 때는 그 괴로움에 견딜 수 없어 저절로 눈물이 흐르고 소름이 돋는 것 같은 상태」라고 하고 있습니다. 그러한 생리적인 반응이 자연히 드러날 정도의 강한 마음이 필요합니다.

여기에서는 「연민의 마음」을 먼저 명상하기 때문에 「연민의 마음」을 명상하는 순서로 되어있지만, 때에 따라서 반대로 하는 예도 있습니다.

또한 그렇게 하여 커다란 연민의 마음이 생기게 할 수 없을 때의 방법으로서 「근본 스승과 본질이 같은 관세음 보살을 명상하여 기원하고 진언을 외우도록 한다.」라고 『람쪼남쑴』의 주석서에 전하고 있습니다. 이것이 관세음 보살의 자비에 의해서 가피를 받는 위대한 비결입니다.

인과의 일곱 가지 비결
⑥ 수승한 결의(용단)를 낸다

①~⑤까지의 명상으로 자비가 일어나거나 더욱이 일

체중생을 대상으로 한 커다란 연민이 일어나면「자신이 책임을 지고 어떻게 해서라도 그들을 모두 해방시켜 행복하게 해야 한다.」고 하는「수승한 결의」가 생깁니다.

이것에 대해서는 다음과 같은 의문이 생길지도 모릅니다. 가령「모든 중생을 위해 어떻게 자신이 책임을 져야 하는가. 중생을 인도하기 위해 이미 부처님이나 보살들이 많이 있지 않은가.」하는 것입니다. 그러나 이러한 생각은 잘못이고 부끄러움을 모르는 상태가 아닐까요?

가령 현생에서 자신의 어머니가 목이 말라 갈증을 느끼고 있다면 그것을 도와줄 이는 자신 이외에 누가 있겠습니까. 그 어머니는 다른 이가 아니라 자기 자신에게 은혜가 있는 존재입니다. 마찬가지로 무시이래 몇 번이고 자신의 어머니였던 적이 있는 일체중생도 과거의 그 시점에서는 이번 생의 어머니와 마찬가지였습니다. 그렇다면 부처님이나 보살들에게만 맡겨둘 것이 아니라 자신이 당연히 책임을 져야 할 것입니다. 그처럼「어머니인 중생을 괴로움에서 해방시켜 행복하게 하는 것에 대하여 자기 자신이 책임을 진다.」고 하는 훌륭한 결의가 필요합니다. 단지 자비의 마음을 가지는 것만이 아니라「실제로 자신이 모든 중생을 고통에서 구출해 내고 행복을 얻을 수 있도록 해야 한다.」고 하는 강한 결의를 일으키는 것입니다.

인과의 일곱 가지 비결
⑦ 보리심을 일으킨다

수승한 결의가 생겼다 하더라도 현재의 우리는 일체 중생은커녕 단 한 사람의 중생조차도 궁극적인 의미에서는 구원할 수가 없는 상태입니다. 진정한 의미에서 구제하는 힘이 있는 이는 정등각을 이루신 부처님뿐입니다. 그래서「자신도 두 가지 이익(자리와 타리)을 원만히 하여 자기 자신의 빛에 의해서 무수한 중생이 이익을 얻을 수 있도록 부처님의 경지를 신속하게 성취하게 하여지이다.」라고 생각하는 것이 보리심입니다. 이것은 만들어진 것이 아니라, 자연스럽고 진실한 보리심이 되어야 합니다.

이러한 보리심을 명상하면 자신의 이익에 대해서는

열심히 노력하지 않아도 저절로 자기 자신을 위하는 것
으로 됩니다. 「그것을 아는 것은 소승의 문에 들어가지
않는 비결이 된다.」라고 스승들이 말하고 있는 것처럼,
커다란 연민을 내어 보리심을 일으키면, 자기만의 해탈
이라는 이기적인 생각에 빠질 위험을 피할 수가 있습
니다.

인과의 일곱 가지 비결의 ①~③이 「자애의 마음」의
기본이 되고, 그것이 일어난 결과로서 「연민의 마음」이
일어납니다. 이러한 훌륭한 비결에 의해서 「커다란 연
민」이 생기고, 그것에 의해서 이타를 구하는 「수승한 결
의」가 일어납니다. 이 ①~⑥ 모두의 결과로서 「보리심」
이 생겨납니다.

보리심에 의해 모든 행위가 선으로

「람림」에서는 「하사와 중사에 공통하는 길」이 보리심
을 일으키기 위한 전행(예비수행)이고, 「상사의 길」이 보리
심을 일으키기 위한 본행(본 수행)입니다. 그 뒤에 행하는

육바라밀행은 보리심에 근거한 실천에 해당합니다.

보리심에는 「세속의 보리심」과 「승의의 보리심」의 두 가지가 있고, 세속의 보리심은 일체중생에게 이롭게 하도록 깨달음을 얻고자 하는 마음인 「발원심」과, 실제로 보살행을 실행하는 「발취심」의 두 가지로 나누어집니다. 이 밖에도 22종류의 보리심 등 여러 가지 분류 방법이 있습니다.

보리심은 모든 가르침의 핵심이고 부처님이나 보살들이 가장 중요시하고 있는 것 가운데 하나입니다. 이런 것에 대하여 샨티데바는 다음과 같이 말하고 있습니다.

오랜 세월 동안 깊이 사유하신 부처님들께서
보리심의 이익이 가장 광대함을 발견하셨으니
중생이 보리심에 의지해서 불법을 수행한다면
가장 수승하고 미묘한 지복을
반드시 얻게 되나이다.[16]

----

16) 『입보살행론』1:7, 석혜능 편역, 부다가야, 15쪽.

중생의 인도자이신 부처님께서
무한한 지혜로 깊이 사유하시고,
[보리심을] 매우 존귀한 것이라고 하셨으니,
고통스러운 윤회에서 벗어나고자 하는 이는
진귀한 보배와 같은 보리심을 굳게
지켜야 하나이다.[17]

보리심은 중생의 무명을 하나도 남김없이
완전히 걷어내는 태양이며,
정법의 우유를 휘저어서
버터(乳酪)라는 정수精髓를 얻은 것과 같나이다.[18]

또한 쫑카빠 대사는 『보리도차제집의』에서 「발보리심은 불교의 생명수이니, 보배와 같은 보리심 이외에 핵심은 없다.」라고 했습니다.

....

17) 『입보살행론』 1:11, 석혜능 편역, 부다가야, 16쪽.
18) 『입보살행론』 3:32, 석혜능 편역, 부다가야, 66쪽.

보리심을 일으킨 기준

보리심에 대해서 한마디로 말하면 매우 사랑하는 외동아들(또는 외동딸)이 활활 타오르는 불길 속에 떨어져 고통받는 것을 보고, 한순간이라도 견딜 수 없는 어머니의 마음과 같은 것입니다. 곧바로 우리 아이를 구해내야 한다고 생각하는 어머니와 같이, 우리도 어머니인 일체중생이 윤회에서 고통스러워하고 있는 것을 보고만 있지 않고, 그들을 거기에서 구해내기 위해 지금 바로 부처님의 경지를 성취하려고 하는 마음이 자연스럽게 일어나면 보리심이 일어난 상태라고 할 수 있을 것입니다.

보리심의 중요성을 잘 인식하여 행주좌와의 언제 어느 때라도 그것을 마음에 두고 수습하는 것이 중요합니다. 보리심을 일으킬 수 있으면, 이타와 자리의 양쪽이 원만해지고, 일시적으로도 궁극적으로도 행복하게 되고, 모든 행위가 선으로 됩니다. 왜 부처님이나 보살들의 행위는 선인가하면 그것은 모두 보리심에 근거하고 있기 때문입니다.

V.
「정견」에 대한 해설

- 모든 존재의 존재 방식에 대한 올바른 견해를
  확립한다

본문 10-a

—

진리를 깨달은 반야(지혜)로 무장하지 않으면
출리나 보리심에 능숙해지더라도
윤회의 뿌리를 끊을 수 없기에,

왜 정견이 필요한가?

이 게송의 첫 번째 행의 「진리」는 사물의 올바른 본연의 모습을 의미합니다. 모든 존재의 본연의 모습을 이해하기 위해 공성을 깨달은 반야(정견)에 따라 배우지 않으면 안 되는 이유를 여기에서 이야기하고 있습니다.

깊고 여실한 존재의 본연의 모습은 승의제(궁극적인 존재 차원의 진실)입니다. 승의제의 공을 이해하는 지혜가 없으면 설령 출리와 보리심이 있어 아무리 보시 등을 행하더라도 그것만으로는 아집을 직접적으로 끊어 없앨 수는 없습니다. 아집을 없애기 위한 효과적이고 직접적인 수단(대치의 힘)은 무아를 이해하는 지혜, 즉 정견이며 출리의 마음과 정견에 대한 문·사·수를 행함에 따라 최종적으로 윤회의 뿌리를 끊어야 해탈할 수 있습니다.

불교에서는 출리의 마음에 이어 보리심이 일어났을 때 보살의 수행이 시작되지만, 보살이 걷는 다섯 단계인 수행의 길[五道]의 제일 첫 번째인 자량도(수행에 필요한 기초를 쌓는 단계)만으로는 아무리 노력해도 공성을 이해하지 않는 한 수행은 절대 진보하지 않습니다. 즉, 출리의 마음과 보리심과 정견의 세 가지를 듣고, 숙고하고, 실행함으로 비로소 일체지지(佛智)에 이를 가능성이 깊어집니다.

자기만의 해탈을 구하는 길에서의 최종목표는 출리와

정견이라는 두 가지에 의해 해탈을 얻는 것이지만, 그것보다 불교의 최종목표는 출리, 보리심, 정견의 세 가지에 의해 일체지지[부처님의 모든 지혜]에 이르는 것입니다. 따라서 불교에서는 이번 생과 내생을 보지 않고 윤회 세계 전체에 사로잡힌 상태에서 출리하고, 모든 중생을 고통에서 해방시킬 것을 다짐하고, 그것을 위한 방도로 보리심을 구하며, 게다가 공성을 이해하는 지혜[정견]를 얻지 않으면 안 됩니다. 이 세 가지가 모든 지혜의 근원이 되며 보살의 5도나 10지[19]를 신속하게 진행해 나갈 수 있습니다.

정견에 의해 윤회의 뿌리를 직접 끊는다

공성이나 무아에 대한 바른 견해를 얻을 수 있다면, 인과관계라는 측면에서 세속을 바르게 이해할 수 있게 됩니다. 인과관계의 법칙을 단순히 표면적으로 이해해서는 아무리 보시나 지계에 힘을 쏟아 정진하더라도, 또

19) 5도의 세 번째인 견도에 도달한 성자인 보살, 부처님의 경지에 도달하기 직전까지의 사이에 얻는 10단계의 경지.

아무리 깊은 선정에 들 수 있어도, 윤회에서 벗어날 수 없습니다. 공성에 대한 바른 견해, 즉 지혜가 없으면 번뇌를 끊을 수 없으며 해탈도 이룰 수 없는 것입니다.

아리야데바(성천)의 『사백론』에서는 「적정에 이르는 제 2의 문은 없다.」라고 쓰여 있습니다. 이것은 완전한 열반에 드는 입구는 둘이 아닙니다. 즉, 열반에 이르기 위해서는 무아를 이해할 지혜를 얻는 이외에 달리 방법은 없다고 하는 것입니다. 그렇다는 것은, 무아의 지혜만으로도 또한 충분하지 않고, 한 수단으로서의 자비나 보리심도 필요한 조건입니다. 부처님의 2신(법신과 색신)을 성취하기 위해서는 방편으로서의 보리심과 공성을 이해하는 지혜의 두 가지를 일체로 하여 자량을 쌓을 필요가 있기 때문입니다.

『유마경』에서는 다음과 같이 설명하고 있습니다.

방편으로 지지받지 못한 지혜는 속박이며
방편으로 지지받는 지혜는 해탈이다.[20]

. . . .
20) 『대승불전 7 유마경 · 수능엄삼매경』, 중앙공론사, 81쪽

또 『관세음보살의 성취법』 중에 나가르주나(용수)의 말에 유래하는 다음과 같은 회향의 말이 있습니다.

이 선행으로 중생들에게 두루
복덕과 지혜의 자량이 원만해지고
복과 지혜에서 생겨나는 것인
미묘한 두 가지 몸(법신과 색신)을 얻어지이다.[21]

찬드라끼르띠(월칭)의 『입중론』 제6장에는 다음과 같은 글이 있습니다.

세속과 승의의 보리심은
마치 희고 큰 두 날개를 펼친 것과 같으며
이 기러기의 왕자는 무리를 선도하여
선하고 강한 바람을 타고
부처님의 공덕의 대해大海인
가장 뛰어난 피안으로 건너간다.[22]

----

21) 꾼촉/소남/재등 저 『실천티베트불교입문』, 춘추사, 97쪽
22) 소남/꾼촉/재등 저 『티베트반야심경』, 춘추사, 183쪽

이것은 방편(보리심)과 지혜(정견)는 하늘을 비상하는 새의 두 날개와 같으며, 부처님의 경지를 원만하게 이루기 위해서는 이 두 가지를 하나로 지닐 필요가 있다는 의미입니다.

정견을 얻기 위해 요의의 경전을 따르다

그러면 지혜를 어느 정도 이해하고 연습하면 좋을까요? 공성을 배울 때에는 그것에 관한 것이라면 어떤 것이라도 손닿는 대로 읽으면 되는 것이 아니라, 세존의 바른 경전에 따르는 것이 중요합니다. 경전에는 요의와 불요의가 있지만, 여기에서는 특히, 완전한 바른 가르침인 진리의 궁극적인 의미를 밝혀 놓은 요의의 경전에 따라 이해해야만 한다는 것을 시사하고 있습니다. 같은 불교의 사상이더라도 여러 각도에서 풀어나간 다양한 경전이 있으며, 레벨이나 난이도도 다양하기 때문입니다.

요의인가, 불요의인가의 기준도 하나가 아닙니다. 예를 들면, 유식파나 중관파에서는 그것에 관한 생각이 다릅니다. 같은 중관파에서도 귀류논증파와 자립논증파에서는 견해에 차이가 있습니다. 구체적으로 말하면, 유식파와 중관 자립논증파는 말 그대로를 인정할 수 있는 것을 요의了義, 말 그대로가 아닌 다른 의미를 설하는 것을 불요의不了義라고 합니다. 한편, 중관 귀류논증파에 의하면 그 주요한 내용이 공성을 나타내는 경전은 요의, 공성 이외의 내용을 나타내는 것은 불요의입니다.

이것에 대해 「제행무상」이라는 말을 예로 들면, 유식파와 중관 자립논증파는 이것을 요의로 인정하고 있습니다. 한편 중관 귀류논증파는 해석이 있어야 하는 불요의라고 합니다. 왜냐하면, 귀류논증파에 있어서는 제법의 궁극적인 본연의 모습은 눈에 보이는 대로가 아니라, 그 진실의 모습은 「무상」보다도 훨씬 깊은 「공성」으로 「제행공성」을 진의로 하기 때문입니다.

여기에서는 요의 · 불요의의 의미에 대해 중관 귀류논증파의 견해를 따르는 편이 좋겠습니다. 귀류논증파에서는 요의 · 불요의에 대해 『무진혜소설경』의 내용을 기준으로 나가르주나의 『근본중송』을 비롯하여 여섯 종류의 논서23)에 적힌 대로 이해해야 한다고 합니다. 즉, 나가르주나를 중관파의 시조로 삼는다고 하는 것입니다. 나가르주나는 '마이뜨레야' 나 '아상가' 등과 함께 경전 안에서 예언된 인물이기 때문에 나가르주나의 사상대로 제법의 존재를 이해하지 않으면 옳다고 말할 수 없게 됩니다.

나가르주나 후에도 중관이나 공성의 사상에 대한 저술이 등장했지만, 귀류논증파의 입장에서 가장 바람직하다고 여겨지는 것은 '아리야데바, 붓다팔리타, 찬드라끼르띠 논사들입니다. 그들의 해석은 나가르주나의 생각대로라고 여겨집니다. 쫑카빠 대사는 『보리도차제광론』의 견해의 장에서 특히 이것에 대해 상세하게 서술하고 있습니다.

쫑카빠 대사는 문수사리에게서 공성에 관한 가르침을 받았을 때, 그것에 관해 자신은 아직 이해하고 있지 못하다고 인정하자, 문수사리는 찬드라끼르띠의 저서를 읽도록 지시하였다고 합니다. 그 후 쫑카빠 대사는 선행을 쌓고 공부를 하여 그 결과 많은 논서를 저술하였습니다.

....
23) 『공칠십론』 『육십송여리론』 『회쟁론』 『위다르야론』 『보행왕정론』.

나가르주나의『근본중론』은 말 그대로의 주석으로서는 찬드라끼르띠의 저서『정명구론』이 있습니다. 이것은 산스크리트어로『쁘라산나빠다』로 불리고 있습니다. 마찬가지로『근본중론』에 대한 쫑카빠 대사의 주석은『정리대해正理大海』입니다. 또『근본중론』의 더욱 상세한 해설로는 티베트에서 굉장히 중요시되고 있는 것은 찬드라끼르띠의『입중론』입니다. 이『입중론』의 구체적인 주석으로 쫑카빠 대사의『중관밀의해명』이 있습니다.

수많은 논서 중에서 이것들을 배우는 것은 매우 중요합니다. 논서를 통해『반야경』의 진리, 부처님의 가르침의 진의, 또 나가르주나의 저작이 의미하는 점을 바르게 파악할 수 있다고 생각됩니다.

덧붙여 말하면, 귀류논증파는「프라상기카파」,「자립논증파」는「스바탄트리카파」라는 산스크리트어에서 유래하는 말로 사용하고 있지만, 이것은 티베트에서 사용하기 시작한 것으로 인도에는 이 같은 말은 쓰지 않습니다. 쫑카빠 대사는『람림첸모』(보리도차제광론) 등의 저술에서 이 말의 적절하고 바른 의미를 자세하게 정리하고 있습니다.

바른 논서를 읽다

정견에 관해 배울 때에는 읽는 논서가 올바른 것인가 아닌가가 굉장히 중요합니다. 티베트에서는 많은 수행자나 학자들의 공사상에 관한 저서가 있지만, 옳음과 알기 쉬움의 양면에서 봤을 때 쫑카빠 대사의 저서는 지극히 뛰어난 것입니다. 따라서 나가르주나(용수)를 비롯하여 아리야데바(성천), 붓다팔리따(불호), 찬드라끼르띠(월칭) 등의 인도 대학승들이 지은 논서에 관해 쫑카빠 대사의 주석을 따라 공부하는 것이 굉장히 효과적입니다. 논서는 바른 것이라고 하더라도 읽는 쪽에서 바르게 해석하느냐 마느냐는 또 별개의 문제이지만, 이것은 어디까지나 제2의 포인트이고, 우선 첫 번째로 바른 논서를 선택하여 읽는 것이 중요합니다.

『입중론』에는 「나가르주나가 설명하는 사상에서 벗어나 있다면 바른 사상이 아니다.」라고 적혀 있습니다. 「이 이외의 것은 단순히 세속적이며, 거기에는 진실한 의미의 해탈과 적정을 얻을 방법은 없다.」라고도 하였습니다.

또 아띠샤 존자도 「나가르주나의 제자는 찬드라끼르띠이며, 그 유파의 비결에 의해 공성의 진리를 이해할 수 있다.」라고 서술하고 있습니다. 매우 깊은 공성의 견해를 이해하는 것은 현교, 밀교 할 것 없이 필요불가결한 것입니다.

무아는 무엇을 부정하는 것인가?

인도의 불교 철학사상의 유파로 네 가지 학파가 있는데, 그중 설일체유부와 경량부는 사상의 레벨로는 높지는 않다고 말하지만, 이것에 대해서도 잘 이해할 필요가 있습니다. 네 가지 학파 모두는 무아를 인정하고 있는데, 설일체유부와 경량부 두 학파는 모든 존재가 「상주常住」이며 「단일單一」이고 「자재」인 것을 부정합니다. 즉 전혀 변화하지 않고 항상 같은 상태로, 남과 전혀 관계없이 단일이며, 그 자체 독자적으로 존재하고 있는 것을 부정하고, 그 같은 일이 존재하지 않는 것을 무아라고 합니다. 이것은 유식파나 중관파에 비교하면 상당히 거친 사고방식입니다.

다음으로 유식파는 능취(인식의 주체)와 소취(인식의 대상)는 따로 떨어진 것이 아니라는 견해입니다. 자신의 마음과 아무 관계 없이 존재하는 듯한 외부의 사물(외경)이 아니라, 외경은 모두 마음에 의해 훈습된 것이 나타나는 것이라고 받아들입니다. 따라서 유식파는 마음과 상관없이 외경外境이 독자적으로 존재하는 것을 부정합니다. 중관파와 비교하면 이것 또한 세세함이 빠진 시각입니다.

모든 존재는 무아이고, 독자적으로 존재하지 않는다고 인식하는 것은 그다지 어려운 것은 아니지만, 중요한 것은 그처럼 모든 존재에 자성이 없다고 부정한 결과, 그 자체가 「있다.」인지 「없다.」인지가 절대적이지 않은 미묘한 상태가 되던지, 혹은 단순히 부정한 것만으로 절대적으로 「없다.」는 상태가 되는 것입니다.

여기에서 나타나는 것이 중관파의 견해입니다. 중관파에서도 귀류논증파와 자립논증파도 함께 모든 존재는 무자성이라고 제법의 자성을 부정합니다.

그러나 자립논증파는 그렇더라도 제법의 본연의 자세

는 마음과 관계가 있고, 바른 마음에 의해 설정되는 것은 그 자체로 자성으로, 자상自相으로써 존재한다고 받아들이고 있습니다. 여기서 말하는「자성」이라는 것은 그 자체에 덧붙여진 실체성을 말합니다. 또「자성」은 그 자신의 측면에서 성립된 고유의 성질이나 작용을 말합니다. 즉, 제법은 승의(그 말이 지니는 본질적인 의미. 용법)로서는 무자성이지만, 바른 마음으로 설정된 것은 세속적으로는 그 자체로 존재하는 것처럼 보이며, 실제로 그 본연의 모습은 그 자체의 자성이나 자상에 일치한다고 생각합니다. 따라서 자립논증파는 바른 마음에 의해 설정되지 않은 제법의 본연의 모습은 부정합니다. 이것은 설일체유부, 경량부, 유식파와 비교하면 상당히 미세한 견해일지도 모르지만, 귀류논증파에서 보면 이것 또한 본질이라고 할 수 없습니다. 자립논증파의 사고로 이해할 수 있게 된다면 아직 진리에 도달하지 않은 것이 됩니다.

자 그렇다면, 귀류논증파의 견해는 어떠한 것이겠습니까? 제법은 단순히 분별함으로, 혹은 이름을 붙임으로 인해 잠정적으로 그렇게 설정된 것뿐이고, 분별하여 이름을 붙인 측과 관계없이 그 자체로 본래부터 독자적으로 존재하고 있는 것은 아니라고 하는 것이 귀류논증파의 견해입니다. 결국 분별하여 이름을 붙인 측과 관계없이 그 자체로 존재한다는 제법의 자성을 부정합니다.

자립논증파와의 차이는 승의勝義·세속世俗의 구별 없이, 어떤 상태에서도 제법은 그 자체로, 자성自性으로, 자상自相으로 존재하지 않고, 단지 분별함으로 혹은 이름을 붙임으로 인해 잠정적으로 설정된 것뿐이라는 점입니다. 표현을 바꾸어 귀류논증파에 의하면 제법은 자성은 없지만 존재합니다. 즉 「제법에 자성이 없는 것」과 「제법이 존재하는 것」의 양쪽이 동시에 성립한다는 것입니다.

이 중관 귀류논증파의 견해가 나가르주나의 사상에 일치하는 진실의 공성을 나타내는 것입니다. 이것이야말로 「반야경」의 내용이며, 석가모니 부처님의 의도이기도 합니다. 이것 이외의 사고는 제법의 진실한 본연의 모습을 나타내는 것은 아닙니다.

**그 때문에 연기를 요해하기 위해
온 힘을 다하여 노력해야 합니다.**

세 종류의 연기

본문 10은 결론적으로 연기(모든 존재가 남에게 의존하여 성립하는 것)를 이해하는 방법에 힘쓰도록 서술하고 있습니다. 그 방법에는 몇 가지 종류가 있지만, 여기에서는 주로 인과관계의 법칙을 배우고 그것을 신뢰하는 것을 시사하고 있습니다. 인과관계 법칙은 배우면 배울수록 그것에 대한 신뢰나 확신이 강해지게 됩니다.

이 게송에서는 「공성을 이해하는 방법」이라고 쓰여 있지 않은 점에 큰 의미가 있습니다. 때문에 여기에서 「연기」의 내용은 달라집니다.

연기는 어떤 학파에서도 인정하는데, 그것에는 세 가지 의미가 있습니다. 하나는 원인과 조건에 의존한 「인과관계의 연기」, 두 번째는 부분이 한데 모여 서로 의존하여 전체를 형성한다는 「부분과 전체의 연기」, 세 번째는 「상호연기」입니다. 중관 귀류논증파 이외의 학파는 인과관계의 연기를 중요시하고, 상호연기라는 생각을 하지 않습니다. 그런 의미로 생각의 범위가 훨씬 넓고 우수한 것이 중관 귀류논증파의 견해입니다.

일반적으로 학파를 따지지 않고, 모든 존재(일체법)는 「무상한 것(유위법)」과 「상주한 것(무위법)」으로 분류됩니다. 「무상한 것」이라는 것은 원인과 조건에 의해 변화하는 존재, 「상주한 것」이라는 것은 원인과 조건에 따라 변하지 않는 것으로 허공이나 멸제, 열반 등이 그 예입니다.

설일체유부나 경량부에서는 연기라고 하면 무상에 관련한 인과관계의 연기뿐이고, 상주와 관련한 연기는 생각지 않습니다. 이것에 관해 유식파나 중관 자립논증파에서는 인과관계의 연기에 덧붙여 부분과 전체의 연기도 인정하고 있습니다. 부분과 전체의 연기는 무상한 것과 상주한 것 양쪽에 인정받는 연기입니다.

그리고 중관 귀류논증파는 이 두 가지 연기에 덧붙여 상호연기를 인정하고 있습니다. 이것은 인因과 과果의 관계나, 부분과 전체의 관계가 아닙니다. 예를 들어, 대상과 그것에 대한 분별(개념)과 명칭이 상호 간에 서로 의존하면서 제법이 존재한다고 하는 연기입니다. 이 생각은 중관 귀류논증파만이 인정하는 상당히 세세한 것입니다.

단계를 밟아 연기를 이해한다

그러나 이 게송은 중관 귀류논증파의 해석에 의한 연기, 혹은 공성을 이해하는 방법에 관해 서술하고 있지 않습니다. 그 이유는 귀류논증파의 사상적 특징인 상호연기보다 먼저 일반적인 인과관계의 연기를 우선 이해하는 것이 효과적이기 때문입니다. 귀류논증파 이외의 사상은, 사상의 레벨은 높지 않다고 하더라도, 그것을 이해한다면 허무론(니힐리즘)에 떨어지는 것을 피할 수 있는 이점이 있습니다. 그리고 또 우선 인과관계의 연기를 정확하게 이해하지 못하면 공성을 바르게 이해하는 것도 불가능하다고 합니다. 인과관계의 연기를 더욱 세세하고 매우 깊게 고찰한 결과로 일어나는 것이 상호연기이기 때문입니다. 따라서 우선 인과관계의 연기를 이해하는 것부터 시작하여, 더욱 세세한 단계까지 깊게 이해해 가는 것이 중요하다고 여기에서는 설명하고 있습니다.

본문 11

—

윤회와 열반(미혹과 고통에서 해방된 세계)**의**
제법의 모든 인과는
항상 거짓 없다고 깨달으면서
반연하는 의처依處**는 무엇이든**
모두 사라졌을 때, 그것이야말로
부처님이 기뻐하실 길로 들어가는 것입니다.

공의 견해를 얻는 길

이 게송은 견해가 성립하는 것을 나타내고 있습니다.

「제법」의 「법」은 불·법·승의 법만을 의미하는 것은 아닙니다. 둘째 행의 「제법」은 「존재」라는 의미입니다. 이러한 존재가 있는 장소는 윤회만이 아니고 열반도 포함됩니다. 지금 우리 눈에 보이는 색이나 형상을 가진 물질적인 존재부터 눈에 보이지 않는 일체지지一切智智와 같은 것까지, 모든 존재는 그 나름의 많은 요소에 의해 성립되며, 단독으로 독립적으로 존재하고 있지는 않습니다. 따라서 그 속에서 선행을 베푼다면 즐거움을 얻고, 악행을 한다면 고통을 얻는다는 인과관계는 세속(언설)적으로 거짓 없는 진실입니다.

연기라는 것은 결국 모든 존재는 자성으로 성립되지 않으며, 원인과 조건에 의존하여 존재하고 있으며, 모든 존재는 자성 없이 연기에 의해 성립되기 때문에 인과관계의 법칙은 거짓 없이 옳다고 말할 수 있습니다. 이러한 것을 이해한 결과 일어나는 모든 일에 원인과 조건이 있다고 알게 된다면 어떤 대상도 본래보다 자성으로 존재한다고 인식하는 것은 없어질 것입니다.

만약 제법이 자성으로 존재한다고 하면, 실제로 지금 이 세계에 일어나고 있는 많은 일에 모순이 생기는 결과를 낳을 것입니다. 예를 들면, 젊은이가 노인이 되는 일도 없고, 행복한 사람이 불행해지는 일도 없으며, 불행한 사람이 행복해질 일도 없을 것입니다. 인간이 동물로 환생하는 일도 없을 것이며, 그렇게 되면 중생이 부처가 되는 일도 없습니다. 그렇지만 실제로는 모든 존재는 자성으로 성립되어 있지 않기 때문에 일체지지一切知智도 가능해집니다. 그처럼 홀로 독자적으로 존재하는 실체는 모래알만큼도 없다고 이해하는 것이 「부처님이 흡족해하는 길」이며, 「연기」와 「모든 존재에 자성이 없는 것」, 이 두 가지가 손의 앞뒷면처럼 하나라고 이해할 수 있다면 공성을 이해할 수 있게 됩니다.

사물은 이름을 붙인 것처럼 존재한다

모든 존재, 즉 제법은 분별함으로 인해 이름을 붙인 쪽과 이름이 붙여진 쪽 둘에 의해 성립됩니다.

예를 들면, 살아있는 것은 마음과 신체 두 종류의 요소가 모여 존재하고 있지만 이처럼 몇 가지의 요소가 모인 것에 대해 분별하여 이쪽에서 하나의 이름을 붙였기 때문에 그 이름처럼 존재하고 있음에 지나지 않습니다. 이처럼 임시로 설정된 것 뿐인 대상에 대해 우리는 의존하고 집착합니다.

붙여진 이름과 관계없이 본래부터 그 자체로 독립적인 존재의 본연의 모습은 어디에도 없습니다.

예를 들면 「홍길동」이라는 이름이 있습니다. 이 이름에 걸맞은 인물이 없어서는 의미가 없습니다. 그러나 만약 현재의 홍길동에게 원래부터 홍길동이라는 자성이 있어 이름이 붙여졌다고 한다면, 그 사람은 태어나면서부터 홍길동이며 영원히 홍길동이가 되지 않으면 안 됩니다. 만약 그처럼 자성으로 본래부터 존재하고 있는 것이라면 이름을 붙일 필요도 없을 것입니다.

이것은 물체나 우리 인간을 예로 들어도 마찬가지입니다. 예를 들면, 지금 「달」이라고 불리고 있는 것에 「옷」이라는 이름을 붙인다면 「달」은 그 시점부터 「옷」으로 될 것입니다.

바르게 이름을 붙이기 위한 세 가지 조건

그럼 그처럼 이름만 붙인다면, 예를 들어 「달」을 「옷」으로 불러도 좋은가 하면 그것은 또 다릅니다. 모든 존재는 구별하여 이름을 붙인 것뿐이라고 할 수 있어도, 그렇다면 멋대로 분별한 대로 현실성이 있는가 한다면 그렇지는 않고, 그 대상과 이름 사이에는 어느 정도 적절한 관계가 필요합니다.

대상과 이름이 바른 관계가 되기 위해서는 3가지 조건이 필요합니다. 첫째는 사회적으로 정착된 일반상식에서 벗어나지 않는 것(世間極成)입니다. 예를 들면, 사회 일반상식으로 이미 「달」이라고 불리던 것을 갑자기 「옷」이라고 부를 수는 없습니다.

둘째는 세속적으로 정착된 바른 인식으로 비쳐 모순이 없는 것(언설의 量에 따라 얻어지는 것)입니다. 예를 들면, 눈꺼풀을 누르고 밤하늘의 「달」을 보면 「달」이 두 개로 보이는 경우가 있습니다. 그처럼 보였다 하더라도 실제 「달」은 1개 밖에 없어서 「두 개의 달」이라고 하면 모순이 됩니다.

셋째는 승의勝義의 차원에서 분석·고찰한 바른 논리와 모순되지 않는 것(正理知의 量에 의해 부정되지 않는 것)입니다. 예를 들면 밤하늘의 「달」을 영원히 그렇게 계속 존재하는 절대적인 존재로 여겨도 실제로는 「달」은 자성으로 존재하지 않고 무상無常이며, 먼 미래에도 영원히 같은 상태로 존재한다고 할 수는 없습니다. 따라서 「자성으로 존재하는 달」은 정리지正理知의 양量에 의해 부정되는 것이며, 그것이 「있다.」고 하면 모순이 됩니다.

「부정해야 할 나」와 「단순한 나」

그렇다면 「나」라고 불리고 있는 것에 대해서는 어떠할까요? 어떤 이는 신체나 마음을 「나」라고 생각할지도 모릅니다. 또 몸이나 마음과는 별도로 「나」라는 것이 독립적으로 존재한다고 생각하는 이도 있을 것입니다. 그렇지만 실제로는 몸과 마음이 모인(합쳐진) 상태에 대해 분별하여 고유의 명칭을 붙여 「나」라고 부르고 있는 것뿐이며, 스스로 생각하고 있는 절대적인 존재인 「나」는 아무리 찾아도 없습니다.

왜냐하면 이러한 「절대적인 나」는 그 자체로 존재하지 않는 「부정해야 할 나」이기 때문입니다.

그런데도, 원래 존재하는 절대적인 「나」가 있다고 생각하기 때문에, 그 「나」가 느끼는 좋고 싫음 등의 감정도 절대적인 것처럼 나타난다.

이런 마음은 아집이며, 시작 없는 과거로부터 이어지고 있는 무명에 의한 것입니다. 우리가 윤회하는 근본은 무명 즉 아집이며, 그 아집이 붙들고 있는 것에 우리는 집착하고 의존하고 있습니다.

예를 들면 어둠 속에서 새끼줄을 뱀으로 착각하여 새끼줄에 뱀이라는 이름을 씌워, 자신이 그렇게 인식한 것을 알아차리지 못한 채 새끼줄을 뱀이라고 믿어도, 이런 잘못된 시각에 의해 자성을 덧붙인 대상은 부정해야 할 것입니다. 어둠 속에서 가리킨 것은 새끼줄인데도 그 새끼줄을 뱀이라 인식해버리는 이 예처럼, 우리가 「나」를 가리킬 때 그 「나」의 내용은 「부정해야 할 나」가 되어있는 것입니다.

이 경우 새끼줄 그 자체는 부정해야 할 것은 아닙니

다. 그렇지만 새끼줄이 뱀으로 보여 공포에 휩싸인다든지 집착하게 되면 부정해야 할 대상이 됩니다. 결국 여기에서는 「정말 존재하는 것(새끼줄)이 아닌 것(뱀)」, 즉 「자성으로 존재하는 것」을 부정하고 있습니다. 이처럼 「자성에 의한 독립적인 존재로서의 나」가 없는 상태가 「무아」입니다.

그러나 그렇게 무아일지라도 「단순한 나」는 없다고 할 수 없습니다. 「이름이 붙여진 것 때문에 존재할 뿐인 단순한 나」는 있습니다. 티베트어로 「인무아」를 「닥·메」라고 했을 때, 「닥Dag」은 「아(我) 또는 나(私)」이고 그것을 「메Me」로 부정하지만, 이 경우의 「닥Dag」은 「단순한 나」가 아니고 「부정해야 할 나」입니다. 이같이 부정해야 할 나(我)를 긍정해버리는 것은, 한없이 먼 과거의 무명無明 탓입니다. 이런 상태가 끝없이 이어져 가는 것을 끊기 위해서는 무아를 이해하는 지혜가 필요합니다.

찬드라끼르띠(월칭)는 「모든 사물에는 다른 것에 의지하지 않고 독자적으로 존재하는 나는 없다는 것이 무아이다.」라고 서술하고 있습니다. 이것은 세속에서는 예를 들어 「A」라고 이름 붙여진 대상(객체)과 이렇게 이름 붙인 쪽(주체)이 있으며 이 둘의 관계 때문에 「A」라고 이름 붙여졌기 때문에 「A」라는 대상이 존재할 뿐이라는 것입니다. 이처럼 모든 존재는 남과 서로 의존할 뿐인데, 그들이 남과 관계없이 독자적으로 존재하는 것으로 분별해 버리는 것은 무명 탓입니다.

모든 존재는 자성이 없는 무아인데 그것이 그 자체로 독자적으로 존재한다고 분별해 버린다면, 이처럼 분별된 것은 환상이나 꿈과 같은 것입니다. 환상이나 꿈은 실물이 아니라는 의미로 이런 경우의 비유로 자주 사용됩니다.

여기에서는 자신이 진실이라고 인정하고 있는 대상에 대해 분별을 일으키는 것이 아니라, 그런 현상(대상)에 사로잡혀 버린 자신의 마음을 분별하고 관찰·분석해야만 합니다. 대상의 자성을 부정하지 않은 채, 그것에 사로잡혀 버리는 상태를 없앨 필요가 있습니다.

현현(顯現-나타난 것)**의 인과에 거짓이 없는 것과**
공空**을 인정한다는 이 두 가지를 떠난 이해가**
개별적으로 나타날 때는
아직 모니(牟尼:석가세존)**의 밀의**[密意:眞意]**를**
이해하지 못하고 있는 것입니다.

공성의 이해가 불완전한 상태

이 게송은 견해가 불완전한 상태에 관해 서술하고 있습니다. 충분히 배우고 익힌 결과로 생기는 현현顯現에서는 연기와 공이 상호 모순되는 일은 없습니다. 현현이라는 것은 나타난 상태라는 것이지만, 나타난 모든 존재는 연기緣起임과 동시에 공空이기도 합니다.

따라서 연기와 공 어느 쪽이든 한쪽만 이해해서는 불완전합니다. 이 두 가지가 하나의 대상에 모순된 관계, 예를 들면 「더위」와 「추위」 같은 정반대의 관계에 있다고 생각하게 된다면, 「모니의 밀의」 즉, 석가모니 부처님이 의도하는 궁극적인 진리를 아직 모르는, 견해가 불완전한 상태입니다.

여기에서 나타내고 있는 것처럼, 현상에 대한 불완전한 시각(견해)을, 가령 다른 학파에서는 인정했다고 하더라도 중관 귀류논증파에서는 인정하지 않습니다. 진정한 의미로 깊이 공성을 이해하기 위해서는 귀류논증파의 견해에 따라 이해하는 것이 중요합니다.

본문 13

—

언젠가 교차가 아닌 동시에
연기에 거짓이 없는 것을 느낄 뿐만 아니라,
신념을 가지고 경계에 집착하는 것을
모두 멸한다면
그때야말로 견해의 사찰(분석)은 완성된 것입니다.

공성이 완전하게 이해되었다는 기준

공성이 완전하게 이해되었는가 아닌가는 이 계송의 내용대로 인가 아닌가에 있습니다. 이 내용대로라면 쫑카빠 대사의 견해라는 면에서도, 모니의 경지라는 면에서도 공성에 대한 정견을 얻었다는 것이 됩니다.

많은 요소가 여러 조건에 의해 조합되어 성립된 상태는 하나의 전체로써 최초부터 독자적으로 존재했다고 여겨지지만, 모든 존재는 분별 때문에 단지 일시적으로 그처럼 보이는 것뿐, 즉 잠정적으로 설정된 것뿐입니다. 그러나 그러므로 그것은 연기이고, 연기에 있어서 거짓은 없습니다.

아집 혹은 대상에 사로잡힌 상태라는 것에 대해 완전하게 이해된 측면에서 보면 공과 연기는 다르지 않습니다. 연기하고 있다고 하는 것은 공이며 공은 연기로 나타납니다. 즉 「나타난 것」과 「공인 것」 둘은 하나의 대상에 있어 모순이 없고 「상호가 아니라 동시에」 있다고 할 수 있습니다. 모든 것은 이름 붙인 것처럼 존재할 뿐이며 선한 행위이든 악한 행위이든 모든 것은 연기이며 그것들을 분석하면 모두 자성이 없이 공입니다.

　어느 성자는 「연기의 핵심을 안다면 공성의 진정한 의미를 저절로 이해할 수 있다.」라고 말합니다. 이것은 공성의 진정한 의미가 이해되었을 때는 저절로 연기의 이해도 생긴다고 하는 것입니다. 모든 존재는 궁극적인 의미로 「없다.」, 그 자체로 「없다.」, 자성으로써 「없다.」 는 것은 즉, 「연기하고 있다.」는 것입니다. 이처럼 하나의 대상에 있어 공과 연기의 두 가지가 동시에 모순 없이 설정된다고 하는 것이 귀류논증파의 견해이며 나가르주나가 설명한 진실한 공성의 견해입니다. 이것에 대해서는 직관적으로 이해할 수가 있습니다.

　　　　　　　본문 14
　　　　　　　　—

　더욱이 현현[에 실체가 없는 것]**을 가지고**
　있다는 측(존재에 실체성을 인정한다는 극단론)**을 배제하고,**
　공[인 것이 환상처럼 나타나는 것]**을 가지고**
　없다는 측(존재가 완전 무라고 하는 극단론)**을 배제하여**

이러한 공성이 인(因)과 과(果)로

나타나는 도리를 안다면

변집견(邊執見:극단론에 집착하는 견해)에

사로잡히지 않을 것입니다.

중관 귀류논증파 견해의 특징

이 게송은 중관 귀류논증파의 견해의 특징을 서술하고 있습니다. 중관 귀류논증파 이외의 사상이면 「현현으로 무의 측을 배제하고 공으로 유의 측을 배제한다.」는 것으로 되지만, 여기서는 조금 그 반대가 됩니다.

귀류논증파의 견해에 의하면 연기에 의해 어떠한 대상은 나타나지만 어떤 대상이라도 그것이 나타나는 한 그곳에는 견고한 실체는 없습니다. 즉 현현하고 있는 모든 존재는 어느 측면에서 보아도 자성으로서 성립되어 있지 않다는 것에 의해서 승의(勝義)에 있어 「유의 측면을 배제한다.」 즉, 승의에 있어 자성으로서 성립된 뭔가의 실체가 있다는 것을 부정합니다. 그처럼 현존하는 모든 존재는 자성이 없고 진실이 아니지만, 그 「자성이 없다.」는 것도 또한 공이라는 것에서 세속적으로 「무의 측면을 배제한다.」는 것입니다. 결국 세속에서 「없다.」는 것도 또한 「없다.」라고 부정한 결과, 「있다.」는 것이 됩니다.

귀류논증파 이외의 사상에 의하면, 존재하는 것에는 자성으로 뭔가의 진실(실체성)이 어딘가에 남아있게 됩니다. 이것에 대해 귀류논증파의 견해에서는 「존재한다고 해서 자성이 있다(진실이다)라고 말할 수는 없지만, 분별하여 이름을 붙인 것뿐인 상태로 사물은 존재한다.」는 것이 됩니다. 이것이 현저한 특징입니다.

공을 증명할 최대의 논거가 되는 연기

「무아」나 「공」을 증명하기 위한 논리적 근거는 많이 있지만, 그중 가장 뛰어난 논거는 연기입니다. 이미 서술한 것처럼, 어떤 명칭이 붙은 하나의 대상은 많은 요소가 모여 전체인 하나가 된 것입니다. 예를 들면, 신체가 약해 다리와 허리가 약한 사람은 지팡이나 다른 사람에게 의지하지 않고 자신의 힘으로 일어설 수는 없습니다. 그처럼 바로 그것이 자성으로나 독립적인 것으로 존재하는 것은 아무것도 없고 모든 존재의 상태는 연기에 의해 생깁니다. 이 연기라고 하는 사고방식에 의해 모든 존재는 공이라고 하는 것이 논리적으로 가능합니다.

　찬드라끼르띠는「연기의 원리에 의해 사견의 그물을 모두 끊을 수 있다.」라고 서술하고 있습니다. 그러나 중관파 이외의 견해에서는 연기라는 이유만으로 충분히 공을 증명할 수 없을지도 모릅니다. 그 이유는「자성으로서 없다.」는 의미를「그것이 완전히 존재하지 않는다.」라고 인식해버리는 경우가 있기 때문입니다. 옛날 많은 티베트의 학승들도「자성으로서 없다면 그것은 완전히 존재하지 않는다.」라고 잘못 인식하여 허무론에 빠져버렸습니다. 그리고 또「자성으로서 없으면 연기도 성립되지 않을 것이므로 연기하고 있다는 것은 자성이 있다는 것」이라 생각하여 실재론이라는 하나의 극단에 빠진 사람들도 있습니다. 이것에 대해 중관 자립논증파는「연기하고 있다 하더라도 자성이 없지는 않다.」라고 받

아들입니다. 이것은 설일체유부, 경량부, 유식파 등과
비교하면 사상적으로 깊은 것이지만, 중관 귀류논증파
와 비교하면 아직 실재론에 치우친 상태입니다.

「연기」라는 용어는 단어로는 같더라도 그 의미하는
내용은 각 학파에 따라 제각기 미세하게 다르므로 주의
가 필요합니다.

공과 연기를 이해하기 위한 네 단계의 고찰

중관 귀류논증파에서는 제법은 자성으로 존재하지 않
는다고 인식하더라도, 그것이 완전히 「없다.」고 하는 것
은 아닙니다. 언설(붙여진 이름과 동반하는 개념)에 의해 임시
로 설정된 것으로는 「있다.」고 하는 것은 앞에서도 말했
는데, 이것은 다음과 같은 네 단계의 고찰로 상세히 이
해할 수 있습니다.

① 자성으로 있지 않더라도
② 완전하게 「없다.」고 할 수는 없다.

③ 언설(말)에 의해 존재하더라도(단지 임시로 설정된 것이 있어도),

④ 자성이 「있다.」는 것은 아니다.

　중관 귀류논증파 이외의 견해에서는 이 네 단계의 분석에 모순이 생긴다고 하지만, 「현현은 자성으로 존재하지 않는다. 왜냐하면 그것은 연기이기 때문이다.」라는 귀류논증파의 사고에 의하면, 실재론과 허무론의 두 가지 극단에 떨어지는 것을 피할 수 있습니다. 즉 제법은 자성으로 존재하고 있지 않다는 것에 의해 승의에 있어서 「유」의 측면을 제거하고, 공이라 하더라도 연기에 의해 제법이 생긴다는 것에 의해서 세속에서는 「무」의 측면을 없앨 수 있습니다.

　「모든 존재는 자성으로 존재하지 않고, 연기에 의해 존재한다.」라는 논거에 의해, 왜 「유有」와 「무無」의 양극단을 제거할 수 있는가에 대해 나가르주나의 『근본중론』에는 다음과 같은 글이 있습니다.

　공성인 것이 타당하면

　일체가 타당하고,

공空이 타당하지 않으면
일체가 타당하지 않다.[24]

　이것은 어떤 한 대상의 공성을 인지할 수 있다면 모든 대상을 인정할 수 있다는 의미가 됩니다. 이처럼 「유有」와 「무無」의 양극단에 떨어지지 않고 「자성으로서 없다.」 「그 자체로서 없다.」는 표현의 정확한 의미를 아는 것은 중요합니다.

　우리는 항상 「자성으로서 있다면 반드시 존재한다.」라고 자동적으로 생각해버리는 것은, 그렇게 생각하는 습관이 너무나 강하고, 또 그런 생각에 대한 강한 집착이 있어서 무의식적으로 그렇게 되어 버리는 것입니다. 경전이나 논서를 배워 「제법은 나타나 있어도 자성을 가지고 존재하지는 않는다.」라고 머릿속으로 이해하고 입으로 말해도, 마음은 여전히 「자성으로서 있다.」는 것에 사로잡혀 있기 때문에 현실적인 행동도 그것에 기인한 것이 되어 버리는 것입니다.

....

24) 『중론』 제24장 관사제품. 제14게.

『반야심경』의 참뜻

공성을 잘 이해한다면 『반야심경』의 「색즉시공色卽是
空, 공즉시색空卽是色」의 의미도 잘 이해하게 됩니다. 『반
야심경』의 이 구절은 직역하면 「색은 공이요 공은 색이
다.」가 됩니다. 이것은 「연기는 공이요, 공은 연기이다.」
라는 의미이므로 바꿔 말하면 「나는 공이요, 공은 나이
다.」라는 것이기도 합니다.

「색즉시공」의 「공」이라는 용어는 「부정해야 마땅한
나, 또는 아(我)」가 「공이다.」, 즉 「없다.」라는 의미입니
다. 더욱 엄밀하게 말하면 「색의 공은 공이요, 공의 공은
공이다.」라는 의미입니다. 즉 「공한 것」이라고 하면 그
것을 또 실체시하고, 거기에 무엇인가 「공한 것」이라는
실체가 존재한다고 생각할지도 모르지만, 그런 것은 하
나도 보이지 않습니다.

그러나 그렇다고 해서 일반 세속의 모든 사람과 사물
이 전혀 「없다.」는 것은 아닙니다. 예를 들면, 「나는 공
이요, 공은 나我이다.」라고 할 때의 「나」는 「자성이 없는
나」인 것입니다. 이 「자성이 없는 나」를 「자성이 있는

「나」로 받아들이는 것이 일반적입니다. 그렇지만 아무리 깊이 생각해도 이 「나」인 것의 자성을 찾을 수는 없습니다. 「나」는 궁극적으로 공이기 때문입니다. 그러나 이처럼 공이라면 완전히 「없다.」는 것인가라고 말하면, 지금 그와 같이 생각하는 「나」는 현재에 존재하고 있습니다. 단, 그 「나」는 보통 자신이 생각하는 절대적이고 독립적인 존재가 아니라, 「나」라고 하는 단어에 의해 임시로 설정된 것뿐인 「단순한 나」입니다. 그처럼 가설된 「단순한 나」를 성립시키고 있는 것이 연기입니다. 연기에 의해 그처럼 존재하고 있지만, 본래는 공이라는 점의 존재가 나라고 하는 것이 됩니다.

쫑카빠 대사의 공성 이해에 관련된 일화

여기에서 쫑카빠 대사의 공성 이해에 관한 일화를 소개합니다. 전기에 의하면, 쫑카빠 대사는 어렸을 때부터 뛰어난 인물이었다고 합니다.

유년기부터 밀교에도 관심이 있어 '최제 된둡 린첸'

을 비롯하여 사꺄파의 렌다와 슌둡(1349~1412) 등 많은 뛰어난 스승으로부터 가르침을 받고 학문을 수련해서 31세 무렵(1387년)에는 '마이뜨레야(미륵)'의 『현관장엄론』의 주석서인 『황금만(黃金鬘:세르틴)』을 저술했습니다. 이것이 쫑카빠 대사 최초의 저술입니다.

수행의 초기에는 쫑카빠 대사는 직접 '문수사리'와 만나지는 못했었습니다. 잘 알려진 것처럼 쫑카빠 대사는 33세 무렵 오르카의 산중에서 라마 우마빠를 만나는데, 그 라마를 통해 문수사리를 친견하게 됩니다.

어느 날 쫑카빠 대사는 라마 우마빠의 통역을 통해 문수사리에게 견해에 대해 질문을 했다고 합니다. 그중에 「나의 견해는 귀류논증파의 것입니까, 자립논증파의 것입니까?」라고 묻자, 문수사리는 「어느 쪽도 아니다.」라고 답하고, 「현상(현현)과 공성 두 가지를 어느 쪽도 절대적이라 여기지 않고 양쪽을 차별함이 없는 견해를 소중하게 여겨라.」라고 했다고 합니다.

쫑카빠 대사는 또 현교과 밀교의 가르침, 특히 밀교 수행 중에서도 '구히야사마자(祕密集會)' 등에 대해서도 질문했습니다. 문수사리가 대답했을 때 쫑카빠 대사는 그 의미가 이해되지 않아 「모르겠습니다.」라고 말했다고 합니다. 그러자 문수사리는 「스승과 본존을 한 몸(一體)으로 하는 관상, 정화하고 공덕을 쌓는 수행, 경전과 논서에 의한 공부, 이 세 가지에 대해 더욱 정진하고 노력하라. 이러한 수행으로 공성에 대한 가르침을 이해하더라도, 그것으로 다 알았다고 성급하게 만족해하지 말고, 그때부터 더욱 깊이 고찰하라.」는 가르침을 주었다고 합니다.

그리고 또 문수사리는 쫑카빠 대사에게 「세 가지 요점에 주의하여 끊임없이 계속 정진하라. 내가 지금 얘기한 가르침을 기억하고 적어 그것을 기초로 하여 더욱 배우고 수행하라. 그러면 얼마 가지 않아 바른 견해가 생길 것이다.」라고 했다고 합니다.

쫑카빠 대사는 그때부터 『성삼취경』의 「참회 35불」 부처님께 전신투지 대배大拜로 참회 정진을 했는데, 절하는 바닥의 바위에 홈이 파일 정도로 절을 하였고, 또 팔꿈치의 살이 벗겨져 뼈가 드러날 정도로 만다라 공양을 올리는 수행을 하면서 공성을 더욱 깊이 이해하게 되었다고 합니다.

쫑카빠 대사는 라마·우마빠를 만나지 못했던 수행의 초기에 이미 중관 사상을 깊이 이해할 수 있기를 강하게 원하고 있었습니다. 그래서 라마 우마빠와 만나 라마의 통역을 통해 문수사리에게 질문하였고, 그 후 우마빠를 통하지 않고 쫑카빠 대사가 직접 문수사리 보살과 대화를 할 수 있게 되었다고 합니다. 쫑카빠 대사는 귀류논증파와 자립논증파의 견해에 대한 미세한 차이와 그 핵심을 깊이 이해가 될 때까지 열심히 수행을 거듭했습니다. 이렇게 했기 때문에 부처님과 보살들을 실제로 대면할 수 있게 되었다고 생각합니다.

「본존과 스승을 한 몸으로 한다.」라는 것은 예를 들어, 문수사리를 관상하고, 실제로 문수사리를 만나는 것입니다. 단순히 만나는 것뿐 아니라, 실제로 대화도 할 수 있어야 한다는 의미이기도 합니다. 이 「만남」 「나타남」이라는 것은 여러 가지 불교적 의미가 있습니다. 「나타남」이라는 것은 때로는 꿈속에, 때로는 의식 중에, 또 때로는 실제의 모습으로 눈에 나타나는 일도 있습니다. 「실제로 눈으로 본다.」라는 것도 오식五識으로 보는 경우와 제육식第六識으로 보는 경우가 있습니다. 쫑카빠 대사는 실제 인물로서의 스승과 제자가 만날 때처럼 눈에 보이는 상태로 문수사리와 만나 현·밀의 깊은 가르침 전체를 전수하였다고 합니다. 쫑카빠 대사는 나가르주나 등 많은 보살과도 만나 그로 인해 견해의 요점을 이해했습니다.

유명한 이야기로, 어느 날 쫑카빠 대사의 꿈에 붓다팔리따(佛護)의 논서를 손에 쥔 가지加持의 표시가 나타났다고 합니다. 그다음 날 실제로 그 논서를 찾아 읽었습니다. 그것은 나가르주나의 『근본중론』의 주석서였습니다. 쫑카빠 대사는 붓다팔리따의 그 논서를 읽고, 깊이 공부해 그로 인해 나가르주나의 사상을 바르게 이해할 수 있었습니다. 쫑카빠 대사는 이 체험을 통해 연기를 설명한 석가모니 부처님의 위업을 예찬한 『연기찬(텐델·되빠)』을 저술했습니다.

중관 사상으로는 인도에서 나가르주나의 논서 이상의 것은 없다고 여겨지고 있는데, 그에 대한 주석은 쫑카빠 대사가 쓴 다수의 저작이 있습니다. 현재는 세계 여러 학자 손에 의해 쫑카빠 대사의 논서 연구가 다수 행해지고 그에 관한 저서도 많이 있습니다.

여기에서 소개한 것은 주로 중관 사상에 관계된 일화인데,「람림」에 대해서도 여러 가지 일화가 남겨져 있습니다.『보리도차제광론菩提道次第廣論』을 저술하려고 결심하기 전에는 한 달 동안 계속 아띠샤 존자의 시각을 볼수 있었다는 이야기도 전해지고 있습니다. 이렇게 하여쫑카빠 대사는『보리도차제광론』과『람쪼남쑴』등을 저술하게 됩니다. 특히『보리도차제광론』의「관觀의 장」에는 공성에 대한 중요한 견해가 서술되어 있습니다. 처음에는 그것을 쓸 작정은 아니었지만, 문수사리가「꼭 쓰라. 그렇지만 그것이 얼마만큼 사람들에게 도움이 될 것이냐고 한다면, 굉장히 도움이 되는 것도 아니고, 전혀도움이 안 되는 것도 아닌, 그 이익은 중간 정도이다.」라고 말했다고 합니다.

쫑카빠 대사의 공성에 관한 주요한 저서

공성의 견해에 관한 쫑카빠 대사의 저서에는 중요한선설善說이라 불리는 다음의 5종류가 있습니다.

1. 『보리도차제광론』「관의 장」(1402년), 번역 : 나가오長尾雅人,「서장불교연구西藏佛教研究」, 암파서점岩波書店.

2. 『요의불요의선설심수了義不了義善說心髓』「중관장中觀章」(1407년), 번역 : 출팀 껠상·카타노片野道雄,「중관철학의 연구 II」, 문학당文學堂.

3. 『정리대해正理大海』[나가르주나『근본중론송根本中論頌』의 주석](1407년), 번역판 : 없음.

4. 『보리도차제약론』「관觀의 장」(1415년), 번역 : 출팀 껠상·타카타高田順一,『중관철학의 연구 I』, 문학당文學堂.

5. 『중관밀의해명』[찬드라끼르띠『입중론』의 주석](1418년), 번역 : 오가와小川一乘,『공성사상의 연구 II』, 문학당文學堂.

쫑카빠 대사에 관한 저서로는 케둡 겔렉 뺄상뽀 (1385~1438)의 저서「비밀의 전기」등 여러 전기가 있는데, 그 속에 문수사리와의 만남에 관한 중요한 내용이 적혀 있습니다.

어떤 전기에서는 쫑카빠 대사는 실제로 문수사리 그 자체라고도 말하고 있습니다. 쫑카빠 대사의 탄생에 얽힌 다음과 같은 일화가 전기에 남아있습니다. 야만타카의 수행을 하고 있던 학승 츄제 된둡 린첸은 어느 날 동 티베트에서 문수사리를 만나 꿈속에서 「내년 이맘때쯤 나는 보통 인간으로 다시 방문한다.」라고 말했다 합니 다. 그리고 딱 그 시기에 쫑카빠 대사가 태어났습니다. 쫑카빠 대사의 양친은 경제적으로 그다지 풍족하지 않 았기 때문에 츄제 된둡 린첸은 쫑카빠 대사의 양친에게 많은 가축과 재산을 보내어 청결하고 소중히 키워 달라 고 당부했습니다. 3세 때부터 이미 밀교의 관정灌頂을 받 았다고 전해지는 것을 보더라도 쫑카빠 대사는 문수사 리가 인간의 모습으로 나타난 인물이라 생각할 수 있습 니다. 이것에 관해서는 케둡 제가 지은 「비밀의 전서」에 도 여러 이야기가 남아있습니다.

과거의 성자들에게 배우다

쫑카빠 대사의 전기에도 나타나 있듯이, 수습修習하지 않고 학문만을 추구하는 학자의 자세로는 아무리 많은 것을 공부해도 허무론이나 실재론에 빠질 위험이 있습니다. 자신은 지식이 있다고 자만하는 마음에서 남을 얕잡아 보거나, 자신이 아무리 잘못된 견해에 빠져 있더라도 그것을 바로 잡을 수 없는 상태가 되지 않도록 주의해야 합니다. 특히 공성을 배울 때는 바른 경전과 논서에 따라 학문과 동시에 공덕을 쌓고 정화하여 스승과 본존을 일체로 한 기원을 할 필요가 있습니다.

석가모니 부처님과 쫑카빠 대사 같은 성자들은 우리에게 수행 방법을 보여주기 위해 그 인생의 궤적을 통해 「보여주는」 경우도 있습니다. 우리들의 본보기가 되기 위해 전기에 남겨진 것처럼 고행과 수행을 굳이 행하시고, 수행자로서 마땅한 모델이 되어 보이시고, 뒤를 이을 수행자들이 따라서 열심히 수행할 수 있도록 가르치고 있습니다.

달라이 라마 존자님도 항상 말씀하시지만, 부처님이나 보살들을 직접 만나면 바로 깨우친다고 생각하는 것은 잘못된 것입니다. 문수사리와 직접 만날 정도인 쫑카빠 대사조차도 더욱 배우고 수행하라는 얘기를 듣고 열심히 정진하고 노력했습니다.

예를 들면, 형식은 본존의 수행을 하더라도 가르침의

완전한 이해가 자신 속에 없다면 아무런 의미가 없습니다. 단순히 본존을 만나 의지하는 것이 아니라, 가르침을 바르게 배워 이해하고 실제로 자신이 그것을 실천하는 것입니다. 가령 문수사리로부터 세세한 가르침을 받을 수 있다고 하더라도 질문한 쪽이 이해하지 못하면 아무것도 안 됩니다.

공성을 바르게 이해하는 것은 어렵고 때로는 오해가 생길 위험도 있습니다. 그러나 배우는 것에 전념하면 어느 정도 확실한 이해와 비판은 가능하게 됩니다. 이것과 비교해 보리심은 처음에는 어느 정도 일으키기 쉬운 것 같지만 그것을 계속 키워가는 것은 굉장히 어려운 것입니다.

보리심 쪽이 공성을 이해하기보다 더 어려울지 모르지만, 그렇다고 해서 공성을 이해하지 못한 채 단지 오로지 보리심만을 수행하는 것도 충분치 못합니다. 그리고 또 공성을 이해해도 보리심이 없으면 불충분합니다. 애초에 보리심이 없는 수행은 불교라 할 수 없습니다. 하늘을 비상하는 새에게 두 날개가 필요한 것처럼 보리심과 공성 이해의 양쪽을 겸비하지 않으면 안 되는 것이 불교입니다.

방법이 틀리면 결실을 보지 못합니다

수행에서도 공부에서도 단지 열심히 하기만 하면 좋은 것이 아니라, 그 방법이 바른지 아닌지가 굉장히 중요합니다. 노력의 방향이 바르지 않으면 아무리 열심히 해도 결실을 보기는 어렵습니다.

우선 가르침으로 틀림이 없는 것을 접하는 것이 중요합니다. 지향하는 것이 부처님의 깨달음이더라도 그 가르침이 부처님의 깨달음에 이르는 길에서 벗어나 있다면 목적지에서 멀어질 뿐입니다. 그것은 마치 목적지가 다른 기차에 올라타 버리는 것과 같습니다. 또 스스로는 바른길을 가고 있다고 여겨도 깨닫지 못하는 사이에 벗어나 있는 일도 있습니다. 자만과 무지 때문에 자신이 잘못하고 있는 것을 깨닫지 못하는 일도 있으므로 자신의 행동과 수행을 겸허히 관찰하고 점검하는 것이 중요합니다. 톡메상뽀의 『37보살의 실천』에도 다음과 같이 나타나 있습니다.

  자신의 착오를 스스로 바로 잡지 않으면
  수행자가 불법佛法을 실행하기 어렵다.
  그러므로 평소에 잘못을 간파하여 버려라.
  그것이 보살의 실천이다.25)

25) 소남/藤田 共譯「달라이 라마 삶의 탐구」춘추사 13쪽.

VI.
세 가지 요결을 이해하고
성취하는 비결

맺음말 15

—

이처럼, 「도道의 3요결要訣」의 여러 요점을
스스로 여실히 이해했을 때,
적정처寂靜處에 몸을 의지하고
정진의 힘을 발휘하면
목표하는 궁극의 경지를 빨리 성취할 수 있습니다.

세 가지 요결을 이해한 후에 해야 할 것들

「람쪼남쑴」의 핵심은 문사수(聞·思·修) 각각의 결과로 생기는 세 가지 지혜로 이해하는 것입니다. 「들음(聞)」으로 얻은 지식은 「청혜聽慧」로, 「들음」으로 얻은 지식에 대해 더 깊이 생각하는 「숙고(思)」로 인해 생긴 이해가 「사혜思慧」가 되며, 그리고 이 두 가지 지혜를 토대로 더욱 자신의 마음과 앞에 말한 두 지혜를 따른 결과로 생긴 이해가 「수혜修慧」입니다. 따라서 출리, 보리심, 정견에 대해 우선 「듣고」 지식을 얻을 필요가 있습니다. 듣지 않고 아무런 예비지식도 없는 채 정견에 대해 명상을 하려고 노력해도 공성을 이해하는 지혜는 생기기 어려울 것으로 생각됩니다.

이 세 가지 지혜로 인해 「람쪼남쑴」의 내용을 깊이 이해 이해했을 때는, 이번 생에 대한 집착을 끊고 현세 이익에 전혀 사로잡히지 않는 상태를 지향하게 됩니다. 물질적으로 가득 채우고 싶다는 마음이 없어지고, 충분하다는 것을 안다면 자신만을 위한 일을 행하는 상태가 점점 적어집니다. 그렇게 되면 「적정처寂靜處」에서 조용히 정진합니다. 가능하다면 동굴 같은 조용한 장소가 바람직하지만, 자신이 사는 곳도 괜찮습니다.

그 목적은 자기 삶의 풍족함을 위한 것이 아니라, 모든 유정을 위한 궁극적인 경지를 얻는 것입니다. 따라서 절대로 게을리하지 말고, 나태해지지 않도록 정진 노력하여 궁극적인 목적을 하루빨리 성취하기 위해 수행을 계속합니다.

이 결어結語 15의 게송은 모든 수행자에게 유효한 내용이지만, 여기에서는 특히 「람쪼남쑴」을 배우는 사람들에게 교계로 얘기하고 있습니다. 그 비결은 「람쪼남쑴」 즉 「세 가지 요결」에 따르는 것입니다. 처음에 얘기한 것처럼, 이것은 쫑카빠 대사의 개인적인 생각이 아니고, 문수사리의 가르침이며 더 나아가 석가모니 부처님의 모든 경전의 요약이기도 합니다.

내면에 고요함을 가지다

「적정처」에 대해서는, 자신이 지금 있는 환경이 수행

에 방해가 되는 소음이나 북적임이 있어 외면의 고요함을 바랄 수 없을 때는 그 장소를 떠나도록 합니다. 그렇지만 수행을 위해 다른 곳으로 가더라도 그곳에서 또 많은 친구가 생긴다면 의미가 없습니다. 친구는 필요도 하지만 방해가 되기도 합니다. 친족, 친구 혹은 싫은 이나 적이 있으면 수행을 하고 싶은 기분이 들어도 그들의 이야기와 교제, 다툼 등에 시간을 빼앗겨 생각대로 정진 노력할 수가 없습니다. 「고요한 곳에 간다.」혹은 「고향을 떠난다.」는 의미는 수행에 방해가 되는 것에서 벗어나는 것입니다.

그렇지만 외부의 고요함보다 더욱 중요한 것은 내면의 고요함입니다. 마음을 고요히 가지는 것은 굉장히 중요합니다. 그것은 번뇌 즉 세간 8법에 의한 분별과 타산에서 벗어나는 것이기도 합니다.

선善을 기뻐하고, 선으로 향하다

소음에서 벗어나 조용한 장소에 갔다면 마음을 하나

로 집중시켜 정진 노력합니다. 여기서 말하는 노력은 단순히 열심히 한다는 것이 아니라, 샨티데바가 말한 것처럼「선에 대해 기뻐하는 것」입니다. 선善은 해탈과 모든 지혜를 향하는 마음이므로 단순히 열심히 한다는 것은 여기서 말하는 노력과는 다릅니다. 자신이 갈망하는 부처님의 경지를 얻을 수 있을 때까지 기뻐하면서 노력 정진하는 것입니다.

우리는 언제까지 살 수 있을지 모릅니다. 죽음은 반드시 찾아옵니다. 그러므로 바로 수행을 시작해야만 합니다. 바로 시작한다고 하더라도, 진언 등을 많이 외워서 본존을 빨리 만나자는 것은 아닙니다. 달라이 라마 존자님도 자주 말씀하시는데, 수행하면 곧 깨달음을 얻을 수 있다고 생각하는 것은 지나치게 경솔한 것입니다. 『본생담本生譚』에도 있는 것처럼, 석가모니 부처님은 보리심을 일으키고 나서 무수한 생에 걸쳐 수행하셨습니다. 우리도 이번 생만이 아니고 이후 몇만 생에 걸쳐 수행해 가는 것으로 생각하는 쪽이 틀리지 않습니다.

그 수행이라는 것은 듣고 사유하고 수행하는 문·사·수聞思修를 계속하는 것입니다.「람림」의 핵심인「람쪼남쑴」을 체험할 때까지 이 수행을 계속한다는 마음으로 오랜 세월에 걸쳐 정진하는 것입니다.

길을 걷는 방법을 나타내는 세 가지 말

까담빠의 게셰 · 도룽빠는 「람림」에서 설명하는 보리도를 다음과 같은 세 가지 말로 표현했습니다.

시선을 멀리 둘 것
마음을 넓게 가질 것
각오를 단단히 할 것

「시선을 멀리 둔다.」는 것은 먼 목적인 부처님의 경지를 응시하며, 거기에 도달할 때까지 수행을 계속한다는 의지를 가진 것입니다.

부처님의 경지를 성취하기 위해서는 「람림」에서 설명하는 3사三士의 길을 거쳐 밀교에 들어가고, 생기차제生起次第 그리고 구경차제究竟次第라는 순서로 나아갑니다.

예를 들어 A라면 A라는 특정한 이름이 붙은 사람의 인생은 이번 한 번뿐이지만, 그 마음의 연속에는 끝이 없습니다. 마음은 쭉 이어지는 것이므로, 그것이 이어지는 한 수행을 한다는 의미에서는, 성급하지 않고 먼 앞을 응시하며 느긋한 태도가 필요합니다. 한 달이나 일 년이라는 단위가 아니라, 이생 내내, 이번 생에 안 된다면 내생, 그것도 안 된다면 또 그다음 생에서도 한다는 것처럼, 끝없는 시간의 흐름 속에서 생각하는 것이 굉장히 중요합니다. 수행이라 하면 어쨌든 빠르고 편한 방법만을 생각하기 쉽지만, 보리를 얻기 위해서는 긴 시간이 필요하다는 것을 염두에 두고 몰두해야만 합니다.

산티데바는 다음과 같이 말하고 있습니다.

내가 어떻게 깨달음을 얻을 수 있겠느냐고
생각하여 낙담하고 게으름 피워서는 안 되나니
부처님께서 진실한 말씀으로
이 진리를 가르쳐 주시기를,

모기 파리 등에와 같은

하찮은 벌레들이라도
정진의 힘을 일으키면
얻기 힘든 위 없는 보리를 얻을 수 있다 하셨네.

인간으로 태어나서
선과 악을 구별할 줄 아는데
부처님의 가르침을 버리지 않는다면
어떻게 깨달음을 얻지 못하겠습니까.[26]

　인간이라면 무엇이 유익하고 무엇이 유해한가의 판단
은 있을 것입니다. 그렇다면 일체중생을 위한 보리를 얻
는 일 등은 자신은 할 수 없다고 생각지 않고, 어떻게 하
든 얻지 않으면 안 된다는 용기를 불러일으키는 것입니
다. 보살은 용기가 있는 사람입니다. 용기가 없으면 보
리를 얻을 수 없습니다. 그리고 가능한가 아닌가는 능력
의 문제가 아니라, 자신이 할 것인가 말 것인가, 정진할
것인가 말 것인가에 달려있습니다. 이것이 제2의 「마음

26) 『입보살행론』 7:17~19, 석혜능 편역, 부다가야, 187쪽.

을 넓힌다.」는 의미이며, 넓은 마음으로 수행을 해 나가
야 한다는 것입니다.

제3은 자신의 마음을 느긋하게 만들어 속마음을 응시
하며 각오를 다져가는 것입니다. 이것은 강의 흐름처럼
중단됨 없이 계속 정진 노력해 나가는 의지를 가지는 것
입니다.

이처럼 계속 수행하면 유가 구족의 핵심을 얻는 것,
즉 인간 속에 잠재한 가능성을 최대한 활용할 수가 있습
니다.

이 「람쪼남쑴」은 문·사·수聞思修의 지혜를 온전히
갖추신 쫑카빠 대사가 사촌인 쪼코 풍뽀 아왕닥빠에게
전수한 가르침입니다.

VII.
요약

5가지의 사로잡힘에서 벗어나 마음을 불법대로

　불교의 가르침은 단순하지 않습니다. 상세히 설명하려면 시간이 걸리지만, 그 가르침의 핵심은 출리, 보리심, 정견 이 세 가지로 집약됩니다. 출리나 보리심을 잘 배우지 않고서, 「가르침이 좋지 않습니다.」 「방법이 좋지 않습니다.」 「아무것도 변하지 않습니다.」는 식으로 말한다면, 불교의 핵심과 수행의 기법을 완전히 이해하지 못한 상태입니다.

　일찍이 까담빠의 사람들은 「수행자라면 누구라도 반

드시 배우고 익혀야 할 본존本尊 한 분과 외워야 할 진언 한 가지는 가지고 있지만, 그것이 반드시 수행으로 되어 가는 것만은 아닙니다.」라고 했습니다.

예를 들면 따라(Tara) 보살의 관정灌頂을 받은 사람이라 면 따라 보살의 진언을 알고 있습니다. 그러나 아무리 그 진언을 외우고 있어도 정말 수행이 되지 않는 것은 가르침의 참 내용과 의미를 전혀 깊게 이해하지 않았기 때문입니다. 이것은 세 가지 요결이 모두 갖추어지지 않 았다는 의미입니다.

세 가지 요결을 자기 자신의 마음에 실제로 체험할 수 있다면 마음이 법처럼 되고, 신 · 구 · 의身口意의 모든 행 위가 수행대로 되고, 그 후는 모든 선근(미래에 선한 결과를 초래하는 원인이 되는 여러 선한 행위)이 저절로 해탈과 모든 지 혜의 원인이 됩니다.

여기서 말하는 「법」은 도를 말하는 것인데, 이 도에 장애가 없게 하려면 구체적으로 어떻게 해야 하는지를 다음의 5가지로 설명하고 있습니다.

① 지금까지의 방식을 그만두고, 현세 이익과 이번 생의

현상에 사로잡히지 않는다.

② 내세에 사로잡히지 않고 윤회에 사로잡히지 않는다.

③ 아집에 사로잡히지 않는다. (아집의 대치對治로써 무아를 이해합니다.)

④ 자기 애착에 사로잡히지 않는다.

⑤ 육체 등 평소의 현상에 사로잡히지 않는다.
(자기 자신을 본존으로 생각하고, 밀교적으로는 평소의 현현에 사로잡히지 않고, 예를 들면 야만타카, 구히야사마자, 챠크라삼바라를 한 몸으로 하는 본존의 수행을 계속해 나간다.)

자신의 이번 인생의 남는 시간을 이처럼 사용할 수 있다면 좋겠다고 생각합니다. 곧바로 이렇게 되지 않으면 다른 방법으로 우선 올 한 해, 그것이 무리라면 이번 달, 그래도 무리라면 이번 주, 오늘 혹은 한 시간만이라도 이 5가지의 사로잡힘에서 벗어나 마음이 법대로 되도록 해 보자고 결의하는 것입니다. 5가지의 사로잡힘에서 벗어나지 않으면 마음이 법대로 되지 않습니다.

지금까지의 방법을 바꾼다

현세의 이익을 원하는 마음은 누구라도 강하다고 생각합니다. 왜 자신이 그렇게 현세의 이익을 원하는 마음이 강한지, 그 이유를 잘 생각해 보겠습니다. 예를 들어 돈에 대한 욕망은 대단히 큽니다. 그런데 그 돈을 굉장히 헛되게 하는 일도 있습니다. 그때는 자신이 무엇을 어떻게 잘못하고 있는가를 조용히 생각해 보는 것입니다. 돈 이외에 의식주나 명예 등에 대해서도 마찬가지입니다. 특히 명예에 대해서는 사실은 굉장히 강하게 원하고 있음에도 불구하고 본인은 거기에 대한 자각이 없고, 그 결과 주위에 폐를 끼치는 일도 있습니다. 또 표면에 나타내지 않아도, 마음속으로 그 같은 생각에 잠겨 있을 수도 있습니다.

우선 몸과 말에 불선한 행위를 피하는 것입니다. 그렇지만 몸이나 말에는 나타나지 않더라도 마음에서 불선한 것을 생각하면 그것도 불선한 행위입니다. 이런 마음이 일어날 때는 「또 나쁜 것이 왔구나.」하고 알아차리고 바로 대처합니다. 그렇게 되지 않을 때는 「이다음에 절대 이런 마음을 일으키지 않아야지.」라고 맹세합니다.

이런 작은 일부부터 시작하여 서서히 수준을 높이고 십불선에서 벗어나 십선을 일으키게 되면 이윽고 집착과 애착이 적어지고 자신만이 아닌 남의 일도 생각할 수 있게 되어갑니다.

보리심은 물론 중요한 것이지만, 그것을 일으키기 위해서도 먼저 출리가 필요합니다. 이번 생과 내세의 이익에만 사로잡혀 있으면 어떤 불이익이 있을지를 잘 생각하고, 그 불이익에서 벗어나려는 마음을 가지는 것입니다. 원래라면 그것만으로도 한평생이 걸릴지도 모릅니다. 만약 출리의 마음이 일어나지 않으면 자비와 보리심, 공성을 이해하는 지혜도 일으키지 못하며, 밀교의 본존 유가도 할 수 없고 끝나 버립니다.

관정에서 가지를 얻어 「하나」부터 수행을

티베트에서는 스승에 따라서 굉장히 엄하게 전통적인 수행의 코스대로인 교육 방법, 즉 제1단계가 완전히 이해된 시점에서 다음 단계를 가르치는 방법을 씁니다. 그렇지만 그러는 동안 인생이 끝나고 다시 찾아올지 안 올지도 모르는 좋은 기회를 놓치는 경우도 생각할 수 있습니다. 그래서 달라이 라마 존자와 스승들은 아직 엄밀하게는 그런 그릇이 되지 않은 사람이더라도 신앙심이 있다면 보살의 수행에 들게 하여 관정을 받게 하는 방법도 취하고 있습니다.

원래는 진정한 보살이 아니면 밀교의 관정을 받을 수 없지만, 진정한 보살은 보리심으로 무장하고 있지 않으면 안 되고, 그렇게 되기까지는 쉬운 것은 아닙니다. 따라서 정규 순서는 아니지만, 지향하는 것은 밀교의 수행이므로, 존자님을 비롯한 확실한 스승이 주는 관정을 받을 기회가 있다면 받고, 그 기회를 준비해 준 사람들에게 감사하게 생각합니다. 그 후는 가능한 한 끊임없이 기원하고 정진 노력해가는 것입니다. 이렇게 해서 관정을 받아도, 실제로 행하는 수행과 그 노력은, 물론 자신의 마음 수준에 맞게 「하나」부터 행하게 됩니다.

잇따라 문제가 생기는 원인이 무엇인가를 알다

「하나」부터 수행을 할 때는 우선 태어나서부터 오늘에 이르기까지 자신의 신변에 왜 이리 잇따라 문제가 생기는지에 대해 생각해 보는 것이 중요합니다. 하나의 문제를 해결해도 또 다음 문제와 고통이 찾아오며, 그런 상태는 영원히 계속되어 결코 희망대로 되지 않습니다.

예를 들면 어린 시절, 매일 학교에 가는 것이 괴로워서 어른의 생활을 부러워했던 적이 있을지도 모르겠습니다. 그렇지만 어른이 되면 학창 시절이 좋았다고 생각하지 않습니까? 이것은 하나의 예이지만, 이와 같은 상태를 끝없이 반복하는 지금의 인생을 생각하면 가령 내세에 다시 인간으로 태어난다고 하더라도 또 똑같은 일을 반복할 뿐입니다. 그렇지만 경전에 의하면 그런 인간계보다 더 심한 상태(삼악취)가 있다는 것입니다. 그것에 비하면 확실히 인간으로 사는 생활은 행복하고 해탈에도 필적할 정도입니다. 그렇더라도 인간계도 완전한 행복은 없고 괴로움투성이인 것이 현실입니다.

이렇게 윤회를 생각하면 그것을 싫어하고 거기에서

벗어나고 싶은 마음이 드는 것은 아닐까요? 그렇게 되었을 때 비로소 윤회에서 벗어나는 것(해탈)은 정말 가능한 것인지가 현실적인 문제로 다가옵니다. 해탈은 정말 있는 것일까요? 있습니다. 왜냐하면 「자신」도 「해탈」도 모든 사물은 절대적이지 않고 모든 것은 자성으로 존재하지 않으며, 공이고 연기에 의해 생기기 때문입니다. 따라서 정진 노력함에 따라 마음도 변하는 것이고 그렇다면 해탈도 가능하다는 것이 됩니다.

우리의 어린 시절을 돌이켜보면 우리의 마음이 변한다는 것이 확실합니다. 지금까지는 나쁘게 변한 것도 있고 좋게 변한 것도 있겠지만, 부처님의 가르침을 만나고부터는 선한 쪽으로만 바뀌어야 합니다. 선한 방향이라는 것은 앞에서 얘기한 「5가지의 사로잡힘」에서 벗어나는 것입니다.

윤회의 결점과 고통에 대해 몇 번이고 생각하여 지금 자신의 인생에 대한 집착을 없앤다면 오히려 자신에게 플러스적인 면이 나타납니다. 즉 출리한 결과로서 보리심이 생겨, 자신의 이익을 완전히 도외시하고 이타만을 행할 수 있게 된다면 결과적으로 자신에게도 도움이 되는 것입니다.

쫑카빠 대사는 「보리도차제광론」에서 「보리심을 일으켜 보살행을 행하는 것은 자신에게도 도움이 된다는 것을 알게 되면 소승에 빠질 일도 없어진다.」라고 서술하고 있습니다.

「이해하는 것」보다 어려운 「실천하는 것」

가르침이 말하고자 하는 것을 정말로 알아차린다면, 수행과 공부가 더욱 즐거워질 것입니다. 특히 지·관止觀에서 사마타[止]의 명상에 숙달되면 아무리 긴 시간 수련해도 심신의 무게나 피로감이 없는 평안함을 얻을 수 있습니다. 마음은 실제로는 날지 않는다고 생각하지만, 정신적으로는 나는 것처럼 마음이 가벼워지고 아무리 고도의 수행이라도 맞서 정진할 수 있는 바람직한 상태가 됩니다.

「5가지의 사로잡힘」에서 벗어나는 것이 요점이라고 말로써는 이해해도 그 실천이 간단하지 않다는 것이 어려운 점입니다. 번뇌는 잇따라 일어나고, 아무리 가르침을 받고 경을 외워도 좀처럼 효과를 얻을 수 없습니다.

경을 외우는 것은 마음을 변화시키기 위함이지만, 마음은 좀처럼 변하지 않습니다. 우리의 마음은 기운이 다른 코끼리와 같은 것입니다. 그러한 코끼리에게 여러 가지를 말해 보아도 효과가 없는 경우에는, 나쁜 점과 모순점을 실제로 확실히 나타내 보이지 않으면 안 되는 일도 있습니다.

가르침을 깊고 넓게 배우지 않으면, 예를 들어 몇 개월이나 동굴에 틀어박혀 무문관 수행을 하더라도, 그 후는 다시 원점으로 돌아가 버릴 가능성이 있습니다. 동굴에서 명상해야 할 내용을 바르게 파악하고 있지 않기 때문입니다. 내용을 정확하게 이해하고 있으면 아무리 시간이 많아도 생각해야 할 주제가 차례로 생겨나 시간은 금방 지나갈 것입니다. 예를 들어 무엇을 이야기할 때도 얘기해야 할 내용이 많이 있으면 몇 시간이라도 계속 얘기할지도 모르지만, 내용이 없다면 단 1분이라도 힘이 듭니다. 명상도 마찬가지입니다.

가르침과 자신의 일상이 일치하는지 일치하지 않는지를 알아본다

가르침을 듣고 단순히 '화제로 재미있다, 읽기에 재미있다, 학문적으로 재미있다.'는 것만 아니라 자기 생각과 삶의 방식과 일치하는가 일치하지 않는가를 실천적으로 생각해 보는 것이 중요합니다.

내가 젊었을 때 인도에서 논리학의 기초인 불교 언어학을 배울 때, 그 내용과 자기 생각이 일치하는가에 주의하라고 스승이 자주 이야기를 했었습니다.

불교의 가르침은 결국 자신의 마음을 어떻게 훈련하느냐입니다. 따라서 『람쪼남쑴』을 배울 때는 게송 하나하나의 내용에 대해 생각해 보는 것도 좋고, 또 그 내용이 자신의 현실 생활과 일치하는지 일치하지 않는지를 생각해 보는 것도 좋습니다.

이렇게 생각해 보면, 부분적으로 일치한다든지 거의 일치하지 않는다든지 하는 것을 알게 될 것입니다. 조금이라도 일치하는 부분이 있다면, 어떻게 해서 그렇게 되었는가를 잘 생각해 봄으로써 온전히 이해할 수 있게 되고, 또 철저하게 실천하고 수행할 수 있게 됩니다.

인간으로 태어난 것을 헛되게 하지 않습니다

까담빠의 가르침은 「죽음을 생각지 않으면 가르침이 현실과 일치하는 것은 없다.」고 말하고 있습니다. 우리는 보통 죽음을 생각지 않은 채 장래의 생활과 노후 준비만을 생각하는데, 과연 그 노후까지 살아있을 보장이 있는 것일까? 만약 오늘 죽는다면 노후 준비는 필요가 없습니다. 아무리 돈과 재산이 있어도 죽을 때는 1원도 가져갈 수 없습니다.

그럴 뿐만 아니라 이번 생에 쌓은 악업 때문에 만약 내세에 모기나 벌레로 태어난다면 어떻게 수행이 가능할 것인가. 지금의 자신은 인간으로서 선악의 판단도 가능하고 부처님의 가르침에도 관심을 가지고 배우고 있지만, 벌레들은 말을 이해하는 것조차 불가능합니다. 이러한 의미에서도 경전에서 설명하는 것처럼 인간의 몸은 보물같이 귀중하고, 그것을 얻은 중요성은 헤아릴 수가 없는 것입니다.

　이처럼 뛰어난 인간의 몸이지만, 죽지 않을 수 없다는 결점은 여전히 있습니다. 예를 들어 기독교의 경우는 사후에 천국이나 지옥에 가는 것이므로, 지옥으로 가지 않으려는 노력이 필요하지만, 불교의 경우는 내세가 있으므로 천천히 노력할 수 있다는 의견도 있습니다. 그러나 그것은 잘못된 생각입니다. 불교의 사고방식에는 기독교처럼 절대적인 천국과 지옥은 없지만, 이번 생의 유가구족을 바르게 사용하지 못해 윤회전생을 반복하는 무한한 시간의 흐름을 생각하면 상태의 심각성은 기독교와 다를 것 없고, 마찬가지로 지옥에 떨어지지 않을 노력이 필요합니다.

　이번 생에 보석보다 값진 인간의 몸을 얻은 것은, 비유하면 굉장히 가난한 사람이 큰 금괴를 얻은 것과 같습니다. 그때 금을 금으로 사용하지 못한다면 너무나도 어리석고 억울한 일입니다. 금을 바르게 사용한다는 것은 수행하는 것이며, 이타심을 일으켜 보살행을 행하는 것입니다. 그것이 불가능하면 동물과 다를 바 없는 상태라고 말할 수 있지 않을까요? 모처럼 귀한 것을 얻은 보람

도 없고, 전생에 덕을 쌓아 인간으로 태어난 모든 것이
헛되게 됩니다.

남의 행복과 자신의 행복의 관계성을 알다

이타심이 왜 그렇게 중요한가 하면, 남의 행복과 나의
행복은 관계가 있기 때문입니다. 즉 자신이 행복해지고
싶으면 남이 행복해지도록 해야 한다는 말입니다.

또 하나는, 나는 한 사람이고 남[他者]은 많은 사람입니
다. 그렇다면 많은 사람 쪽을 소중히 여겨야 하는 것은
당연합니다. 예를 들어, 1원과 1만 원에서는 1만 원 쪽이
가치가 있습니다. 1원을 잃어버려도 그다지 문제가 없을
것입니다. 자기 한 사람을 위해 많은 사람을 희생시키는
것은 죄이지만, 반대로 자신이 많은 남을 위한 하인처럼
생각할 수 있다면 대단하지 않겠습니까?

내가 살아있는 지금 이 상태에서 일으키는 선한 것은
모두 남 덕분이며, 나쁜 것은 모두 자기 자신에서부터
나온 것으로 생각해야 합니다. 병이든 무엇이든 나쁜 것

은 모두 자기 애착에 의한 자기중심적인 사고방식이 원인이 되어 생겨났다고 할 수 있습니다. 이것이 이해된다면 자신의 이익을 바라는 마음을 조금 약화하고 남을 소중하게 여기는 것이 중요합니다.

처음부터 그렇게 되지는 않더라도, 우선 이러한 가르침에 귀를 기울이고 마음을 연습하여 언젠가 그처럼 될 수 있기를 기원한다면 서서히 행동이 따라가게 됩니다. 이런 의미로 설법은 들으면 들을수록 좋은 것입니다. 예를 들어 아기에게 백 번 「아」라는 문자를 가르쳐도 좀처럼 외우지 못하지만, 2백 번, 3백 번 그리고 천 번 가르치는 동안에 언젠가 「아」를 말할 수 있게 되며 쓸 수도 있게 됩니다. 마찬가지로 「자신보다 남이 중요합니다. 나쁜 것은 모두 나에게 원인의 일부분이 있습니다.」라고 계속 생각하며 그것과 관련된 설법을 계속 듣는다면 어느 날엔가 마음이 가르침대로 될 가능성이 있습니다. 지금까지 「나는 선한 사람이고, 남은 나쁜 사람」 혹은 「남보다 내가 중요합니다.」라고 생각하며, 아무래도 그 생각에 따라 말하거나 행동해 버리고 마는 것은, 그런 사고방식에 지나치게 익숙해져 버렸기 때문입니다. 마음의 본연의 모습은 모두 습관이고 훈련과정입니다.

샨티데바는 다음과 같이 말하고 있습니다.

> 그대가 남의 정혈精血 방울을
> 그대 자신의 것처럼 생각하고 집착하듯이
> 이제 남들을 그대 자신이라고
> 생각하는 데도 익숙해져야 하리라.[27]

이 샨티데바의 말씀처럼 논리적으로 사물을 생각하면, 아무리 자신이 현명하다고 생각하거나, 또는 자신에게 불합리한 상황을 회피하려고 해도 회피할 수가 없고, 아무런 반론도 할 수 없는 상황이 되어 버릴 것입니다. 논리를 무시하면 사물의 참 진리를 모른 채 자신에게 맞는 상황만을 가르침에서 꺼내어 이해한 척하게 되고, 책까지 쓰고 마는 일도 일어날 수 있습니다. 책이든 가르침이든 전체를 배워 완전하게 이해하면 실수는 생기지 않을 것입니다.

....
27) 『입보살행론』 8:158, 석혜능 편역, 부다가야.

일시적이든 궁극적이든 「편함」이 되지 않는 것은 그만둔다

현세 이익에서 벗어나는 것은 쉬운 일이 아니지만, 그 방법을 간단히 말하면 일시적이든 궁극적이든 편해지지 않는 것, 또 일시적으로는 편해도 미래엔 괴로워지는 것을 끊고, 일시적으로는 괴로워도 궁극적으로 편해지는 것을 생각하는 것입니다.

「핵심은 이것이다.」라고 물건처럼 손으로 가리킬 수 없으므로 깊이 가르침을 배울 필요가 있습니다. 그리고 자기 애착에서 벗어나 이타심을 일으키는 것입니다. 목표하는 경지에 다다를 때까지 지금부터라도 계속해나간다는 마음을 가지고, 또 가능하다는 확신과 희망을 품는 것입니다. 앞서 말한 게세 트룽빠의 말처럼, 시선은 멀리 두고 마음을 넓게 가지며 도량에 묵직이 자리 잡고 하루, 한 달, 1년이라는 단위가 아니라 긴 기간에 걸쳐 부처님의 경지에 이를 때까지 계속해서 정진 노력하는 것이 중요합니다.

이러한 가르침에 대해 평소에 생각해 두면 무슨 일이

있을 때 일시적이더라도 마음이 편해질 것입니다.

자신을 선하게 하는 것도 악하게 하는 것도 자신

보살의 수행도인 5도의 다섯 번째 단계는 모든 수행을 마친「무학도」입니다. 이것은 불교에서는 부처님의 경지인데, 여기에 이를 때까지는 가령 높은 수준의 보살이더라도 아직「학도」이고, 배움이 필요합니다. 쫑카빠 대사의 눈앞에 문수사리가 나타났지만, 그렇다고 모든 것이 이해될 리는 없으며, 쫑카빠 대사는 문수사리로부터「더욱 배우고 수행하라.」는 말을 들었습니다. 이것은 부처님의 가르침은 주어지는 것이 아니라, 자기 자신이 노력 정진하여 배우는 것임을 시사하고 있습니다. 따라서 자신을 선하게 하거나 악하게 하는 것은 남이 아니라 자기 자신입니다. 이것이 이해된다면 비록 처음은 아직 명상 등이 안 되더라도 가르침을 들은 것만으로도 마음이 편해질 것으로 생각합니다.

예를 들면 매일 매일의 더위와 추위 등도 영원하지 않

고 하루 중에서도 변화하는 것을 생각해 보십시오. 날씨가 어떻게 변화하는가를 생각해 보면 자신도 항상 변화하고 있다는 것을 알 것입니다. 그 변화에는 반드시 원인이 있습니다. 예를 들어 A라는 원인에서 생긴 것은 A의 결과이고 B의 결과는 생기지 않습니다.

이런 엄격한 진실은 때로는 받아들이기 힘들지도 모릅니다. 그러나 이것은 또 올바르게 차분히 계속 수행해 나가면 놀라운 결과를 얻을 가능성이 있다는 것이기도 합니다. 인과관계와 업의 법칙은 확실한 진실이라고 생각할 수 있기 때문입니다.

나쁜 것은 결국 오염된 마음이지만, 이 오염된 마음도 일시적인 것으로 궁극적으로는 부처님의 마음도 우리 중생의 마음도 같은 것입니다. 그렇지만 현시점에서는 부처님의 마음은 청정하고 우리 중생의 마음은 번뇌의 오염으로 뒤덮여 있다는 의미로, 세속적 또는 일시적으로는 큰 차이가 있습니다. 그렇지만 그 오염도 영구불멸의 절대적인 것이 아니기 때문에 선하게 변화해 가는 것이 가능하고 여기에 희망이 있습니다.

제2부
—
4가지 사로잡힘에서
벗어나는 비결

제2부

『4가지 사로잡힘에서
벗어나는 비결』

사꺄 빤디따 지음

전 문

—

성스러운 스승님께 예배합니다.

세간적으로는 유가 구족의 몸을 얻었다.
보석 같은 부처님의 가르침을 만나
작의作意 없는 마음을 일으키고,
이제 착오 없는 수행을 하여야 한다.

그러기 위해서「4가지 사로잡힘」에서
벗어나는 실천을 해야만 한다.
그것이 무엇인가 하면
「첫째」 이번 생에 사로잡히지 않는 것,
「둘째」 삼계의 윤회에 사로잡히지 않을 것,
「셋째」 자신의 이익에 사로잡히지 않는 것,
「넷째」 사실과 현상에 사로잡히지 않는 것.

이들에 대해 서술해 보면
이번 생은 물거품 같은 것,
언제라도 죽음이 찾아오지 않는다고도 할 수 없고
영구적이라고 붙들 수도 없다.

이 삼계의 윤회는
독을 지닌 과일 같은 것,
일시적으로는 맛이 좋지만
장래에는 해를 초래하는 것이라
그것에 사로잡히면 누구라도 잘못을 범한다.

자신의 이익에 사로잡히는 것은
적의 아들을 키우는 것과 같은 것,
일시적으로는 즐거울지라도
궁극(장래)적으로 자신에게 해를 초래하기 마련이다.

그러므로 자신의 이익에 대해 사로잡힌다면
일시적으로는 행복해도
궁극(장래)적으로는 삼악취에 떨어진다.

사실과 현상에 사로잡히는 것은
신기루의 물에 사로잡힘과 같은 것,
그러므로 일시적으로는 나타나지만 마실 수는 없다.

그릇된 의식에 이 윤회가 나타나도
지혜롭게 분석하면 실체는 하나도 없다.

그러므로 과거에도 마음이 없고
미래에도 마음은 없다.

현재에도 마음은 없다는 것을 이해하고
모든 법(모든 존재)에 대해
분별에서 벗어나야 함을 알아야 한다.

이처럼 행하면 이번 생에 대해 사로잡힘이 없고
삼악취에 태어날 일이 없다.
삼계의 윤회에 사로잡히지 않고
윤회에 태어날 일이 없다.

자신의 이익에 사로잡힘이 없고
성문과 연각에 태어남도 없다.
사실과 현상에 사로잡히지 않고
빠르고 확실하게 정등각(깨달음)을 얻는다.

Ⅰ.
「네 가지 사로잡힘에서 벗어나는 비결」의 배경과 배우는 방법

문수보살이 꾼가 닝뽀에게 직접 설명한 가르침

사빤이 지은 「네 가지 사로잡힘에서 벗어나는 비결」이라는 제목의 가르침은 사꺄빠의 위대한 수행자이고 스승이었던 사꺄 빤디따(1182~1251 약칭 사빤, 본명은 꾼가 갤첸)가 지은 것입니다. 라마 사꺄빠라고 불렸던 꾼가 닝뽀(1092~1158)가 지은 가르침을 기초로 하고 있습니다.

꾼가 닝뽀는 사꺄빠의 위대한 학승입니다. 12살에 불과 6개월 사이에 문수사리를 성취하고, 실제로 자신의 눈으로 직접 문수사리의 모습을 볼 수 있었다고 합니다. 그때 문수사리는 모습이 황적색이고 설법을 상징하는 수인을 하고, 온통 눈이 부신 빛이 모인 보석의 법좌에 결가부좌로 앉아 계시고, 양옆에는 보살 두 사람이 함께 있었다고 합니다. 이러한 문수사리의 입에서 직접 꾼가 닝뽀에게 가르침이 설명되었습니다.

그때 문수사리의 말은 다음과 같은 것이었습니다.

이번 생에 사로잡히면 수행자가 아니다.
삼계에 사로잡히면 출리가 아니다.
자신의 이익에 사로잡히면 보살이 아니다.
사로잡힘이 있으면 견해는 없다.

꾼가 닝뽀는 「열반의 뛰어난 대락大樂에 관심을 품은 자는, 이 네 가지의 사로잡힘에서 벗어나야 한다.」라고 설법했습니다. 이 네 가지는 뒤에 사빤의 텍스트의 4가지 주제가 되었고, 사빤의 말로 표현되어 다시 설명되고 있습니다.

「보리도차제(람림)」와의 관계성

이 네 가지의 주제는 반야학의 논서와 쫑카빠 대사의 「람림」의 가르침에서도 설명하는 중요한 내용입니다. 불교에 관한 정보는 많이 있지만 가르침이 정말 도움이 되려면 정리되지 않은 과다 정보에 휘둘리지 않도록 주의해야 합니다. 그런 의미에서 특히 쫑카빠 대사의 「람림」은 부처님의 모든 가르침을 모순 없이 차례로 이해하고 실천할 수 있는 귀중한 가르침의 체계입니다. 미숙한 소재가 아니고, 잘 조리된 요리 같은 것으로 이제 그것을 자신의 입에 넣기만 하면 되는 것뿐입니다. 이처럼 정리되어 순서에 맞게 진중하게 설명된 긴 「람림」의 가르침을 간결하게 요약하면 이「네 가지의 사로잡힘에서 벗어나는 비결」이 됩니다.

쫑카빠 대사가 쓴 「도의 세 가지 요결」도 문수사리가 직접 설한 가르침이고 「람림」의 정수精髓라고 할 수 있는데, 사빤이 지은 「네 가지 사로잡힘에서 벗어나는 비결」도 이것과 내용이 서로 통하고 있습니다.

「람쪼남쑴-도의 세 가지 요결」의 주된 주제는 출리·

보리심·정견(공성을 이해하는 지혜)의 세 가지인데, 첫 번째 주제 「출리」는 사빠의 네 가지 비결 중 처음 두 가지, 즉 「이번 생에 사로잡히지 않는 것」과 「삼계에 사로잡히지 않는 것」에 해당합니다. 마찬가지로 「보리심」은 세 번째 주제에, 「정견」은 네 번째 주제에 해당합니다.

가르침을 배울 때의 태도

이 가르침뿐 아니라 부처님의 가르침을 배울 때의 바른 동기는, 자신만이 아니고 모든 중생을 위해 배우는 선한 기회라고 받아들이는 것입니다. 이를 배우는 것은 진정한 행복을 얻기 위함이며, 진정한 행복과 부처님의 경지에 이르는 것은 다르지 않습니다. 그러기 위해서는 석가모니 부처님이 설법하신 법에 따라 수행해야 하므로 가르침을 듣는 것이라고 자각하는 것이 중요합니다. 모든 중생이 행복해지기 위해서는 모든 중생이 수행해야 하지만, 적어도 자신은 지금 이렇게 만났기 때문에 모든 중생을 위해 우선 자신이 이것을 듣고 배우려는 마음으로 임하는 것입니다.

이렇게 가르침을 한 번 들은 후에도 또 기회가 있다면 몇 번이라도 듣고 관련된 책도 읽어 그 내용을 잘 소화하도록 합니다. 예전에 인도의 절에서 연배가 있으신 스님이 아이 같은 젊은이를 상대로 문답을 열심히 하는 것을 보고 나는 굉장히 감동했습니다. 보통의 공부와 달리 불교의 공부와 수행에는 「이것으로 끝」이라는 것이 없습니다. 몸이 있는 한 밥을 계속 먹어야 하듯이 보살이 되고 부처가 되기까지 계속 배우고 수행해 나가는 것으로 생각합니다.

실제로 수행은 자신이 행하기 쉬운 작은 것부터 시작해 서서히 어려운 것으로 넓혀가는 것이 좋습니다. 예를 들면, 과거에 자신이 범한 죄의 정화를 우선 하고, 그 후는 몸과 말에 불선한 행위를 하지 않도록 신경을 쓰고, 거듭 마음에서 생기는 불선한 행위를 없애갑니다. 몸이나 말의 불선한 행위의 근본에는 번뇌의 마음이 있어서, 그 번뇌를 끊지 않는 한 일시적으로 죄의 정화를 했다 하더라도, 바로 또 서서히 나쁜 행위를 되풀이하게 됩니다. 따라서 우선 근원적인 번뇌를 없애고 그 후에 번뇌의 미세한 습기(소지장)마저도 없애는 순서로 나아가야 합니다.

수행의 진정한 의미와 방법 순서 등을 알지 못하면 자기 자신이 하는 수행이 바른 것인지 어떤지도 판단이 서지 않습니다. 스스로는 열심히 수행하고 있다고 생각하고, 밀교의 수행까지도 하고 「당장에라도 부처가 되는 건 아닌가」하고 생각될지라도, 실제로는 부처님의 경지는커녕 내세조차도 모르게 되므로 주의가 필요합니다.

Ⅱ.
사빤이 지은
「네 가지의 사로잡힘에서
벗어나는 비결」의 해설

이제부터 사빤이 지은 「네 가지의 사로잡힘에서 벗어나는 비결」에 대해 구체적으로 설명하겠습니다. 사빤의 가르침의 제목이 된 꾼가 닝뽀의 가르침, 그리고 그 가르침에 대해 꾼가 닝뽀의 아들 닥빠 갤첸(1147~1216:사꺄빠)의 해설 등도 참고로 하면서 설명하겠습니다.

1. 예배하고 바른 동기로 수행을 맞이합니다

성스러운 스승님께 예배합니다.

세간적으로는 유가 구족의 몸을 얻었다.
보석 같은 부처님의 가르침을 만나
작의作意 없는 마음을 일으키고,
이제 착오 없는 수행을 하여야 한다.
그러기 위해서 「4가지의 사로잡힘」에서
벗어나기 위해 실천해야 한다.

귀중한 유가 구족을 얻었다는 자각을 합니다

인도와 티베트의 경전은 우선 부처님과 스승에게 예배하는 것에서부터 시작합니다. 일반적으로는 스승인 불법승 삼보에 예배하고 귀의하지만, 여기에서의 귀의의 대상은 특별히 문수사리라고 생각할 수 있습니다. 부처님의 가르침을 배울 때 처음에는 다음과 같이 생각합니다.

예를 들면 하늘이든 지옥이든 인간이든 동물이든, 그리고 인간이라면 지식의 유무 등과 관계없이 모든 중생은 하나같이 행복을 얻고 괴로움에서 벗어나기를 원합니다. 그렇지만 어떻게 하면 행복을 얻을 수 있을까요? 어떻게 하면 괴로움에서 벗어날 수 있을까요? 그 방법을 모릅니다. 그리고 행복을 원함에도 불구하고 실제로는 고통의 원인이 되는 행동만 하고, 계속해서 괴로움을 향해 달려가고 있는 것이 현실입니다.

이것은 육도 윤회 세계 전체로 생각하면, 그중에 있는 모든 생물이 부처님의 가르침을 알고, 그것에 의해 수행할 수 있는 조건이 부족하기 때문입니다. 따라서 아무리 행복을 얻고 싶다 해도, 괴로움에서 벗어나고 싶다 해도 여전히 미혹 속에 있을 수밖에 없습니다.

그렇지만 그중에서도 우리는 지금 삼악취(지옥과 아귀와 축생)에 태어나지 않고, 천상계에 태어나지도 않고, 인간으로 태어나 얻기 힘든 유가 구족(부처님의 수행을 하기 위해

적합한 조건)을 얻었습니다. 더욱이 불교가 널리 퍼져있지 않은 장소에 태어난 것도 아니고, 모든 오감과 의식에도 장애가 없고, 부처님의 가르침에 의심을 하는 사견邪見도 없이 가르침에 접할 수 있으며, 게다가 그 가르침 중에서도 밀교를 포함한 대승적인 가르침을 만나고 스승과 만날 수 있는 조건을 갖추고 있습니다.

작의가 아닌 마음으로 수행에 임하다

그러나 아무리 혜택받은 조건을 만났다 하더라도 실제로 그것을 실천하지 않으면 아무런 도움이 안 됩니다. 정말 행복해지고 싶다면 불교의 궁극적인 해탈과 부처님의 경지에 다다르기 위해 수행하지 않으면 안 됩니다.

그 수행은 「작의가 아닌 마음」으로 행하는 것이 중요합니다. 작의가 아닌 마음은 의도적으로 만들지 않는 마음입니다. 예를 들면 귀의와 보리심이 자신의 마음에 생기기를 원하며 공부하고 명상하는 것은 작의입니다. 그러나 처음에는 작의이더라도 계속해나가야 합니다. 계속함으로 인해 깊게 이해하게 되고 서서히 익숙해지면, 이윽고 작의가 없는 귀의의 마음과 보리심이 자연히 생기게 됩니다. 예를 들면 조금이라도 괴로워하는 사람을 보자마자 자연히 자비가 흘러넘치게 되면 작의가 없는 보리심의 상태라고 말할 수 있을 것입니다.

작의가 아닌 마음이라는 것은 자연스러운 마음, 또는 순수한 마음입니다. 상대의 기대에 부응하려 무리하게 무언가를 하는 마음이 아니라 자연스럽게 일어나는 마음입니다. 이것은 신앙심, 귀의의 마음, 보리심 등 어디에도 다 해당됩니다.

세심하게 주의를 기울여 올바른 방법을 따르다

그리고 또 수행은 틀림없는 방법으로 행하는 것이 중요합니다.

사빤의 시에 다음과 같은 구절이 있습니다.

말과 보석을 구매할 때 당신은 어떻게 하는가.

생산지는 어디인지,

전에는 어떤 상태였는가를 질문하고

좋다는 것이 이해될 때까지

자신의 눈과 손의 감촉으로 잘 조사할 것이다.

마찬가지로 궁극적인 목적을 달성하기 위해서는

성스러운 「법」에 의지하기 마련이고

「법」을 설하는 자를 조사하지 않고

곧바로 받아들이는 것은 잘못의 토대가 된다.[28]

　　말을 거래할 때는 말을 잘 살펴보고, 보석상은 보석을 잘 조사할 것입니다. 동종업자로부터 여러 가지 경험담을 듣고 실제로 판매를 시작하기 전에 상세하게 조사할 것입니다. 마찬가지로 영원한 행복을 얻기 위한 가르침인 성스러운 법도 쉽게 얻을 수 없고 옳은지 그른지를 장사 이상으로 잘 조사하여 자기 자신이 선택해 취하는 것이 중요합니다. 영원한 행복을 얻기 위한 법의 선택도, 만약 틀린다면 한 생이나 두 생뿐 아니라 많은 생에

---

28) 소남/藤田 共譯, 『달라이 라마 삶의 탐구』, 춘추사, 90쪽.

걸쳐 영향을 미치기 때문에 세심한 주의가 필요하다고 사빤은 시사하고 있습니다.

본문

—

그것이 무엇인가 하면
「첫째로」 이번 생에 사로잡히지 않는 것,
「두 번째는」 삼계의 윤회에 사로잡히지 않을 것,
「세 번째로」 자신의 이익에 사로잡히지 않는 것,
「네 번째로」 사실과 현상에 사로잡히지 않는 것.

꾼가 닝뽀의 비결을 계승한 사빤의 가르침

작의가 없는 마음과 틀림없는 방법으로 수행하기 위해 알아야 할 것은 무엇이냐면 그것이 바로 이 「4가지의 사로잡힘에서 벗어나는 비결」입니다.

이 네 가지 비결의 첫 번째는, 수행의 동기(목적)에 대해 말하고 있습니다. 가령 수행했다고 하더라도 그 목적이 이번 생의 행복과 이익을 위한 것이라면, 아무리 열심히 해도 진정한 의미의 수행(법)은 아니라는 것입니다. 두 번째는 이번 생뿐만 아니라 삼계(육도 윤회 세계 전체;욕계·색계·무색계)의 윤회에 사로잡히면 출리出離가 아닙니다. 세 번째는 자기 한 사람만의 행복과 이익만을 생각한다면 보살이 아닙니다. 그리고 네 번째는 아집에 사로잡혀 있는 한 정견을 얻지는 못한다는 것입니다. 즉, 이 네 가지의 사로잡힌 상태라면 윤회에서 해방되어 해탈하지는 못한다는 뜻입니다.

자신의 수행이 진짜인가 아닌가를 검토합니다

대부분 사람은 현재의 인생에 집착하고 있습니다. 그러한 상태에서 행하는 수행은 진실한 수행이 아닙니다. 자신이 진실한 의미에서 가르침을 실천하고 있는지 어떤지 다시 생각해 볼 필요가 있습니다. 일반적으로 수행은 문·사·수聞思修를 행하는 계율을 지키는 것입니다.

문·사·수聞思修의「문聞」은 가르침을 듣는 것,「사思」는 들은 내용에 대해 생각하는 것,「수修」는 충분히 이해한 내용에 집중하여 관찰·분석을 거듭하면서 충분히 배우고 익혀 그것을 실천해가는 것입니다. 따라서「수행(修)」에는 계율을 지키는 것도 포함됩니다.

이 문·사·수聞思修 가운데「들음(聞)」과「숙고함(思)」에 대해 우선 생각해 보겠습니다. 불법을 듣고, 그 내용에 대해 생각하는 것은, 부처님의 경지를 성취하기 위해 재산과 보물을 얻는 행위이고, 지혜의 등불을 얻어 모든 중생을 부처님의 경지로 인도하기 위한 귀중한 경험입니다. 지혜를 얻는 수행은 법신의 씨앗이 되는 것이며, 부처님의 경지에 이르는 데 필요 불가결한 것입니다.

쫑카빠 대사의 『보리도차제약론』에는「들음에 의해 법을 알고, 들음에 의해 죄에서 벗어나며, 들음에 의해 무익한 것을 버리고, 들음에 의해 열반을 얻는다.」는 『법구경』의 말씀이 인용되어 있습니다. 또 『본생담』의 말씀으로「들음에 의해 마음에 믿음이 생겨 환희하고 견고해진다. 지혜가 생겨 무지가 없어진다. 자신의 살[肉]로 (바꾸어서라도) 그것을 사야 할 것이다. '들음'은 무지의 어둠을 없애는 등불이다. 도둑 따위가 뺏을 수 없는 보물이다. 어리석은 적을 죽이는 무기이다. 방편으로서의 교계를 나타내는 뛰어난 벗이다. 가난해져도 변하지 않을 친구이다. 많은 모임 속에서 지자智者를 기쁘게 해 주는 것이다.」라고 하고 있습니다.

이러한 「들음」 그리고 「숙고함」을 행하더라도, 만약 그 사람이 신심이 없고 자신의 이번 생의 이익만을 생각한다고 하면, 어떨까? 예를 들어 「자신의 인생을 위해 다양한 지식을 얻고, 훌륭한 학자가 되어 명성을 얻어 행복해지고 싶다.」는 동기로 가르침을 듣거나 숙고한다고 하더라도, 학문적인 관심으로 내용에 대해 생각하는 것이라면 설사 표면적으로는 훌륭한 「들음」과 「숙고함」으로 보일지 모르나 진정한 수행(법)이라 할 수 없습니다.

이런 상태는 세간팔법에 기인한 사고방식이며 태도입니다. 세간팔법은, 인간의 마음을 자극하는 8종류의 사항, 즉 「이득」과 「손해」, 「칭찬」과 「비난」, 「명예」와 「불명예」, 「즐거움」과 「괴로움」입니다. 이들에 사로잡힌 상태로 가르치는 처지가 된다든지, 불교의 지식을 얻어 높은 지위나 좋은 자리를 구축하려고 생각한다면 그것은 잘못된 태도입니다.

이러한 동기로 다양한 지식을 얻으면, 나는 무엇이든 알고 있다는 자만심을 격화시켜 자신보다도 지식이 부족한 사람을 얕보고 모욕하는 행위를 하지 않는다고 할 수 없습니다. 또 반대로 자신보다 지식이 풍부하고 잘 배우고 수행하고 있는 사람을 보면 심하게 질투할 것입니다.

바른 「들음」과 「숙고함」은, 단기적으로는 선취(인간계와 천계)로 환생을 하게 하고, 궁극적으로는 불교의 해탈과 모든 지혜(일체지지:부처님의 완전한 지혜)로 이어지는 것이어야 합니다. 아무리 좋은 설법이라도 세간팔법의 때에 오염된 「들음」과 「숙고함」이라면 삼악취(지옥, 아귀, 축생)에 떨어지는 원인이 될 뿐입니다.

형상이 아닌 마음으로 수행합니다

다음으로 들음 · 숙고함 · 수행聞 · 思 · 修의 「수행修」은 번뇌를 벗어나는 직접적인 수단이고, 공성을 이해하는 지혜를 얻기 위해 굉장히 중요한 것입니다. 그러나 여기에서도 그 수행자가 이번 생의 이익만을 생각한다면, 설령 깊은 산이나 동굴에서 아무리 깊은 명상에 들더라도 입을 열면 단순한 세상 이야기가 되어버려서 「들음(聞)」과 「숙고함(思)」으로 얻은 소중한 가르침을 비난하게 될지도 모릅니다. 또 자신은 뛰어난 수행자라고 자만심을 일으키면, 다른 수행자나 명상 수행자를 얕보게 될 수도 있습니다.

예를 들면, 경을 읽고 진언을 외고 명상을 하는 것은 선한 행위이지만, 아무리 그렇게 하더라도, 이번 생에 집착하고 이번 생의 이익에만 사로잡혀 있으면, 이러한 수행은 해탈은커녕 내세를 위해서도 도움이 안 되며 더구나 일체지지를 실현하는 것은 불가능합니다.

내가 인도의 다람살라에 있는 「불교논리대학」에서 공부할 때, 은사이신 롭상 갸초는 우리에게 다음과 같은 말을 자주 했습니다. 「시험의 합격을 위해 밤새워 열심히 공부했다 하더라도, 시험이 끝나고 모두 잊어버린다면 인생에 도움이 안 됩니다. 마찬가지로 불교의 공부와 수행도 이번 생만을 위해 행하는 것이 되면, 설령 뛰어난 경전인 「반야심경」을 외워도 궁극적인 이익(해탈과 부처님의 경지에 이르는 것)으로 이어질 수 없습니다.」 이것은 수행이라는 것이 「형상」이 아니라 「마음」으로 행하는 것이기 때문입니다.

청정한 지계를 수행의 근본으로 합니다

여기에서 「수행(修)」의 일부로서의 「계율」(주로 십선계)에 대해 조금 설명하겠습니다. 계율이 굉장히 중요한 것은 내세에 삼악취에서 벗어나 삼선취에 태어나게 하는 직접적인 원인이 되는 것이 지계持戒이기 때문입니다. 그리고 또, 지계는 해탈의 입문이기도 합니다. 왜냐하면 계율을 지키지 않아 삼선취에 태어날 수 없다면, 해탈도 불가능하기 때문입니다.

따라서 계율은 모든 고통을 버리기 위한 대치²⁹⁾이며, 계율을 지킬 수 없다면 더 이상의 수행은 아무것도 할

---

29) 대치對治 : 번뇌와 같은 부정적인 마음의 존재를 긍정적으로 바꾸기 위한 대항 수단.

수 없다고 해도 과언이 아닙니다.

　그리고 또 여기에서도, 겉으로는 계율을 지키고 있는
것처럼 보여도 그 목적이나 동기에 세간 팔법에 기인한
이번 생에의 기대가 있다면, 진정한 의미의 지계는 되지
못합니다. 가령 계율을 지키고 있는 사람에 대하여 질투
하는 상태에 있다면, 이번 생에서 자신이 남으로부터 칭
찬받고 싶다는 생각이 배후에 잠재해 있을지도 모릅니
다. 이렇게 잘못된 의도로 행하는 수행은 모두 삼악취에
떨어지는 원인이 됩니다.

바른 들음 · 숙고함 · 수행聞 · 思 · 修의 태도와 방법

　이번 생에 사로잡힘 없이 가르침을 듣고, 마음에 무지
가 없어졌을 때는 의심이 사라지고 사물을 바르게 이해
할 수 있게 됩니다. 이것이 부처님의 경지에 이르기 위
한 원인이 되고 큰 공덕이 됩니다. 단 혼자 책을 읽는 것
만으로는 자기 멋대로 해석해 버리는 위험이 있으므로
그 위험을 피하기 위해서도 체험이 풍부한 올바른 스승

으로부터 이번 생에 대한 집착 없이 가르침을 듣는 것이 진정한 의미의「들음(聞)」입니다.

예를 들면「보리심이라는 것은 이러한 것이다.」라고 정의를 듣는 것은「들음(聞)」이고, 이「들음(聞)」에 의해 지식이 생깁니다. 이렇게 하여「들음(聞)」에서 얻은 지식이 참인지 아닌지를 스스로 여러 방면으로 생각하고 책도 읽고, 또 다른 스승의 가르침도 들어 더욱 깊이 생각하며 스스로 깊이 이해해 가는 과정이「숙고함(思)」입니다. 이「숙고함(思)」으로 인해 지적 이해가 더욱 깊어집니다. 그 후 이렇게 충분히 이해한 내용에 집중하여 더 관찰·분석을 반복하고, 그 내용에 대해 매우 익숙해지도록 해가는 것이「수행(修)」입니다. 따라서「수행(修)」은「숙고함(思)」에 의해 생긴 지적 이해를 잘 융합시키는 것이며 마음이 경전과 가르침의 내용대로 되려면「수행(修)」으로서의 명상이 필요하게 됩니다. 여기에서 말하는「명상」은 바꿔 말하면「익숙해진다.」는 것입니다. 명상에는「분석적인 명상」과「집중력의 명상」이 있는데, 이 두 가지의 명상으로 인해 선한 내용에 친숙해지고 최종적으로 마음이 그처럼 되도록 하는 것이 불교의 일반적인 명상입니다.

들음 · 숙고함 · 수행聞 · 思 · 修은 「삼혜三慧」로 불리는
것처럼 「지혜(智)의 단계」를 나타내는 것인데, 이 3가지
를 동시에 행하는 것이 이상적입니다. 쫑카빠 대사도 말
씀하신 것처럼, 가르침과 실천 사이에 거리가 있는 방법
은 좋지 않습니다. 예를 들면, 들으면서 생각하고 생각
하면서 명상하고 혹은 분석적으로 생각하면서 듣거나
명상을 한다는 것처럼 들음 · 숙고함 · 수행聞 · 思 · 修을
동시에 실천하는 것이 중요합니다. 따라서 「자신은 지금
가르침을 들어야 하는 시기이지 실천할 시기는 아닙니
다.」라고 하며 듣는 것에만 머물고, 더 앞으로 나가려 하
지 않는 태도는 좋지 않습니다.

들고 있을 때는
　　생각과 명상 수행을 동시에 하고 있다.
또, 생각할 때는
　　들음과 명상 수행을 동시에 하고 있다.
더욱이 명상 수행 때에는
　　들음과 숙고함을 하는 것이다.

들음·숙고함·수행聞·思·修은 그러하여야 한다.[30]

명상과 관상의 차이

그런데 「명상」과 「관상觀想」은 어떤 게 다를까요?

예를 들면, 석가모니에 대해 생각하고, 그 이미지를 생생하게 마음에 그리는 것을 「관상」이라 합니다. 그것이 「명상」이 되는 일도 있으므로, 넓은 의미로는 「관상」은 「명상」의 한 종류라고 생각할 수 있습니다.

「명상」에 대해 구체적인 예를 들어 설명해 보겠습니다. 예를 들어 「무상無常」은 어떤 것인가? 「무상은 순간마다 변화해 가는 것.」 또는 「무상은 여러 가지 원인과 조건에 의해 이루어진 것이다.」라는 말은 자기 자신이 내용에 대해 잘 숙고하며 충분히 이해한 후에, 그 이해한 내용에 대해 의심하지 않고 집중하여 더 깊게 관찰·분석하며 마음을 단련시켜 익숙하게 하는 것이 「명상」

----

30) 소남/藤田 共譯,『달라이 라마 삶의 탐구』, 춘추사, 64쪽.

입니다. 따라서 「들은 가르침에 대해 스스로 깊이 숙고하여, 그로 인해 이해를 얻고, 그 이해한 내용에 집중해 더욱 관찰·분석하는 것」이 아니면 진정한 의미의 명상이라 할 수 없습니다.

넓은 의미로는 들은 것을 숙고하는 「사思」도 「명상」의 한 종류라고 말할 수 있을지도 모르지만, 엄밀하게는 「사思」의 첫 번째 단계는 자신이 「문聞」한 것을 아직 바르게 이해하지 못한 상태입니다. 이것에 대해 「사思」의 최종단계에서는 자신이 들은 것에 대한 바른 이해 즉, 확신을 얻는 것이 가능합니다. 그 확신한 내용에 집중하고, 더욱 관찰·분석하는 것이 「명상」입니다.

명상할 때 비로자나의 칠법七法 등에 의해 등줄기를 곧게 펴는 자세를 하는 것은 명상을 길게 할 때 중요합니다. 몸의 자세와 마음 사이에는 깊은 관계가 있으며 혈액과 체액, 바람같이 미세한 에너지의 흐름과 혈관 등과도 연관되어 있기 때문입니다. 단, 명상 자세가 바르다 하더라도 진정한 의미의 명상에 들었는가는 또 별개의 문제입니다.

2. 이번 생에 사로잡힌 마음에서 벗어난다

이들에 대해 서술해 보면
이번 생은 물거품 같은 것,
언젠가는 죽음이
찾아오지 않는다고도 할 수 없고
영구적이라고 붙들 수도 없다.

이번 생에 사로잡힌 마음의 대치(對治)
: 죽음의 무상無常을 생각한다

이번 생에 사로잡힌 마음의 대립으로 죽음의 무상에 집중하는 명상을 하는 것이 효과적입니다.

우리 인생은 무상하고, 죽음이 언제 찾아올지 모릅니다. 생존의 조건에 비해 죽음과 연관된 조건은 자신 주위에 무수히 많으며 죽을 때는 가르침 이외의 어떤 것도 도움이 되지 않습니다. 죽을 때는 노력하여 얻은 재산도, 가족과 친구도 아무런 도움이 되지 않으며 혼자 가야만 합니다. 태어나서부터 쭉 자신의 것으로 생각했던 이 육체조차도 두고 가지 않을 수 없습니다. 아무리 좋아하는 사람이 있어 그 사람에게 집착해도 아무런 의미가 없습니다. 그 사람을 포함해 다른 사람도 모두 언젠가는 마찬가지로 죽기 때문입니다. 즉 상대가 누구든 남에 대해 품는 감정, 그것은 애정과 호의뿐만이 아니라 미움과 원망, 질투, 화도 모두 언젠가는 아무런 의미가 없게 됩니다.

이것이 바로 본문에 있는 「이번 생은 물거품 같은 것」이라는 의미입니다. 물거품처럼 금방 사라지는 것에 집착하고 있어도 아무런 의미가 없습니다. 이것을 알게 되면 수행을 바라는 강한 생각이 마음 밑바닥부터 자연스레 올라오는 것은 아닐까요. 그때 비로소 가르침이 가르침대로 되고, 수행이 참 수행이 되며, 부처님의 가르침이 수행을 위한 가르침이 되었다고 할 수 있을 것입니다.

까담빠 수행자의 가르침에 다음과 같은 것이 있습

니다.

아침에 죽음을 억념憶念하지 않으면,
그날 오전은 헛되이 보내게 된다.
점심때 죽음을 상기하지 않으면,
그날 하루가 헛되게 된다.

티베트사람들은 「만약 죽음을 생각하지 않는다면, 어떤 심한 행위도 아무렇지 않게 해 버릴 것이다.」라고 얘기하는데, 확실히 그런 것 같습니다.

이렇게 죽음의 무상을 생각할 때는, 그 전에 유가 구족이 얼마나 얻기 어려운 것인가를 잘 아는 것이 중요합니다. 그렇다면 얻기 힘든 유가 구족을 얻은 이 기회가 헛되지 않도록 지금 바로 수행을 시작하려는 마음이 들지 않겠습니까? 그런 기분이 들면 십불선十不善에서 벗어나 십선을 쌓아 내세에 삼악취에 떨어지지 않고 삼선취에 태어나기를 원하게 되는 것입니다. 그러기 위해서는 우선 첫 번째 주제인 「이번 생에 사로잡히지 않는 것」이 필요합니다.

3. 윤회 세계 전체에 사로잡힌 마음에서 벗어난다

—

이 삼계의 윤회는
독을 지닌 과일 같은 것,
일시적으로는 맛이 좋지만
장래에는 해를 초래하는 것이라
그것에 사로잡히면 누구라도 잘못을 범한다.

윤회 세계는 고통과 고통의 원인으로
이루어져 있습니다

두 번째 주제 「삼계에 사로잡히는 것」의 대치는 「윤회의 결점을 생각하는 것」입니다.

「삼계의 윤회는 독을 가진 과일 같은 것」이며, 설사 일시적으로 매우 아름답고 맛있는 과일 같아도 그것들은 독을 가진 것으로 최종적으로는 해를 끼칩니다.

가령 천계天界에 태어나 브라흐만梵天이나 인드라帝釋天神 같은 신이 되어 일시적으로는 어느 정도 행복하더라도, 그들도 아직 괴로움의 원인을 초월하지 못한 것입니다. 십선을 행하고 공덕을 쌓아 그 결과로 장수와 재산을 얻어 행복의 조건에 어느 정도 풍족하더라도, 윤회에 있는 한 결코 괴로움에서 벗어날 수 없습니다.

천계에 사는 자들은 죽기 직전이 되면 다음 생에 어디에 태어나는가를 스스로 안다고 합니다. 가령 인간계에 태어나는 것을 알게 되면, 그들에게는 굉장히 괴로운 것입니다. 천계는 즐거움과 행복이 가득한 세계인데 인간계같이 더럽혀진 세계에 태어난다는 것은 참기 힘든 고통입니다. 천계에 사는 사람이 죽을 때에는 곧 수명이 다한다는 상징으로, 지금까지 아름답고 풍부하게 피어 있던 꽃들이나 나무도 점차 색이 바래고 마르기 시작하며, 천상의 다른 사람들로부터도 냉담한 취급을 받고는 한층 깊은 괴로움에 휩싸인다고 합니다. 어느 틈엔가 공덕이 다하는 시점에서 결국 과거의 업 때문에 지옥계와 아귀계 · 축생계 · 인간계 등에 환생할 수밖에 없습니다.

이처럼 어디에 태어나든 상황이 어떻든 윤회 세계에 있는 한 괴로움과 괴로움의 원인을 넘을 수 없는 것은 윤회근본이 「독」이기 때문입니다. 이 「독」이야말로 바로 무명입니다.

무명은 12연기의 출발점에 있는 것입니다. 우리는 사물의 존재를 바르게 이해하지 못하는 무명 때문에 윤회합니다. 그중에서도 인과관계의 존재를 바르게 이해하고 십불선에서 벗어나 십선을 행할 수 있게 되면 삼선취에 다시 태어날 수 있지만, 인과관계의 업의 법칙에 대해 오해하고 무지한 채로 살면 아무래도 십불선을 행하게 되어 버리고 삼악취에 다시 태어날 수밖에 없습니다.

이미 알고 있는 것처럼 삼악취는 괴로움투성이의 세계입니다. 한편 삼선취는 여러 가지 오해에서 괴로움을 행복으로 착각하고 있습니다. 예를 들면, 지금 병과 걱정거리가 없다면 그 상태가 영원히 이어질 것이라 믿고 완전히 행복할 수 있을 것이라 착각하는 경우가 있습니다. 또 죽음에 대해 생각하는 것을 잊고 있어서 자신은 죽음이 찾아오지 않을 것이라 믿기도 합니다. 그리고 부정한 신체를 아름다운 것이라고 인식해 집착합니다. 본래 모든 존재는 무아이고 실체성이 없음에도 불구하고 실체성이 있다고 믿어 집착하는 것입니다. 그 그릇된 마음이야말로 아집입니다. 아집의 결과로 생기는 것에 선한 것은 단 하나도 없고, 그 본질 모두는 괴로움 그 자체입니다.

윤회 세계 전체에 사로잡힌 마음의 대치
: 윤회의 괴로움을 생각합니다

육도 윤회 세계의 괴로움의 분류 방법에는 몇 가지가 있는데, 세 가지로 나누는 방법이 대표적입니다. 그것은 「보통의 괴로움(苦苦)」과 「변화하는 괴로움(壞苦)」과 「보편적인 괴로움(行苦)」의 삼고인데, 이 모두 유루(有漏:더럽혀진)인 것입니다.

첫 번째의 보통의 괴로움(苦苦)은, 동물이든 인간이든 어떤 생물이라도 알고 있는 직접적인 괴로움입니다. 그 대표적인 것은 삼악취의 괴로움인데, 지옥 아귀 축생 각각의 고통을 구체적으로 상상해 보면 실제로 내가 받는다고 생각만 해도 견디기 힘들 것입니다. 이 괴로움에서 벗어나기 위한 것이라면 진지하게 노력하려고 할 것입니다. 이를 위한 노력이라는 것은 불선한 행위를 계속해 나가는 생활을 단호히 끊고 진심으로 선한 행위를 하려고 하는 것입니다.

변화하는 괴로움 - 괴고壞苦

두 번째는, 시간과 조건의 변화에 따라 행복이라 생각한 것도 괴로움으로 변해버리는 변화하는 괴로움(壞苦)입니다. 우리가 일반적으로 「행복」 혹은 「안락」이라 하는 것은, 모두 이 「변화하는 괴로움」에 해당합니다. 우리가 평소 느끼는 쾌락은 모두 무상이고, 일시적으로 행복을 느꼈다 하더라도 그 모두는 변화하고 최종적으로 고통이 되는 것입니다.

예를 들면, 더운 시기에 에어컨을 켜면 시원하고 쾌적합니다. 그것이 진정한 행복이라면 시원해지면 시원해질수록 행복해져야 하지만, 일정 한도를 넘으면 이번엔 추위서 괴로워집니다. 또 파티 따위로 좋은 사람들과 맛있는 음식을 먹는다든지 마신다든지 하여 즐거운 한때를 보낸다고 합시다. 그렇지만 그 즐거움이 끝없이 길게 이어진다면 어찌 될까요? 음식이 맛있다고 해도 먹으면 먹을수록 행복해진다고 말할 수는 없습니다. 맛있는 음식도 과식하면 병의 원인이 됩니다. 이것은 등산 체험을 생각해 보아도 마찬가지입니다. 아침부터 줄곧 걷기만 하여 고달플 때 도중에 잠시 쉬면 아주 편해지고 기분이 좋아집니다. 그렇다면 그 휴식이 길어지면 길어질수록 편안하고 기분이 좋아야 하는데 그렇지 않습니다. 이번엔 쉬고 있는 것 자체가 고통이 되고 다시 걷고 싶어집니다.

이처럼 자기 자신의 경험에서 쾌락과 행복의 본질에 대해 생각한 후에 이번에는 병과 상처와 같은 괴로움을 한 번 더 생각합니다. 만약 당신의 새끼손가락이 칼 때문에 상처를 입었다고 하면 설사 손가락 하나라도 큰 고통을 느낄 것입니다. 그것은 틀림없는 고통입니다. 새끼손가락뿐만 아니라 모든 손가락이라면 어찌 될까요? 또는 손가락의 상처가 온몸에 이른다면 그 고통과 통증은 상상을 초월할 것입니다. 이런 고통에 빠진 상태와 우리가 생각하는 행복을 비교해 보겠습니다. 앞서 얘기한 고통과 불쾌감은 커지면 커질수록 증가해갑니다. 그러면 행복도 마찬가지로 커지면 커질수록 증가하는가요? 그렇지 않다는 것은 이미 말한 대로입니다. 이것을 잘 생각해 보기를 바랍니다.

결국 괴로움은 본질에서도 괴로움이지만, 일반적으로 행복이라 생각하는 것 또한 언젠가는 고통으로 변화한다는 것입니다. 따라서 윤회 세계에는 진정한 의미의 행복은 없고 단지 괴로움만 있다는 것이 됩니다.

예를 들면 예전에는 부자였던 사람이 얼마 안 가 가난의 맨 밑바닥에 떨어진다든지, 대기업이 어느 날 갑자기 도산한다든지 하는 상황을 생각해도, 모든 일이 항상 변화하고 있다는 것은 확실합니다. 지금은 집도 없이 노숙 생활을 할 수밖에 없는 사람 중에도 예전엔 대기업의 중역이었던 사람이 있을지도 모릅니다. 지위나 자리는 항상 변하는 것입니다. 이번 생에서는 삼선취에 태어나도 영원하지 않고 언젠가는 삼악취에 떨어질 수도 있는 것입니다.

인간으로 태어난 이번 생만을 보고, 여기에는 자신을 번뇌하게 만드는 많은 문제만 있다고 여기겠지만, 아수라에 태어나면 질투에 의한 싸움으로 괴로움이 끊이지 않습니다. 더욱이 천계에 전생하면 이미 말한 것처럼 이 일시적인 행복에 도취하여 새로운 선을 일으키지 않은 채 과거에 쌓은 선업의 공덕을 죄다 써버려 남는 것은 단지 집착과 불선업뿐이게 됩니다. 그들의 명성과 재산, 행복은 셀 수 없을 만큼 길게 이어져 증대한다고 하더라도 최종적으로 죽음으로 모든 것을 잃는 것은 확실합니다. 천계에 영원히 머물고 싶어도 다음 생에서 평범한 인간으로 태어날 수도 있고 삼악취에 떨어질 수도 있습니다. 이처럼 천계에는 최상의 행복으로 보이는 것도 일시적인 행복이고, 결코 진실이 아닌 것은 비록 천계라 할지라도 이 윤회 세계에 있는 한 편재하는 괴로움인 행고가 있기 때문입니다.

이처럼 변화하는 상태는 살아있는 것뿐 아니라 모든 무상한 존재에 해당하는 것입니다. 예를 들면, 태양은 항상 빛나고 있는 것처럼 생각되지만 낮이 지나면 바로 암흑의 세계가 찾아옵니다. 이러한 것은 부처님의 전승

(아함)에 기인한 가르침으로, 경전에 쓰여 있다는 이유로 신뢰할 수 있더라도, 일반적인 의미로 마음 깊숙이 믿는 것은 간단치 않을지도 모릅니다. 그렇지만 실제로 자신 주위의 여러 사람과 일의 상태를 자세히 보고 생각한다면, 모든 것은 항상 변화하고 있다는 것을 알 수 있을 것입니다. 일시적으로 행복하다고 여겼던 것도 언젠가는 괴로움으로 변합니다. 그것이 괴고입니다.

윤회 세계 전체에 편재하는 행고行苦

삼고 중에서 우리가 반드시 알아야 하는 괴로움은, 석가모니 부처님이 말씀하신 진실한 괴로움, 보편적인 괴로움(行苦)입니다. 이것은 불교에서만이 설하는 것입니다. 불교에서는 이 행고를 싫어하기 때문에 해탈을 지향합니다. 예를 들면, 천상의 색계와 무색계에는 고고苦苦는 없습니다. 괴고壞苦도 없을지도 모릅니다. 이처럼 색계와 무색계에 사는 사람들은 감정적인 면에서 꽤 평탄하지만, 그렇더라도 아직 행고는 있습니다. 행고行苦는 삼계의 모든 윤회 세계에 존재하는 것이기 때문에 「편재하는 고」라고 하는 것입니다.

그러면 행고라는 것은 구체적으로 어떤 것인가요? 거기에는 인간을 비롯한 살아있는 존재의 구성요소인 오온을 이해할 필요가 있습니다. 오온은 심신을 구성하는 5가지 요소, 즉 물질(色)・느낌(受)・지각(想)・형성(行)・의식(識)[31]의 집합입니다. 첫 번째의 「색」은 육체적・물리적인 요소이고 나머지 네 가지는 정신 영역에 속하는 것입니다. 윤회 속에서 천계인 무색계는 색온色蘊이 없고 4온만 있지만, 무색계 이외의 생물은 모두 오온에 의해 존재하고 있습니다.

예를 들어, 인간인 나에 대해 생각해 보면 나의 신체는 색온에 속하고, 나의 정신은 색온 이외의 4온에 속합니다. 「나」라는 것은, 이 오온의 집합체에 「나」라고 이름 붙여진 것뿐인 존재인데, 그 이상 절대적인 존재로 「나」를 느끼고 있는 것이 일반적입니다. 그것은 일체 사물의

....

31) 물질(色) – 물질적인 존재로 나타나는 것. 느낌(受) – 고락 등을 가지각색으로 감수・체험하는 작용. 지각(想) – 대상의 특징 등을 파악하고 식별하는 작용. 형성(行) – 의지와 운동에 입각한 심心 형성 작용. 의식(識) – 정신적인 분야, 즉 생물의 마음에서의 중추 부분.

진실한 존재 방식을 이해하지 못한 무지의 탓입니다. 이 무지 때문에, 오온이 조건에 의해서 모여 성립된 것뿐인 심신에 대해, 우리는 집착하거나 화를 내거나 하며 괴로워하는 것입니다. 또 몸과 마음이 있으므로 의식주가 필요하고 그것에 관련된 괴로움도 나오는 것입니다.

이처럼 윤회에 있어 생을 얻고 오온(무색계에서는 4온)을 얻은 이상, 회피할 수 없는 괴로움이 「행고」입니다. 이 행고에서 벗어나 진실한 행복을 얻기 위해서는 해탈하는 방법밖에 없습니다.

이 행고를 잘 이해하고 「삼계의 윤회에 사로잡히지 않는 것」처럼 되면, 윤회 세계의 모든 생물에 대해서 자비의 마음을 일으키는 것으로 이어집니다. 우리는 보통 병에 걸린다든지 가난하다든지, 무엇인가의 고난에 직면한 사람들을 「불쌍하다.」라고 생각합니다. 그러나 이렇다 할 부자유가 없는 생활을 하는 행복해 보이는 사람에 대해서는 자비를 느끼지 않는 것입니다. 오히려 혜택 받은 사람들에 대해서는 질투와 경쟁심을 불태우지는 않는가요? 이것은 오온에 의한 진정한 의미의 괴로움이 이해되지 않았기 때문입니다.

예를 들면 자신의 가족 등 주변의 어떤 한정된 사람들을 보아도 모두 각각 괴로움을 품고 있습니다. 완전하게 행복해 보이는 사람이라도 괴로움과 번민이 전혀 없다고 할 수는 없습니다. 음식 등 물질적인 것이 충분히 갖춰져 있어도 정신적인 괴로움이 없는 것은 아니기 때문입니다.

이러한 우리 인생을 생각해 보면, 살기 위한 활동과 일에는 끝이 없습니다. 사는 것은 「의식주를 위한 준비」의 연속이라 해도 과언이 아니고, 우리 대부분은 그저 그 준비에 쫓겨 분주하게 나날을 보내고 있습니다. 이처럼 끝없는 생존을 위한 준비 도중에 어느 때 갑작스럽게 죽음이 찾아옵니다. 이렇게 죽어도 얼마 지나면 다시 오온을 얻고 다음 생(내세)이 바로 시작됩니다. 그리고 다시 끝없이 「의식주를 위한 준비」에 쫓겨 분주한 시간의 연속이 됩니다.

이처럼 천상에 태어나든, 지옥에 태어나든 윤회 세계에 있는 한 괴로움에서 도망갈 수 없는 것은 이 윤회가 괴로움의 원인(번뇌와 업)으로 이루어져 있기 때문입니다. 불교 특유의 깊은 통찰로 받아들여진 이 행고를 잘 이해하지 못하면 윤회 전체에서 벗어나 열반을 얻고 싶은 강한 결의인 출리의 마음을 낼 수 없습니다.

삼계의 윤회에 사로잡힌 마음의 대치로 세 가지 고苦에 대해 충분히 명상하고, 윤회 세계에 대한 집착에서 벗어나 일시적이 아닌 영원한 행복인 열반을 구하는 것이 중요합니다. 이처럼 수행할 수 있다면 결과적으로 그것이 보리의 길이 됩니다. 「길이 된다.」는 의미는 삼계의 괴로움의 원인을 뛰어넘지 않았기 때문에 열반의 영원한 행복에 대한 의심에서 벗어날 수 없는 것인데, 윤회 세계 전체의 괴로움을 충분히 이해할 수 있으면, 모든 수행이 열반과 보리의 길이 되어 간다는 것입니다.

윤회에서 벗어날 가능성

윤회의 본질이 괴로움이라는 것을 알면, 다음으로 그 괴로움에서 벗어나는 것이 실제로 가능한가 어떤가가 큰 문제가 됩니다. 영원한 행복인 열반을 얻는 것, 즉 해탈이 진짜 가능한가를 충분히 생각해야 합니다.

만약 해탈이 없다면 수행을 해도 아무런 의미가 없을 것입니다. 그러나 석가모니 부처님은 괴로움 없는 상태가 있다는 진실(멸제)과 괴로움에서 벗어나는 방법이 있다는 진실(도제)을 설하고 있습니다. 즉 불교에서는, 윤회는 괴로움이라는 사실에 대해, 이를 해결할 길의 가능성을 나타내고 있어야 합니다.

불교의 진리에 의하면, 모든 존재는 자성으로 존재하지 않습니다. 예를 들면 굉장히 화를 잘 내는 사람이 있다고 합시다. 그러나 그 사람도 항상 화를 내는 것은 아닙니다. 만약 항상 화를 내고 있다면 그것은 자성이라는 것이 됩니다. 그러나 실제로는 화를 잘 내는 사람도 웃을 때도 있고 농담을 하는 것도, 슬퍼할 때도 있어서 항상 같은 상태는 아닙니다.

마음도 마찬가지입니다. 만약 마음에 더럽혀진 번뇌가 자성으로 존재한다고 한다면 마음이 변화하는 것도 있을 수 없습니다. 아무리 열심히 정진 노력해도 마음을 정화하는 것은 불가능합니다. 그러나 실제에서 어떤 측면에서는 확실히 마음의 더러움은 존재하는데 그 더러움은 자성으로 있는 것이 아니기 때문에 본래 영겁에 걸쳐 마음이 더럽혀진 채 있을 리는 없습니다.

정진 노력하면 마음의 더러움이 제거되고 영원한 행복을 얻을 수 있다고 석가모니 부처님이 설했다는 것은, 곧 해탈의 길은 있다고 하는 것입니다. 그리고 그를 위한 방법이 「윤회에 사로잡힌 마음에서 벗어나는 것」이라면 이것을 실천하는 것은 매우 중요합니다. 이 윤회세계에 없는 진정한 행복을 얻기 위해서는 윤회를 마음 깊은 곳에서부터 싫어하고 해탈을 원하는 강한 마음을 일으키는 것이 중요합니다.

지금까지의 내용을 『람쪼남쑴』과 대비해 말하면 「출리」에 해당합니다. 참고로 말하면 쫑카빠 대사의 『보리도차제광론』에는 해탈을 원하고 구하는 것에 대해서는 설명되어 있지만, 해탈에 이르기 위한 길(道諦)은 설명되어 있지 않습니다. 그것은 자신 한 사람만을 위한 해탈을 구하는 위험을 회피하기 위해서입니다. 불교에서는 자신 한 사람만의 해탈을 구하는 것이 아니고 자신의 괴로움을 생각하는 것처럼 남의 괴로움도 알아차리고 모든 중생을 위해 보리심을 일으킬 필요가 있기 때문입니다.

4. 자리自利에 사로잡힌 마음에서 벗어난다

—

자신의 이익에 사로잡히는 것은
적의 아들을 키우는 것과 같은 것
일시적으로는 즐거울지라도
궁극적으로 자신에게 해를 초래하기 마련이다.
그러므로 자신의 이익에 대해 사로잡힌다면
일시적으로는 행복해도
궁극적으로는 삼악취에 떨어진다.

자리에 사로잡히면 자신도 헛되게 되어 버린다

여기에서는 세 번째 주제인 「자신의 이익에 사로잡히지 않는 것」에 대해, 자기 애착 때문에 자기 자신의 이익에 사로잡히는 상태는 「적대자의 아들을 키우는 것과 같은 것」이라고 말하고 있습니다. 이것은 장래에 큰 장애가 되는 어리석은 행위입니다.

예를 들면, 자기 자신이 굉장히 행복했다 하더라도 그것은 한사람만의 행복밖에 없습니다. 자기 이외의 많은 중생이 모두 깊은 괴로움 속에 있는데 자신만 행복해도 될까요?

가령 자기 혼자만 해탈했다고 합시다. 그 결과는 자기 자신에게도 매우 완벽하지는 않습니다. 예를 들면 수행을 해서 번뇌의 장애인 번뇌장은 멸하더라도 지혜의 장애인 소지장이 아직 남아있다면, 그 상태로는 자기 자신의 수행도 미완성이므로 괴로움 속에 있는 남을 돕는 것은 도저히 불가능합니다.

사빠이 「그러므로 자신의 이익에 대해 사로잡힌다면, 일시적으론 행복해도 궁극(장래)적으로는 삼악취에 떨어진다.」라고 서술하고 있는 것은, 자기 혼자만의 행복을 원한 결과로 삼악취에 떨어지는 것이 된다면 결국 자기 자신도 헛되게 되어 버린다는 것입니다.

일체지를 이루어 가는 과정에 다섯 단계가 있다고 말합니다. 그 5도五道의 제1단계는 「자량도資糧道」 즉, 수행에 필요한 기초(자량)를 쌓는 단계입니다. 이러한 자량을 계속 쌓아가면서 범부로서의 수행을 해나가는 단계가 다음의「가행도」입니다.「가행도」에도 네 단계가 있고, 그 세 번째 단계인「인忍」의 경지에 이르면 다시는 삼악취에 떨어질 일은 없다고『아비달마구사론』에 쓰여 있습니다.

따라서 불교에서 말하는 깨달음의 과위에 이른 사람이라면 여기에 사빤이 서술하고 있는 말처럼「삼악취에 떨어질」일은 없을 것입니다. 그러나 단지 삼악취에 떨어지지 않는다는 것으로 충분하다고는 말할 수 없습니다. 긴 안목으로 보면 가령 일시적으로 지옥에 떨어지더라도 처음부터 불교에서 말하는 자리 이타적인 삶의 문에 들어오는 편이 좋다는 얘기가 됩니다. 만약 자기 혼자만의 이기적인 행복을 얻고 거기에 취해있게 되면, 그 뒤 이타적인 보살의 삶으로 전환되기까지 굉장히 긴 시간이 걸린다고 말할 수 있기 때문입니다. 다르게 표현하면 자신만의 이익을 생각하는 이기적인 입장은 마치 마약을 맞았을 때처럼 자기 애착에 기인한 선정만을 닦는 상태와 같습니다. 이처럼 반은 잠자는 듯한 상태로는 남을 위해 무언가를 하려는 이타利他의 마음이 쉽게 생기지 않습니다. 말하자면 꾸벅꾸벅 졸고 있는 듯한 몽롱한 상태이므로 남을 위하기는커녕 자기 자신을 위해서도 진정한 행복은 얻을 수 없습니다.

자리에 사로잡힌 마음의 대치
:「똥렌」을 따른다

이처럼 자신의 이익만을 생각하는 상태의 대치는 보리심을 행하는 것입니다. 첫 번째와 두 번째의 비결을 통해 참모습을 생각하고, 이번 생뿐만 아니라 삼계의 윤회 전체에 사로잡힌 상태에서 벗어나려는 마음이 생겼더라도, 그 위에 보리심을 일으킬 수 없다면 결국 또 자기 자신만의 행복을 바라고, 자신만의 해탈을 구하는 것이 되어 버립니다. 그러므로 「삼계의 괴로움의 원인에서 자기 혼자서만 벗어나는 것은 의미가 없습니다. 과거에 한번만이 아니라 셀 수 없는 은혜를 베푼 어머니였던 일체중생이 최상의 열반을 얻게 하기 위해서라면, 나는 몇 겁에 걸쳐 지옥에 태어나도 상관없다.」라는 마음이 생기지 않으면 안 됩니다.

그러기 위해서는 「똥렌」의 명상이 효과적입니다. 똥
렌은 「모든 중생의 괴로움이 나 자신에게 나타나기를」
원하며 「받아들이는(렌:len)」 행과, 「나 자신의 공덕이 모
든 중생에게 전해지기를」 원하며 「주는(똥:tong)」 행의 두
가지로 이루어집니다. 이 똥렌의 명상을 하면 큰 복덕을
쌓는 것이 됩니다. 그 복덕의 힘으로 중생들이 성불할
수 있기를 원하고, 자신의 이익을 구하려는 마음에서 벗
어나 보리심을 일으킬 수 있습니다.[32]

자신의 이익에 사로잡힌 마음의 대치로서 「보리심」을
수습한 결과, 「나 자신은 일체중생을 위해 지옥에 떨어
져도 좋다.」는 마음이 된다면, 깨달음에 이르기 위한 수
행의 길(보리도)에 있어 가장 극복하기 힘든 「자신의 이익
에만 사로잡힌 마음」을 없앨 수가 있다는 것입니다.

....

32) 똥렌의 실천에 관한 자세한 설명은 소남/藤田 著『티베트 밀교 마음의 수행』 제2
장, 법장관. 참조

5. 사물과 현상에 사로잡힌 마음에서 벗어난다

본문

—

사실과 현상에 사로잡히는 것은
신기루의 물에 사로잡힘과 같은 것,
그러므로 일시적으로는 나타나지만
마실 수는 없다.

그릇된 의식에 이 윤회가 나타나도
지혜롭게 분석하면 실체는 하나도 없다.

「없는」 것을 「있다.」고 믿어버리게 하는 아집

자리自利에 사로잡힌 마음의 대치로서 보리심을 일으키고 어느 정도 익숙해지더라도 그 근저에 아집이 있고 모든 존재의 진실한 모습을 알지 못하면 일체지지를 얻을 수 없습니다. 존재의 진실한 모습을 모르는 상태라는 것은, 자성으로 존재하고 있는 것은 단 하나도 없지만 모든 존재는 실체성이 있다고 믿어버리는 상태입니다.

이러한 잘못된 마음에 의해「사물과 상에 사로잡힌」결과, 사물에 집착하고 좋은 것이 있으면「꼭 가지고 싶다.」라 생각하고, 싫은 것이나 사람에 대해서는「절대 싫다.」라고 혐오와 화내는 감정으로 대해버리게 됩니다. 이런 상태는 모두 아집에 의한 것입니다.

아집이라는 것은「나」에 사로잡힌 상태인데, 이「나」라는 것은 남의 존재에서 독립한 절대적인 본질이라는 의미로, 간단히 말하면 자성이라는 것입니다. 이것은「나」라는 인간의 자성인 인아人我뿐만 아니라, 나의 것을 시작으로 모든 사물의 자성인 법아法我도 의미하고 있습니다.

이처럼「나」에 사로잡혀 집착하는 것은 모든 사물의 진실한 존재에 걸맞지 않은 잘못된 시각과 사고방식이 원인입니다. 이런 잘못된 마음은, 대상이 된 사람이나 물건의 장점과 결점이 실제로는 50%라도, 예컨대 100%나 그 이상이라고 믿고 지나치게 집착한다든지 증오한다든지 합니다.

가령 신기루에 의해 물이 보였다 하더라도, 그것은 진짜 물이 아닙니다. 신기루에 속아 그런 허구의 현상에 사로잡혀 아득히 먼 곳까지 가 보아도, 더듬어 도착한 거기에 물은 없습니다. 물처럼 보여도 실제 「마실 수는 없는」 것입니다. 이처럼 「없는」 것을 「있는」 것이라고 믿어버리는 것은 아집이 시키는 짓이고, 이것이 모든 사물의 모습에 대해 잘못 알고 있는 것입니다.

모든 사물에 사로잡힌 마음의 대치
: 공성을 이해한다

더 엄밀하게 말하면 공성을 이해하지 않는 한 모든 사물은 신기루의 물의 비유처럼 보이는 게 현실입니다. 가령 과도한 집착과 증오 등이 없다 하더라도, 현재 우리 마음은 더럽혀져 있어서, 아무래도 겉으로 보이는 사실과 현상이 실체라는 생각에 사로잡혀 버리기 때문에, 그런 상태에서 벗어나는 것은 매우 어렵습니다.

이러한 「사실과 현상에 사로잡힌」 상태의 대치는, 공

성을 이해하는 지혜를 얻는 것, 즉 모든 존재의 무아(人無我와 法無我)를 수습하는 것입니다. 이것에 대해 샨티데바는 『입보살행론』에서 「육바라밀의 여섯 번째인 지혜바라밀을 이해하기 위해 그 앞의 다섯 가지(보시, 지계, 인욕, 정진, 선정)가 있다.」고 서술하고 있습니다. 모든 사물에 강하게 사로잡힌 상태에서 벗어나기 위한 「지혜」가 완성되기까지는 그 전의 다섯 가지를 수습하는 긴 여정이 있다는 것입니다.

무아 혹은 공성을 진실로 이해하기 위해서는 반야와 중관의 사상을 깊이 공부하고, 숙고하고 명상하여야 합니다. 현실적으로는 이러한 심원한 관찰과 분석은 불가능하더라도, 첫 번째 단계로 어떤 사물을 보았을 때 장점 또는 단점은 조금뿐인데 그것을 사실 이상으로 크게 부풀려 받아들인다는 것을 알면 굉장히 도움이 됩니다.

예를 들어, 자신이 화가 났을 때 조금 냉정하게 되돌아보고, 그 상황을 충분히 분석해 보십시오. 그러면 자신이 화내는 원인은 상대가 아니라 자신에게 있다는 것을 알게 되고, 또 설사 상대 탓이라 하더라도, 그 상대에게도 여러 가지 조건이 있고 그때 상황에 따라 그러한 결과가 된 것뿐인 것을 알게 되는 일도 있습니다. 화가 났을 때뿐만 아니라 일상생활에서 어떤 일이 일어났을 때는 항상 왜 그것이 일어난 것일까를 냉정하게 생각해 보면 좋겠습니다. 또 이전에 자신이 집착하거나 화내거나 했을 때의 감정은 그 후 어떻게 되었는가를 천천히 생각해 보는 것도 좋을 것입니다.

실재론과 허무론의 양극단을 벗어난다

모든 존재는 무아이고 무자성인 것을 항상 마음에 두는 것이 중요합니다. 모든 존재에 자성과 절대성을 보게 되면 그것은 아집이요 사견입니다.

아집이라는 것은, 모든 사물은 자성으로 존재한다는 실재론에 사로잡힌 하나의 극단적인 마음 상태입니다. 한편 자성으로 존재하지 않는 것은 전혀 아무것도 없다고 받아들이면, 또 하나의 극단적인 허무론, 즉 모든 사물은 전혀 존재하지 않는다는 니힐리즘에 빠집니다. 이런 실재론과 허무론의 양극단을 벗어나 공인 상태를 이해하는 것은 매우 중요합니다.

　명상에서는 「모든 사물은 존재하지만, 자성은 없다.」
라고 알아차리고, 단지 자성을 부정하는 상태에 둡니다.
불교에서는 일반적인 창조주로 신을 인정하지 않습니
다. 4대(지·수·화·풍)를 누가 창조하였는가를 생각하며
외부의 절대적인 창조주를 찾아도 발견할 수는 없습니
다. 모든 존재의 궁극적인 모습은, 간단한 말로 단순하
게 표현할 수 없으므로 모든 사물은 자신의 법성空性 그
자체에서 나타나 나온 것으로써, 명상 속에 그것들의 현
상을 그대로 두는 것입니다.

　모든 존재는 마음의 대상 외에는 없습니다. 마음의 대
상인 현상은 꿈이나 환영과 마찬가지로 단지 연기에 의
해 생기는 것뿐이기 때문에 진실한 「지혜에 의해 분석하
면」 모두 자성은 없습니다. 꿈은 그것을 보고 있는 본인
에게는 진짜인 것처럼 보이지만, 눈을 뜨면 현실이 아닌
것을 알게 됩니다. 악몽을 꾸고 공포를 느꼈을 때 눈을
뜨고 현실이 아닌 것을 알면 「아, 다행입니다.」라고 생
각할 것입니다.

　이처럼 모든 존재는 꿈같은 것이고 진실(自性)이 아니

지만, 실제로 나타나 있습니다. 이것을 마음에 잘 새겨 기억하고 꿈같은 현상에 대해 명상합니다. 그게 가능하면 깨달음의 길(보리도)에 있어 극복하기 힘든 장애인 「사물과 상에 사로잡힌 상태」에서 벗어날 수 있습니다.

본문
—

그러므로 과거에도 마음이 없고
미래에도 마음은 없다.
현재에도 마음은 없다는 것을 이해하고
모든 법(모든 존재)에 대해
분별에서 벗어나야 함을 알아야 한다.

마음은 어떻게 존재하고 있을까?

그러면 마음이라는 것은 어떤 것일까요? 『대일경』과 옛 탄트라에는 「마음을 알면 모든 것을 안다.」고 설명하고 있습니다. 그리고 그 본문에서는 「과거에도 미래에도 마음은 없다.」라고 말하고 있습니다. 마음의 본체는 잘 못된 마음에도 바른 마음에도 지혜에도 없고 그것은 부처님에게도 사물에도 어디에도 없는 것입니다.

그렇다면 마음은 어떻게 존재하고 있는 것일까요? 그 대답은 「자성으로 성립된 마음은 존재하지 않습니다.」라고 하는 것입니다. 이 「자성」이라는 것은, 다른 존재에서 독립된 실체성을 말합니다. 따라서 「마음을 알면 모든 것을 안다.」라는 의미는 「자성으로 성립된 마음은 존재하지 않는다고 알게 되면 그 외의 것도 모두 안다.」는 것입니다.

마음의 움직임이 없는 상태를 알다

이 본문은 마하무드라大手印처럼, 선정에 있어 분별이 없는 마음의 명확함에 관해 이야기하고 있는지도 모릅니다. 우리는 평소 마음에는 항상 여러 가지 생각이 일어나고 그 일어난 것을 분별해서는 걱정한다든지 낙담

한다든지 집착한다든지 하고 있는데, 「이렇게 되면 좋을 텐데……」라는 기대와 「그렇게 되지는 않을까」라는 불안과 의심을 버리고 마음을 그대로 두라는 것입니다. 과거에 생긴 일과 그것과 관련된 상념을 갖지 말고, 또 미래에의 기대와 연관된 생각도 일으키지 말고, 작의 없이 현재의 의식을 자연스러운 그 상태로 두는 것입니다. 그러면 때에 따라 사물을 분별하는 거친(조잡한) 마음이 차단되어 이로 인해 비로소 마음 본래의 상태를 알 수 있다는 것입니다.

이것은 인도의 성자 사라하(7세기)와 나로빠(1016~1100)[33] 등이 생각한 것입니다. 사라하는 다음과 같이 말합니다.

작의作意 하는 것 없이,
마음을 자연스럽게 흔들리게 하는 것이다.[34]

때에 따라 이러한 명상이 효과적일 수도 있습니다.

....
33) 나로빠 : 인도의 대성취자. 까규파의 시조인 마르빠에게 「나로육법六法」을 전수하였다.
34) 소남 著 「대인계의 사상과 실천」, 立川/賴富編 『티베트 밀교』 춘추사 103쪽.

또 위대한 수행자 린레빠(1128~1189)도 표현은 조금 다르지만 같은 얘기를 다음과 같이 하고 있습니다.

작의作意 없이 있는 그대로의 마음을
흔들리지 않게 한다면 깨달음證悟이 나타난다.
강의 흐름처럼 [마음의 흐름을] 지켜보면,
마음이 완전하게 나타난다.
유가행자여, [인식의] 대상의 상을 버리고,
항상 삼매三昧에 들어라.

마음에 물질色과 소리聲 등
어떤 대상이 나타나더라도,
선업, 악업, 고락과 같은 분별(개념)이 나타나도,
그것에 대해 한 가지라도
긍정도 부정도 하지 말고,
있는 그대로 머물게 두어라.
그러면 상념은 자연히 소멸하고,
그 후는 아무것도 인식할 것 없는 공이 나타난다.
이렇게 보는 것은 법성을 이해하는 것이고,

마음의 본질과 만나는 것이다.[35]

예를 들면, 화가 크게 났을 때 그것을 부정하지 않고, 혹은 그 선악을 분별함 없이 작의 없는 다른 마음으로 그것을 자세히 볼 수가 있다면, 성냄과 같은 의식은 자연히 사라져 없어진다는 것입니다.

그리고 화를 냈던 마음의 흔적이 전혀 인식할 수 없는 공간처럼 선정에 들 수 있다면 공성을 이해한다(혹은 마음을 인식한다)고 말하고 있습니다.

이 점에 대해 『캉가마』에는 다음과 같은 말이 있습니다.

앎(知)을 초월하는 무작無作의
저것[마하무드라]을 깨달으려 생각한다면,
자신의 마음을 찾아
그 도리를 벌거숭이로 두고 보라.
분별의 땟물을 깨끗하고 맑게 하라.
드러남을 부정하지도 긍정하지도 말고,
있는 그대로 흔들거리도록 하라.

....

35) 소남 著, 「대인계의 사상과 실천」, 立川/賴富編 『티베트의 밀교』 춘추사 103쪽.

배제도 승인도 없다면 그것이 「마하무드라」이다.[36]

마음의 움직임은 절대 불변이 아니라는 것이 이해된다면 자신의 마음을 인식할 수 있으므로, 그 마음을 있는 그대로 흔들리게 두라는 것입니다. 예를 들면, 더럽혀진 물을 그대로 조용히 방치하면 자연히 더러움이 밑으로 가라앉아 물이 깨끗해지는 예도 있습니다. 이처럼 마음에 나타난 것, 즉 마음의 더러움인 분별의 때에 대해 긍정도 부정도 하지 말고, 특정한 힘을 가하지 않으면 머지않아 깨끗해진다는 말입니다.

공성의 측면에서 말하면, 가령 나쁜 것을 버리고 선한 것을 취하는 좋은 방법도 할 수 없게 되기 때문에, 현교적인 의미로는 이러한 분별과 작의가 없는 것이 「마하무드라」라고 이해하는 예도 있습니다. 초심자의 경우는 바른 논거에 따라 관찰·분석하는 종류의 분별이 필요하지만, 망념이 지나치게 강할 때는 여기에서 말하고 있는 명상을 하면 잘 될 것으로 생각합니다.

....
36) 소남 著, 「대인계의 사상과 실천」, 立川/賴富編『티베트의 밀교』춘추사 103쪽.

긴장한 상태와 방심한 상태 중간에 마음을 둔다

마칙 · 랍둔마(1055~1143)는 다음과 같이 말했습니다.

긴장한 상태와 방심한 상태 사이에
마음 둘 곳이 있다.[37]

이것은 긴장감은 필요하지만 지나치게 열심히 하면 마음에 흥분이 생기므로 긴장한 마음을 조금 풀어줄 것, 그러나 또 너무 방심하면 졸음이 오니 적당한 집중이 필요하다는 것을 의미합니다. 과도한 노력은 그만두고 느긋하게 노력한다는 것입니다.

이것에 대해 「보리도차제광론」의 마지막 장에는 「지나치게 집중하고 노력하면 흥분하고, 그렇다고 집중이 부족하면 가라앉아 잠이 옵니다.」라고 쓰여 있습니다. 지나치게 열심히 하면 마음이 흥분되어 불안정하게 되고, 조금 긴장을 풀고 편안하게 하는 것이 필요합니다.

....

37) 소남 著,「대인계의 사상과 실천」, 立川/賴富編『티베트의 밀교』춘추사 104쪽.

그러나 또 너무 긴장을 풀면 잠이 오므로 적당한 최선, 적당한 마음의 통제, 적당한 강한 마음이 필요합니다.

마음은 항상 움직이고 있습니다. 마음의 움직임을 그다지 자각할 수 없는 때에도 자세히 관찰하며 마음은 어떠한 것인가를 느껴보는 것도 좋습니다. 그리고 흥분하고 침울함의 사이에 여러 가지 분별이 일어날 때는 그것에 사로잡히지 말고, 그대로 두는 것입니다. 예를 들면, 심술궂은 상대에게 이쪽에서는 아무것도 하지 않고 있으면, 머지않아 심술궂게 굴지 않는 경우가 있습니다.

마찬가지로 마음에 여러 가지 생각이 떠오를 때 어찌하면 좋을까 하고 고민한다든지 혹은 떠오른 생각에 자성이 있는가 어떤가를 자세히 관찰·분석하는 것을 과도하지 않게 적당히 행하면, 최종적으로 마음의 움직임이 멈춥니다. 그 생각이나 분별이 일어나기 전에 즉, 더러움이 가라앉아 맑은 물의 상태로 돌아갑니다. 이렇게 해서 명상을 잘해 나가게 되면 드디어 공성을 이해할 수 있게 됩니다. 공성에 대해 명상하는 것이 단지 아무것도 없는 텅 빈 곳을 만들자는 것이 아니라, 마음이 밝은 공한 상태가 되도록 명상한다는 것입니다.

북받치는 분별을 부정하지 않고 있는 그대로 본다

옛날 인도에서는 긴 항해를 할 때 새를 태우고 있다가 새를 놓아주어 육지까지의 거리를 재었다고 합니다. 그 당시 상황에서 인도의 『도하Doha』에는 다음과 같이 쓰여 있습니다.

옛날, 가도 가도 육지가 보이지 않는 크고 넓은 바다를 몇 개월에 걸쳐 항해했을 때, 배 안에서 기르고 있던 새는 마치 죄수처럼 매일 아침 배에서 놓아주어도 밤이 되면 반드시 다시 돌아왔습니다.[38]

이처럼 마음도 통제하고 있어도 너무 부정하지 않고 자유롭게 놓아두면 이윽고 다시 원래 상태로 돌아온다는 것입니다.

까규파의 위대한 수행자 양군빠는 다음과 같이 말하고 있습니다.

----

[38] 소남 著, 「대인계의 사상과 실천」, 효川/賴富編 『티베트의 밀교』 춘추사 104쪽.

망분별에 대해 잘못이라 보지 말고,
또 무분별을 일부러 명상할 것 없고,
마음을 있는 그대로 맡겨두라.
그러면 '멈춤(止)' 그대로 된다.[39]

　"그러므로 과거에도 마음이 없고 미래에도 마음은 없다. 현재에도 마음은 없다는 것을 이해하고 모든 법(모든 존재)에 대해 분별에서 벗어나야 함을 알아야 한다."라고 하는 본문에서 사빤이 말하고자 하는 것의 진의는, 해석의 방식에 따라 다르다고 생각되지만, 하나의 견해, 혹은 방법으로서 이러한 것을 말하고 있는지도 모릅니다. 이것은 일반적인 중관의 방법과는 다르지만, 때에 따라 이런 방법도 효과적이라 생각합니다.

　덧붙이면, 보통의 중관의 방법에서는 가령 화가 났을 때 그 화의 본체는 어디에 있는가를 구체적으로 분석해 나갑니다. 손에 통증이 있을 때는 그 통증의 본체는 손의 어느 부분인가를 구체적으로 찾아봅니다. 『반야심

---

39) 소남 著, 「대인계의 사상과 실천」, 立川/賴富編 『티베트의 밀교』 춘추사 104~105쪽.

경』에도 있지만, 이러한 방법으로 사물, 혹은 현상을 하나하나 분석해가면 궁극적인 의미[勝義]로 그 본체는 어디에서도 찾을 수 없습니다. 이를 잘 이해한다면 실제 이상으로 증대하여 받아들인 고통의 감각이 경감되거나 소실되는 일도 있습니다.

마음속에 고요함과 편안함을 지닌다

사빠이 말하고 있는 명상의 방법에는, 일반적인 마음의 훈련(로종) 가르침과 공통된 부분도 있습니다. 로종의 수행에서는 어떠한 상황이더라도 과도한 기대와 의심을 하지 않는 것이 하나의 요점입니다. 세속적인 의미로 아무리 괴로운 일이 있어도, 또 반대로 행복한 일이 있어도, 마음 깊숙한 곳은 항상 변하지 않고 안정되어 있고, 고요함을 지니고 있어 편안하다고 하는 것입니다. 간단하게 표현하면, 표면적으로는 좋은 것과 싫은 것이 여러 가지 있어도, 마음 깊은 곳에서는 그다지 신경 쓰지 않는 것입니다.

망분별妄分別은 좋은 것으로 생각할 수 없지만, 그것이 심해지면, 명상이라는 것은 무념무상이 되어 아무것도 생각지 않는 것이라고 받아들이는 경우가 있을 수도 있습니다. 확실히, 때에 따라서는 그런 명상에도 의미는 있지만, 잘못 받아들여 극단적으로 달릴 때는 주의가 필요합니다.

예를 들면, 8세기 후반, 중국 승려 마하연 선사는 「흰 개가 물어도 검은 개가 물어도 마찬가지」라고 하면서, 선정禪定 중에서는 선악을 따질 것 없고, 생각하는 것 그 자체가 나쁘다는 것입니다. 즉 불사불관不思不觀을 철저하게 해야 한다고 주장했습니다. 이에 대해 까말라실라(蓮花戒)[40] 등 인도의 논사論師들이 비판한 역사가 있습니다. 이 사건을 티베트불교에서는 「삼예의 종론」이라 합니다.

이 마하연 화상처럼 극단적인 명상의 방법에는 조금 위험성도 있지만, 너무 기대하지 않고 의심하지 않는 것은 좋은 수행이 됩니다. 그것은 마치 어리석은 사람이

---

40) 까말라실라(蓮花戒) : 740~795. 인도 불교철학의 거장. 특히 중관논사로서 산따락시따의 제자.

아니냐고 생각할 수도 있지만, 지나치게 생각을 하거나 지나치게 분별하여 단지 이론만 내세우는 경우가 되기도 합니다. 그렇다고 해서 논리적으로 생각지 않으면 실수가 생길 가능성도 있으므로, 이 양극단에 떨어지지 않기 위해서는 사물의 올바른 모습을 자세히 볼 필요가 있습니다.

6. 네 가지의 사로잡힘에서 벗어난 결과

**이처럼 행하면 이번 생에 대해 사로잡힘이 없고,
삼악취에 태어날 일도 없다.
삼계의 윤회에 사로잡히지 않고
윤회에 태어날 일이 없다.**

지나친 기대와 의심이 없으면 문제도 없어진다

「네 가지의 사로잡힘」에서 벗어나는 것을 배우고, 우
선 이번 생에 사로잡히지 않으면 삼악취에 태어날 일이
없어집니다. 「이번 생에 사로잡히지 않는다.」는 의미는
「이번 생을 버린다.」 또는 「자신을 버린다.」는 것이지만,
이것은 굶어 죽는 것도, 일하지 않고 놀며 살아가도 된
다는 것도 아닙니다. 그 진의는 세간 팔법에 기인한 이
번 생의 생활에 대한 집착에서 벗어나는 것입니다. 자신

의 신변에 좋은 일이 일어나기를 지나치게 기대한다든지, 또 나쁜 일이 일어나는 것은 아닌가 하고 지나치게 두려워하거나 의심하지 않고, 어떠한 상황이 되어도 일어난 것은 모두 받아들인다고 생각하는 것입니다.

우리가 불선을 행하는 것은, 지나치게 기대해서 조금이라도 방해가 되면 증오와 화를 내기 때문입니다. 그래서 결국 살인까지 범해버리는 일도 있습니다. 이런 의미로 이번 생에 대한 집착을 버릴 수 있으면, 굉장히 편히 살 수 있게 될 것입니다. 일이든 뭐든 너무 기대하지 말고 쓸데없는 것에 신경 쓰지 않으면 문제도 없어집니다. 그러면 악업을 쌓지 않게 되므로 내세에 삼악취에 떨어질 걱정도 없어지는 것입니다.

윤회 세계의 어떠한 상태에도 사로잡히지 않습니다

우선 이번 생과 내세에서 순서를 따진다면, 내세 쪽을 중요하게 생각도록 합니다. 그렇게 해서 이번 생에 얽매여 이번 생만을 중시하는 태도가 없어지면, 그 뒤는 이번 생이나 내세로 한정하지 않고, 최종적으로 윤회 전체에 사로잡혀 집착하는 상태에서도 벗어나도록 합니다.

인간계에서도 천계에서도 어디에서도 윤회에 있는 한 그 본질은 괴로움입니다. 특히 무상이라는 관점에서 이번 생, 내세 그리고 윤회 전체에 대해 생각하면 모든 사물은 항상 계속 변화하고 있고, 죽음은 반드시 온다는 것을 알 수 있습니다. 윤회 세계의 완전하지 못함인 세 가지 고에 대해 깊이 생각하고 명상하면, 저절로 윤회 전체를 싫어하게 될 것입니다. 윤회를 싫어하는 기분이 든 후에는 불교 해탈의 위대함과 이익을 상기합니다. 이렇게 윤회의 어떤 상태에도 사로잡히거나 집착함이 없어지면 윤회에 태어날 일도 없어집니다.

본문

—

자신의 이익에 사로잡힘이 없고
성문과 연각에 태어남도 없다.
사실과 현상에 사로잡히지 않고

빠르고 확실하게 정등각(깨달음)을 얻는다.

자신보다 남을 우선시합니다

「자신의 이익에 사로잡힘이 없다.」는 것은 직접적인 불교의 사상입니다. 자기 자신의 이익을 생각하는 마음의 근저에는 자기 애착이 있습니다. 이런 자기 애착 때문에 자신만의 해탈을 구해서는 안 되고, 자기 이외의 많은 사람과 생물들도 괴로워하고 있다면 그들도 윤회에서 벗어나게 해야만 합니다. 이렇게 남을 소중히 생각하는 마음이 강하게 생기면 자신의 처지는 그다지 신경쓰지 않게 됩니다. 「자신의 처지를 생각하지 않는다.」 또는 「자신을 버린다.」는 것이 자살 같은 것을 말하는 것이 아니라는 것은 이미 설명했습니다. 지금 바로 완전해지지는 않더라도 가능한 한 남을 우선시하고 자신은 그다음으로 한다면 불자로서 보살의 길을 걷기 시작할 수 있습니다.

잘못된 시각을 지혜로 바꾼다

　자비와 보리심을 일으킨 후에는 모든 사물은 자성으로 존재한다고 보는 마음에서 벗어납니다. 설사 보리심이 있어도 모든 존재의 진정한 모습을 모른다면 수행은 결코 앞으로 나아가지 않습니다. 수행이 큰 발전을 이루어 빨리 깨닫기 위해서는 사물의 모습에 관한 진리 즉, 공성을 이해할 필요가 있습니다. 따라서 수행에 있어 아집의 대치가 되는 무아를 수습합니다. 그리고 마음의 모든 더러움과 잘못이 완전히 사라진 그날에는 모든 존재의 모습에 대한 그동안의 잘못된 시각이 지혜로 바뀌고 정등각(깨달음)을 얻게 됩니다.

　이처럼 방편으로의 자비와 보리심, 그리고 공성을 이해하는 지혜의 양쪽을 갖추면 원만한 부처님의 몸과 지혜의 마음이 실현되고 그 무한한 공덕에 의해 최상의 행복에 이를 수가 있습니다.

Ⅲ.
일상생활 중에서 실천의 방법

이 「네 가지 비결」은 불교의 핵심이므로 하나하나 고요하게 충분히 생각해 보십시오.

예를 들어, 아침에 일어났을 때 네 가지 중 첫 번째인 이번 생에 사로잡힌 마음에서 벗어나기 위해 무상에 대해 생각합니다. 그리고 하루 중 일을 열심히 하다가도, 그 상태를 영구불변의 것이라 믿지 말고, 그 상태도 무상이므로 언젠가는 변화한다고 가볍게 받아들인다면 여러 가지 곤란을 겪은 마음도 조금 변할 것입니다.

요점은 오늘(이번 생)의 일만 지나치게 생각하지 말고, 내일(내세) 이후의 일도 생각해야만 한다는 것입니다. 그러기 위해서는 유가 구족의 훌륭함과 얻기 힘들다는 것을 인식하고 죽음의 무상을 잊지 말고 인과관계의 업의 법칙을 신뢰하는 것입니다.

이 가르침을 진정한 의미로 실천하기는 쉽지 않지만, 여기에 쓰여 있는 것 가운데 자신이 행하기 쉬운 것부터 시작해 서서히 어려운 것으로 넓혀간다면 좋을 것입니다. 나는 도저히 할 수 없다고 자신을 상실하거나 신앙을 잃어버리는 일이 없도록 주의해야 합니다.

같은 내용이라도 싫증이 나거나 의문이 생기거나 해서 효과가 없을 때도 있겠지만, 또 반대로 굉장히 효과가 있다고 느낄 때도 있을 것입니다. 게다가 여러 종류의 가르침과 방법을 통해 배운다든지 가르친다든지 하면 마음에 대한 효과도 또 다르게 느껴질 것입니다.

불교에서는 잘 생각하는 힘이 있는 사람에게 단순히 진언과 경을 외우는 것만을 가르쳐서는 안 된다고 합니다. 이것은 진언과 경을 외우는 것만 하고, 가르침의 내용 그 자체에 대해 생각하지 않도록 이끌어서는 안 된다는 의미입니다. 단, 이것은 절대적인 것은 아닙니다. 불교에는 각자의 수용 능력과 특성에 맞는 다양한 방법이 있기 때문입니다.

어떤 방법을 취하는 경우라도, 평소에 은혜 깊은 스승들과 자비심 깊은 본존에 귀의하고, 「부디 가지 해 주소서.」라고 마음으로부터 원하는 것이 중요합니다. 「일상 생활 속에서 법답지 않은 행위를 하지 않고, 부처님의 가르침대로 성실히 수행할 수 있기를」 강하게 원하며, 「이 가르침에 대해 깊이 명상할 수 있도록, 이 가르침의 비결을 부디 내려주소서.」라고 마음으로부터 기원하는 것이 중요합니다.

이렇게 하여 이 「네 가지의 사로잡힘」에서 벗어난다면, 그때야말로, 수행에 진짜 힘이 생기게 되고 「내가 행하는 문·사·수聞思修의 수행 공덕에 의해 모든 살아있는 존재들이 부처님의 경지에 도달하기 위한 힘이 될 수 있기를」 마음 깊이 발원할 수 있게 됩니다.

마지막으로

본 책은 1999년 4월부터 반년간에 걸쳐 「포탈라칼리지 동경센터」에서 개강한 「마음 훈련」 클래스의 강의에 기초를 둔 것입니다. 이 클래스에서 사용한 텍스트는 쫑카빠 대사의 「도의 세 가지 요결」을 사이토오(齋藤保高)씨가, 사꺄 빤디따의 「네 가지 사로잡힘에서 벗어나는 비결」을 후지타(藤田省吾)씨가 각각 티베트어에서 번역했습니다. 강의에서는 여러 가지 주역서, 람림과 로종의 가르침, 스승의 구전 등을 기초로 해설을 첨가했습니다.

당시의 수강생들은 이 가르침에 굉장히 깊은 관심을 보였고 각자 필기도 하고 녹음도 하며 공부하였고, 수업 이외의 시간에도 많은 질문을 받았습니다. 내 인상으로는 이 가르침은 굉장히 가지력이 있고, 여러분의 사고를 바꾸는데 굉장히 효과적이라 생각합니다. 수강생 중에는 수강을 마치자마자 출가한 분도 있으며, 모든 사람의 마음이 크게 변함을 보고 나 자신도 더 신심을 깊게 가지게 되었습니다.

위대한 유가 행자 밀라래빠는 다음과 같은 말을 남겼습니다.

「동굴에서 수행하는 수행자와 그 생활을 후원하

는 신자인 단월, 이 두 사람은 동시에 불타佛陀가 될
연기가 있다. 이러한 연기의 핵심은 회향이며 이 회
향에 주목해야 한다.」

밀라래빠의 이 말씀과 마찬가지로 세 가지 요결의 가
르침을 이 책에 총괄하도록 직접적으로 노력해 주신 분
들과 여러 다른 형태로 조력해주신 모든 분의 선근을 여
러분이 부처님의 경지에 이르는 원인이 되도록 회향합
니다. 그리고 이렇게 회향한 연기에 의해 여러분이 미래
에 부처님이 될 수 있기를, 본 책을 읽으시는 분들의 선
근이 무르익기를, 일체중생이 행복해져 부처님의 가르
침이 널리 퍼지기를 마음속 깊이 기원합니다.

제3부
—

문수의 지혜에
의한 구원

− 중관의 네 가지 명상(中觀四念住)

I. 지혜의 화신 문수사리
II. 지혜에 대한 견해와 명상

제3부

문수의 지혜에 의한 구원
– 중관의 네 가지 명상(中觀四念住)

중관의 사념주四念住

껠상갸초(Kalzang Gyatso,
1708~1757, 달라이라마 7세)

스승의 명상瞑想 (상사上師의 염주念住)
—

보편적인 지혜와 방편이 하나로 이어진 옥좌 위에
성스러운 스승이 앉아 계시도다.
모든 귀의를 전부 골고루 받아들이신 모습,
미망을 끊고 깨달음에 이른 부처님의 모습으로.

과실을 보는 어리석은 마음에서 벗어나
깨끗이 마음을 맑게 하여
존귀하신 스승님께 기원할지라.
끝없이 방황하는 마음을 묶어 놓고
과실을 보는 분별 · 망상에서 벗어날지라.

있는 그대로 마음을 방치하지 말고
음미를 시작할지니, 항상 마음을 경건히 하도록.

자비慈悲의 명상瞑想 (자비慈悲의 염주念住)

—

윤회의 감옥에서는 행복을 빼앗긴 중생들이
끝이 없는 고난에 묶여 육도를 단순히 윤회할 뿐,
일찍이 나를 자비롭게 키워주신
부모가 거기에서 괴로움에 헤매고 있도다.

집착과 혐오의 편견에서 벗어나
마음은 자애와 연민에 머물게 하고,

끝없이 방황하는 마음을 묶어
자비慈悲와 이타利他에 계속 머물게 할지라.

있는 그대로 마음을 방치하지 말고
음미를 시작할지니,
항상 마음은 자애와 연민에 있도록.

본존本尊의 명상瞑想 (본존本尊의 염주念住)

―

청정한 심신을 가지고 바라보면
거기에 환희가 넘치는 본존의 주처가 있고,
본존의 3불신三佛身이 나의 몸에 있으니
자신을 평범하게 보지 말고
이 세상의 현상에 사로잡히지 않은 채,
명료하게 일어나는
깊고 깊은 진리의 현현을 응시할지라.

끝없이 방황하는 마음을 묶어 놓고

마음은 깊고 명료한 상태로 있을지라.

있는 그대로 마음을 방치하지 말고
음미를 시작할지니,
항상 마음은 깊고 명료하게 있도록.

공空의 명상瞑想 (공空의 염주念住)

—

일체 소지 만다라의
가는 곳마다 넘쳐흐르는 맑은 빛이여.
그것은 존재의 궁극적인 본질이며
언어를 초월한 진리의 빛이로다.

희론의 이치에 마음이 움직이지 않도록 할지라.
현현과 육식六識이 거듭되어 생겨나는
이원론二元論의 망분별妄分別과
무근無根의 현상이 소용돌이치는 혼란의 희곡,
계략이 보이는 착각,

이러한 환상들을 진리라 생각지 말고
이 맑디맑은 공성을 바라볼지라.

끝없이 방황하는 마음을 묶어 놓고
마음은 공에 두도록 할지라.

있는 그대로 마음을 방치하지 말고
음미를 시작할지니,
항상 마음은 공에 있도록.

I.
지혜의 화신 문수사리

1. 문수사리는 누구인가

　모든 것[諸法]은 인연에 의해 생겨난 것이라고 부처님은 말씀하시고, 괴로움의 근원인 번뇌를 뿌리째 제거하여 윤회를 종식시키는 힘은 지혜에 있다고 설하셨습니다. 그런 지혜를 인격화한 것이 문수사리(文殊師利 Mañjuśrī 妙吉祥, 妙音)입니다. 문수사리의 지혜에는 「광대한 지혜」와 「명료한 지혜」와 「신속한 지혜(빠르게 이해하는 지혜)」와 「깊고 깊은 지혜」라는 중요한 가르침이 있습니다.
　「광대한 지혜」는 광범위하게 이해할 수 있고, 더구나

긴 시간을 들여 생각할 필요가 없이 바로 이해할 수 있으며, 또한 노력을 낭비하지 않고 쉽게 이해할 수 있는 것입니다.

「명료한 지혜」는 대상에 포함된 구성의 의미와 내용을 각각 세부적으로 혼동하지 않도록 확실하고 명확하게 이해할 수 있는 것입니다.

「신속한 지혜」는 순식간에 요점을 포착할 수 있고, 길게 생각할 필요가 없이 쉽게 바로 이해할 수 있는 것입니다.

그리고 「깊고 깊은 지혜」는 대상을 논리적으로 판단하고 이해에 방해 없이 바로 도달하며, 더욱이 깊은 곳까지 이해가 진행되어 핵심에 이르게 하는 것입니다.

부처님은 믿음과 자비와 계율을 말씀하시기도 하는데, 믿음에 지혜를 동반하고 자비에도 지혜를 수반한다는 것이 기본입니다. 인내와 정진에 힘쓸 때도 지혜는 빠뜨릴 수 없습니다. 불교의 어떤 가르침이라도 반드시 지혜를 동반하는 것이 불교의 특징이며 필요한 것이라고 여겨집니다. 요약하면, 어떠한 것에 대해서도 지혜를 동반하는 것이 중요하다는 말입니다.

부처님을 명지와 덕행을 구족하신 님[明行足]이라고 하
듯이, 깨달음을 얻는 길에도 방편[德行]과 지혜 두 가지가
있습니다. 또한 부처님의 칭호 가운데 「일체지자一切智
者」라는 말도 있는데, 이것은 「모든 것을 다 이해하는 지
혜를 가진 깨달음을 얻은 님」이라는 의미이고 「지혜」라
는 말이 여기에서도 사용됩니다.

자비가 보편적으로 널리 인정되고 있듯이, 지혜도 마
찬가지로 보편적입니다. 존재하는 모든 것을 바르게 이
해하는 것이 지혜이고, 이러한 지혜는 괴로움과 윤회의
원인이 되는 무지·무명을 뿌리째 제거할 수 있으므로
불교에서는 지혜를 매우 중요하게 여기는 것입니다.

티베트에서는 불교를 현교(顯敎:일반적인 불교)와 밀교
(密敎:진언·금강승의 가르침)의 두 가지로 나누기도 하는데,
각각의 기본적인 수행 방법 중에 현교에서는 육수념六隨
念41)을 말하고, 밀교에서는 부처님과 본존을 마음속으로
관상하는 수행이 있습니다.

특히 밀교에서는 「본존 유가(본존과 자신과의 일체화를 관하

----

41) 불佛·법法·승僧·계戒·시施·천天을 염하는 것. 육념처六念處라고도 한다. 마음
에 담아 수행에 도움이 되게 하는 여섯 가지 본보기이다.

는 행법)의 존격에 의한 성취법」이라는 수행이 있습니다. 여기에는 관음보살을 자비의 본존이라 하는 것처럼, 문수보살을 지혜의 본존으로 대합니다. 문수보살을 본존으로서 가까이하고 기쁘게 하여 성취에 이르는 수단으로 수행하는 것입니다. 이러한 수행은 일체법[42]의 관찰과 지혜를 증장시키는 것에 굉장히 도움이 된다고 합니다.

· · · · · · · · · · · · · · ·

42) 존재하는 모든 것의 전부. '제법諸法'이라고도 한다.

2. 문수보살의 성취법에 대하여

「본존 유가」에 의한 문수보살의 여러 가지 성취법 가운데 젊은 문수보살을 찬탄하는 「강로마」라는 성취법이 있습니다. 「강로마」에 있는 문수보살의 찬탄 계송은 밀교의 모든 성취법을 모은 「린춘갸차」(『사다나말라』)[43] 중에 있는 것입니다.

스승이시고 보호주이신 문수사리께 예경합니다.

두 가지 장애[44]의 구름 벗어난

태양처럼 밝은 당신의 지혜여,

일체 모든 법의 실상[如量][45]을 있는 그대로 아시기에

당신의 가슴 가운데 반야의 경전 지니셨네.

....

43) 『사다나말라』는 「성취법의 화환」을 의미하고, 여러 가지 밀교 본존의 성취법이 나타나 있는 문헌이다. 인도 후기 밀교 시대에 성립하였고, 빤첸라마 4세가 편찬한 것 등이 있다.

44) 번뇌장과 소지장. 불도수행에 방해가 되는 두 가지. 번뇌장은 삼독(탐욕·화냄·어리석음)이라는 근본적인 번뇌에 근거한 마음의 오염으로 해탈을 방해한다. 소지장은 번뇌장의 훈습으로 잔류한 인상의 장해. 번뇌장과 소지장을 끊어 없애면 일체지자인 불타의 경지를 얻을 수 있다.

45) 세속제의 소지所知 일체. 모든 존재인 일체법이 세속의 차원에서 가지가지로 나타나 있는 존재.

윤회의 감옥에서 무명의 어둠으로
혼란과 고통으로 괴로워하는 중생들을
외아들처럼 아끼는 자비심으로
60가지 음성[聲明]의 공덕 갖추어 설법하시니,

용의 천둥소리처럼 번뇌의 잠을 깨워
업보의 굴레에서 벗어나게 하시며,
무명의 어둠 밝히고
모든 고통의 싹을 자르는 반야검을 지니셨네.

시초부터 청정하고 열 가지 지평[十地][46]에 달성하시어
모든 공덕을 원만히 갖춘 최상의 몸을
112가지 공덕[47]으로 장엄하시고,
저의 마음의 무명을 남김없이 제거해 주시는
묘길상 문수사리존께 예경합니다. [48]

....

46) 대승 보살 성자의 열 단계. 불타의 지위에 들어가기 직전에 수행하는 내용. ①환희지, ②이구지, ③발광지, ④염혜지, ⑤난승지, ⑥현전지, ⑦원행지, ⑧부동지, ⑨선혜지, ⑩법운지의 열 가지. 십지를 초월한 단계가 무학도이고, 일체지자의 경지가 된다.

47) 32상과 80종호를 말한다. 일체지자이신 부처님 공덕의 외견적 특징들인데, 정수리의 육계, 미간의 백호, 피부 색깔의 금색상 등을 들 수 있다.

48) 「강로마 – 문수존 찬탄 기원문」은 람림학당 「티베트현밀교학연찬회」에서 번역한 『성 묘길상진실명경』 부록에 수록된 것이다.

II.
지혜에 대한 견해와 명상

1. 지혜의 명상

　대승불교에서는 이제(二諦:두 개의 진리) 즉 세속제(世俗諦: 일반적인 진리)와 승의제(勝義諦:절대적인 진리)[49]의 인식을 바탕으로 하고, 수단[道]으로는 방편과 지혜[50]를 이용하며, 결과로서는 두 가지 불신(佛身)인 색신(色身:물질적인 신체)과

---

[49] 「승의제」는 절대적인 존재 차원의 진리이다. 모든 존재에 대해서 단독·자존으로 존재하는 것은 없다. 즉, 무자성無自性이라는 공성의 상태이다. 「세속제」는 상대적인 존재 차원의 진리인데, 인因과 연緣에 기인하여 성립한 일반적인 현상세계에서의 나타남이다.

[50] 대승불교의 궁극의 목적인 부처님의 경지를 얻기 위한 수단은 방편과 지혜 두 가지로 여긴다. 방편은 보리심의 실천, 즉 중생을 구원하기 위해 행하는 수단이고, 지혜는 공성을 이해하는 궁극의 지혜이다.

법신(法身:진리로서의 신체)을 얻을 수 있다[51]고 말하고 있습니다.

나가르주나[龍樹][52]의 『근본중론송』[53]에서도 부처님이 설하신 가르침은 이제二諦에 기초를 둔 것이라고 말하고 있습니다.

껠상갸초 존자가 지은 문수사리의 지혜에 바탕을 둔 「중관의 사념주」 관상에 들어가 보겠습니다.

일체 제불과 보살들에게 공양하고
일체 제불과 보살들의 마음에 간청드리오며,
빛의 모습으로 흘러들어와
지금강에 다다르게 하시는 스승님께 예경합니다.

---

51) 방편과 지혜의 길[道]의 결과[果]로 부처님의 색신과 법신을 얻을 수 있다고 한다. 「방편의 인因에서 색신色身을 얻는 것」은 남을 구제하기 위해서는 구체적인 모습·형태가 필요하기 때문에 세속의 인식에 나타나는 신체를 가진 색신이 결과가 된다. 「지혜의 인因에서 일체지자 그 자체인 법신을 얻는 것」은 법신이 진리의 법을 신체로 하고, 모습·형태를 가질 수 없는 궁극의 진리와 그 완전한 이해를 얻는 것을 가리킨다.

52) 나가르주나(龍樹 150~250년경)는 초기 대승불교의 사상을 확립한 대논사로서 공성 사상을 확립한 중관파의 개조이다. 티베트불교에는 『근본중론송』을 비롯한 많은 저술에 대한 연구와 수행을 해 오고 있다.

53) 나가르주나의 대표적인 저술인데 공성과 연기, 이제二諦, 중도 등 중관사상에 대해 서술하고 있는 논서이다.

(1) 『간덴하갸마』 외우기

제춘 세랍 셍게[54]의 전통으로는 먼저 『간덴하갸마』[55]의 게송을 외우면서 몸과 말과 마음의 움직임이 안과 밖과 비밀內·外·秘密의 일체화[56]가 되도록 합니다.

다음으로「광대한 지혜」「명료한 지혜」「신속한 지혜」「깊고 깊은 지혜」를 성취할 수단으로 문수보살 성취법의 관상을 합니다.

....

54) 제첸 세랍 셍게(?~1445)는 규메-승원(下密院)의 창시자. 겔룩빠종파의 창시자인 쫑카빠 대사(1357~1419)의 제1제자이다. 쫑카빠 대사 입적 후 달라이 라마 1세의 근본 스승(밀교의 비결을 내려 주시는 공경의 대상이 되는 스승, 아사리)이 되었다. 한편 쫑카빠 대사는 티베트불교의 교리와 실천체계를 집대성한 성자. 현교·밀교 양쪽을 구석구석까지 숙지하고, 중관 사상과 밀교의 교화에 눈부신 발전을 가져왔다. 티베트 역사상 최고의 고승이라고 할 수 있다.

55) 쫑카빠 대사를 스승으로 한 예찬한 게송. 간덴은 티베트어로 도솔천을 의미하고, 도솔천에 사는 미륵보살의 마음으로부터 드러난 쫑카빠 대사께 예찬하는 것이다. 구루요가로써 중요한 점을 간결하게 정리하고, 비교적 실천이 쉬운 것으로 여겨진다. 두르낙빠(역주(21)을 참조) 지음.

56) 신·구·의를 외적·내적·비밀의 세 가지로 하고 내·외·비밀의 성취를 관상한다. 밖[外]으로 삼존(관음·문수·금강수)의 지혜와 자비와 힘이라는 세 가지의 공덕을 가진 쫑카빠를 성취한다. 안[內]으로 쫑카빠는 이 삼존의 공덕(지혜와 자비와 힘)을 전부 균등하게 가지고 있다고 성취하고,「비밀秘密」로는 쫑카빠는 삼존의 공덕과 일체一體이어서 구별할 수 없다고 하는 것을 성취하는 것이다.

(2) 「욘뗀실귤마」 외우기

　「욘뗀실귤마—공덕의 근원」57)을 외우면서 신·구·의의 종자[존격의 본질을 나타내는 범자梵字], 검, 지물持物을 가지하고, 전체의 명상[관상]을 1회 행합니다. 이것도 문수보살의 성취법 중 하나에 해당합니다.

　이어서 「믹쩨마」58)에서 세 보살[문수·관음·금강수]의 진언을 외우며, 감로의 물줄기가 내려오는 것을 관상합니다. 이때에도 지혜를 성취하기 위한 관상을 하고 있습니다.

....

57) 쫑카빠 대사가 불도수행의 지침으로 삼도록 저술한 『보리도차제론』의 요점을 친히 짧게 정리하고, 교론敎論의 지식과 작법과 수행의 기본을 나타낸 게송이다.

58) 「믹쩨마」는 처음에 쫑카빠 대사가 자신의 상사를 예배하기 위해 지은 게송이었는데, 그 상사는 자신이 아니고 도리어 쫑카빠 자신에게 어울리는 게송으로 했기 때문에, 현재는 쫑카빠 대사의 예찬 게송으로 알려져 있다. 여기에서는 「믹쩨마」를 외는 쫑카빠 대사의 내증관상內證觀想에서 문수보살, 관자재보살, 금강수보살의 진언 염송의 삼매에 들어가고, 그 모두를 일체一體로 관한다. 게송은 다음과 같다. "한량없는 자비의 대원천이신 관세음이시고, 허물없는 지혜의 왕이신 문수사리이시며, 모든 마군 물리치신 금강수이시고, 눈의 나라 장엄하는 최상의 지자이신 쫑카빠 롭상 닥빠의 두 발에 간절히 청하나이다."

(3) 한번 더 「강로마」 외우기

한 번 더 「강로마」를 외웁니다. 여기에서는 쫑카빠 대사의 가슴에 문수보살이 계신다는 관상을 합니다.

우선 문수보살의 가슴에 검劍이 있다고 생각으로 그려봅니다. 이 관상으로 부정한 것을 깨끗이 하고 무지를 제거하며, 몸에 의해 「광대한 지혜」를, 입에 의해 「명료한 지혜」를, 뜻(종자)에 의해 「신속한 지혜」를, 지물持物에 의해 「깊고 깊은 지혜」를 성취합니다.

검과 경전과 경검(經劍:반야경전과 반야검의 두 가지) 세 가지에 의해 논論과 설說과 저술[著]을 획득하게 되는데, 즉 검에 의해 논쟁하는 능력을, 경전에 의해 해설하는 능력을, 그리고 경검에 의해 저작하는 능력을 각각 얻는 것입니다. 이어서, 검에 의해 지혜 등의 실지悉地[59]를 성취한다고 관상합니다.

성스러운 스승인 문수보살의 가슴에 검이 있고, 무량한 감로의 비가 흘러내리는 검을 가슴에 가진 문수보살

---

[59] 본존의 경지에 이르는 것. 부처님의 경지에서 얻을 수 있는 능력을 수행하여 성취하는 것.

로부터 무량한 감로를 내려주시는 가지력을 수행하여
성취합니다.
　이렇게 관상하면서 문수보살의 진언을 외웁니다.

　　옴 아라빠짜나 디-히

　그리고 찬탄의 게송을 외웁니다.

　　길상한 보배 같은 스승이시여,
　　제 가슴의 연화 위에 앉으셔서
　　커다란 은혜의 덕을 향수하는
　　신 · 구 · 의身口意의 성취를 내려주소서.

　스승께서 자신의 가슴에 용해되어 오는 관상의 상태
를 유지하면서 공성의 지혜 명상을 계속합니다.
　껠상갸초 달라이 라마 7세의 시문인 「중관의 사념주」
를 따른 명상에 대해 해설하겠습니다.

2. 스승의 명상瞑想(「중관의 사념주」 - ① 스승의 염주)

보편적인 지혜와 방편이 하나로 이어진 옥좌 위에
성스러운 스승이 앉아 계시도다.

「자신의 가슴에 팔엽八葉의 연화가 있다. 이 연화 위에
자신의 스승과 본존인 문수보살, 그리고 자신의 마음 셋
이 한 몸으로 되어있다.」라고 관상합니다. 스승과 본존
과 자신의 마음이 하나가 되어, 깨달음을 얻을 때까지는
본존의 모습이 자신 마음속 중심에 안주하도록 하는 것
이 중요합니다.

모든 귀의를 전부 골고루 받아들이신 모습,
미망을 끊고 깨달음에 이른 부처님의 모습으로,

과실을 보는 잘못된 마음에서 벗어나
마음을 맑고 깨끗하게 하여
존귀하신 스승님께 기원할지라.

스승에게 의지하는 관상입니다. 눈앞의 스승이 모든 부처님의 본체이고, 모든 가르침의 본질이라고 생각합니다. 즉 스승을 모든 본존, 부처님, 가르침, 승가의 본질로써 관상합니다. 람림[60]에 기초를 두며, 스승에 의지하는 것의 이득과 의지하지 않은 것의 과실을 관상하고, 또한 행위나 사념을 통해 의지하는 방법에 따라 스승에게 사마타와 위빠사나[止觀]의 행[61]과 감사를 염합니다.

끝없이 방황하는 마음을 묶어 놓고
과실을 보는 분별 · 망상에서 벗어날지라.

있는 그대로 마음을 방치하지 말고
음미를 시작할지니, 항상 마음을 경건히 하도록.

....

60) 일반적으로 『도차제(깨달음에 이르기까지의 수행 차제)』라고 해석된다. 티베트불교의 주류가 되는 사상. 티베트불교의 전통적 수습체계. 옛날 아띠샤 존자(982~1054)가 『보리도등론』을 저술한 것에서 시작한다. 이것은 인도불교의 전통에 따라 불교의 여러 가지로 다른 점 모두를 버리지 않고 단계를 거쳐 수도를 진행하는 「깨달음에의 입문」으로 자리매김하려는 것이었다. 쫑카빠 대사가 이것을 계승하며, 중관 귀류논증파의 철학에 따라 재구성하여 「도차제」사상의 집대성으로서 『보리도차제론』을 저술했다. 한편 아띠샤 존자는 11세기 티베트불교 부흥에 공헌하고 많은 영향을 준 인도 스님으로, 벵골의 왕가 출신이고 비크라마시라 사원의 승원장이었다.
61) 집중의 명상인 「멈춤(止)」과 깊은 통찰의 명상인 「봄(觀)」의 두 가지의 수습을 공성의 바른 이해에 따라 행하는 것이다.

3. 자비의 명상瞑想(「중관의 사념주」 - ②자비의 염주)

(1) 자비의 대상

대승불교 길의 근본은 보리심이고 보리심의 근본은 지혜가 바탕이 된 크나큰 자비입니다. 중생들이 괴로워하는 것에 견딜 수 없어 하는 마음이 자비에 의해 강하게 생겨납니다. 때문에 『대승장엄경론』[62]에도 적혀 있는 것처럼, 보리심의 근본은 지혜가 바탕이 된 자비라고 일컬어지는 것입니다. 이러한 자비를 명상하는 것은 굉장히 중요합니다.

『중관의 사념주』 가운데 두 번째 「자비의 염주」를 봅시다. 이 게송에서는 자비의 대상인 중생에 대해 서술하고 있습니다.

윤회의 감옥에서는 행복을 빼앗긴 중생들이

....

[62] 미륵보살이 아상가(無着)에게 준 가르침(五法)의 하나이며, 불교의 기본과 실천을 공부함에 적당한 논서로 현대에서도 널리 사용되고 있다.

끝이 없는 고난에 묶여 육도를 단순히 윤회할 뿐,
일찍이 나를 자비롭게 키워주신
부모가 거기에서 괴로움에 헤매고 있도다.

집착과 혐오의 편견에서 벗어나
마음은 자애와 연민에 머물게 하고,
끝없이 방황하는 마음을 묶어
자비慈悲와 이타利他에 계속 머물게 할지라.

있는 그대로 마음을 방치하지 말고
음미를 시작할지니,
항상 마음은 자애와 연민에 있도록.

일체중생들은 무시 이래로 자신을 키워주신 큰 은혜가 있는 어머니였던 중생들이며, 우리가 일시적으로 좋은 환생을 얻은 것도, 원만한 행복을 얻은 것도, 큰 은혜가 있는 중생들 덕분입니다. 우리가 수행하여 궁극의 목적을 달성하는 것도, 일체지자一切智者의 깨달음을 얻는 것도 결국 큰 은혜가 있는 성스러운 중생들 덕분이라고 생각할 수 있습니다. 『입보살행론』[63]에도 "이 세상의 모든 행복은 이타심에서 생기고, 이 세상 속의 모든 괴로움은 자기중심적인 마음에서 생긴다."라고 하고 있습니다. 자신만을 소중히 하는 것(아집)은 모든 과실의 근원이라는 것을 이해하고, 더욱이 남에 대한 자비의 마음(이타심)이야말로 일시적으로도 궁극적으로도 모든 행복과 평화를 가져오는 것으로 생각하고, 화나 집착을 없앴을 때의 이익과 이타심의 공덕에 대해 생각해 봅니다.

「구루요가[上師供養]」[64]중에도 다음과 같이 설명하고 있습니다. "자신에의 애착은 모든 타락의 문이고, 어머니인 중생들을 소중히 하는 것은 행복과 공덕을 낳는 근원이다."

이렇게 보면, 큰 은혜가 있는 부모들이 아직 행복에 이르지 못하고 윤회의 괴로움을 겪고 있는 상태에 있는데, 우리는 누구 한 사람도 부모들을 괴로움에서 구제하

----

63) 산스크리트어로 『입보리행론』을 티베트에서는 『입보살행론』이라 번역하고 있다. 샨티데바(寂天 : 1650~1700경) 논사가 지은 것인데, 샨티데바는 인도 중관학파의 논사였다. 『입보살행론』은 공성의 바탕에 어떻게 보리심을 일으켜 육바라밀을 실천하고 수행할 것인가를 아름다운 게송 형식으로 설명한 논서이다.

64) 구루요가(스승을 본존으로 생기하여 성취를 하는 수행법)를 기초로 하는 수행 법이다. 여기서는 구루요가의 의식집인 『낙공무차별』(판첸라마 1세의 저작)의 1절이 인용되고 있다.

려는 이가 없습니다.

자신도 남도, 그 누구라도 생명 가진 모든 존재는 괴로움을 원하지 않고 행복을 구하는 점에서는 전적으로 동일합니다. 그런데 끊임없이 우리는 괴로움을 겪고 있고, 궁극적인 행복은 예외로 하더라도 일시적인 행복조차도 가지지 못하고 있습니다. 그것은 왜일까요?

『입보살행론』에도 있는 것처럼, "중생은 고통에서 벗어나기를 바라면서도 오히려 고통의 원인들을 향해 달려가고, 행복을 바라면서도, 무지하기 때문에 행복의 원인들을 원수처럼 물리친다."(1:28)라는 것이 그 이유입니다.

우리는 모두 괴로움을 원치 않고 행복을 구하는 사람들입니다. 그러나 괴로움을 계속 겪지 않으면 안 되게 되어있습니다. 이러한 괴로움과 즐거움은 모두 각각의 원인과 조건에서 생긴 것이며, 원인 없이 생기는 일은 없습니다. 각각의 원인과 조건에 의해 고·락이 생겨나는 것입니다.

(2) 괴로움의 원인

그러면 괴로움의 원인은 대체 무엇일까요?

그것은 자신 속에 있는 삼독, 즉 「탐·진·치」라는 세 가지 번뇌입니다. 이것이 원인입니다. 이 삼독이 괴로움의 근본 원인이며, 그 때문에 모든 괴로움이 생겨나는 것입니다.

그러나 우리에게는 삼독의 과실과 약점이 보이지 않고, 이해도 할 수 없습니다. 삼독은 우리 자신의 마음의 본질이며 자연히 생기는 것으로 생각하고 있습니다. 그래서 삼독을 흔히 일반적인 것으로 여기고, 자연스러운 것이므로 딱히 나쁘다고 생각지 않는 것입니다. 이런 생각 때문에 괴로움을 가져오는 삼독을 알아차리지 못하는 것입니다. 즉, 삼독이 원인이 되어 괴로움이 생기는 것이라는 것을 이해하지 못하는 것입니다. 그뿐 아니라 우리는 삼독을 당연한 것, 자연스러운 것이라 하면서 자발적으로 받아들이고 체험하고 있는 것입니다.

때로는 집착과 화를 잘 내는 사람을 훌륭한 사람, 잘 되어있는 사람으로 간주해버리는 예도 있습니다. 또는 반대로, 다른 사람의 괴로움을 자신이 받아들이는 사람을 바보 같은 사람으로 간주해버리기도 합니다. 그렇지만, 그것은 괴로움의 원인을 잘 모르기 때문에 그렇게 생각하는 것이고, 괴로움의 원인을 긍정적인 것으로 받아들이면서 그것을 스스로 자발적으로 받아들이고 있는 것입니다. 사람들이 이처럼 화와 집착이라는 두 가지 번뇌를 자발적으로 기쁘게 받아들이고 있는 것은 명백합니다.

이 화와 집착의 근본이 무지無知라는 것은 말할 것도 없습니다. 화와 집착은「무지 때문에 모든 일을 실체로 받아들이는 마음」에서 생기는 것입니다. 우리는 모든 존재는 보이는 대로 실체가 있다고 생각합니다. 그래서 보이는 것에는 실체가 없다고 말해도 잘 믿지 않는 것입니다. 이런「잘못된 이해」때문에 괴로움의 원인을 자발적으로 받아들여 고통을 겪고 있는 것입니다.

「자기에의 집착은 모든 과실의 근원이고, 남을 소중히 하는 것은 모든 행복의 원천이다.」라고 주장해도, 세간에서는 그런 것은 있을 수 없다고 할 것입니다. 또 자신을 버리고 남을 소중히 하라고 말해 봐도 누구 하나귀 기울이지 않을 것입니다.

　그래서 우리는 괴로움을 버리고 싶다는 마음이 있어도, 자연히 괴로움의 방향을 향해 달려가 버리는 것입니다. 부처님 가르침대로 행동하고, 남에게 이익을 안겨 주기 위해 자신을 희생하는 사람이 있다고 하면, 세상에서는 그런 사람을 바보 취급할 것이며, 그런 것은 무의미하다고 말할 것이 뻔합니다.

　「실체가 없다」는 것은 「자아가 없다」는 것이 되므로, 그것을 알게 되면 당연히 아집이 약해지고, 집착의 괴로움에서 벗어날 수 있습니다. 그런데도 그러한 관련성은 믿지 않으려 합니다. 「모든 것은 스스로 존재하는 것처럼 보이고, 실제 그렇게 보이더라도 그것은 진실이 아니다.」라는 의견을 들으면 그것은 현실과 모순된다고 하며 반발합니다. 그 때문에 괴로움을 버리고 싶은 마음이 있어도 스스로 괴로움의 원인 쪽으로 돌진해가는 것입니다.

(3) 윤회의 법칙

**윤회의 감옥에서는 행복을 빼앗긴 중생들이
끝이 없는 고난에 묶여 육도를 단순히 윤회할 뿐,**

끝이 없는 고난에 속박당하고 있는 윤회에 대해 알 필요가 있습니다. 여기서 우리는 우선 자신을 생각해 보아야 합니다. 남이 삼독으로 인해 괴로워한다는 것을 이해하기 전에 자신의 괴로움에 대해 생각하는 것이 먼저입니다. 그렇게 하면 자신은 지금 번뇌에 지배당하고 있고 그 때문에 괴로워한다는 것을 알게 됩니다. 남을 소중히 하고 진정으로 남의 행복을 바라는 마음은 최종적으로 남을 해탈의 길로 인도하고 싶다는 마음을 말하는 것인데, 그러기 위해서는 우선 자신도 해탈을 얻고 싶다는 마음이 없어서는 안 됩니다.

자신의 괴로움에 대해 알기는 쉽습니다. 불교에서는 그런 괴로움이나 윤회에서 벗어나고 싶다는 것, 즉 「출리出離의 마음」을 일으키는 것이 중요하다고 합니다.

윤회 속에 있는 중생들에게는 끝도 없고 시작도 없습니다. 「시작이 없다」라는 것을 설명하려면, 중생의 다섯가지 존재의 다발인 「오온」[65]을 근거로 우리 인간과 생물에는 시작이 있는지 없는지, 끝이 있는지 없는지에 대해 생각해 보아야 합니다.

　　오온에는 거친 단계와 미세한 단계의 두 단계가 있습니다. 거친 단계에는 물질적인 신체에 거친 「물질의 다발」[色蘊]의 형태가 있고, 감각에는 거친 「느낌의 다발[受蘊]·지각의 다발[想蘊]·형성의 다발[行蘊]·의식의 다발[識蘊]」이 있습니다. 이러한 거친 단계에 있는 요소는 윤회할 때 중생의 구성요소가 되는 구체적인 것으로 여겨집니다.

　　미세한 단계를 고려하면, 예컨대 물질적으로는 「거친 색온」과 「미세한 색온」 두 가지를 가지게 됩니다. 이처럼 우리들의 구성요소에는 거친 구성요소와 미세한 구성요소가 있는 것입니다.

　　다음으로 우리 존재의 기본이 되는 것은 윤회에서의

---

65) 불교에서는 생물과 모든 사물의 구성요소를 색·수·상·행·식의 5종류로 분류합니다. 생물의 몸과 마음은 오온의 요소가 잠시(假) 화합한 상태라 여긴다.

의식의 흐름[心相續][66]에 기초를 둔다고 가정하고, 이 의식(마음)에 시작이 있는가 없는가를 생각해 보겠습니다.

만약 심상속에 시작이 있다면 중생에게도 시작이 있습니다. 심상속에 시작이 없다면 중생에게도 시작은 없습니다. 윤회의 법칙에서는 이처럼 전생轉生을 거듭하고 있는 마음의 연계[心相續]는 어떻게 이루어져 있는가에 대해 생각하고 나서 사람에게는 시작이 있는가 없는가를 말해야 합니다.

심상속에 시작이 있는가 없는가를 생각하려면, 티베트불교에서는 우선 마음의 본질적인 원인에 대해 논하는 것부터 시작합니다.

마음의 본질은 「명료하게 무엇인가를 안다」라는 성질의 것이며, 마음 그 자체가 「명료하게 안다」는 본질을 가지고 있는 것이 아닙니다.

윤회 세계를 구성하는 물질의 형태는 「물질 다발[色蘊]」이고 그 본질은 「물질」이라는 성질입니다. 그 경우 「물질 다발[色蘊]」의 구성요소인 땅·물·불·바람地水火

. . . .

66) 윤회전생을 통해 이어진 마음의 상태. 윤회의 주체가 되는 것. 이 설법에서는 심상속 그 자체도 단독·자존이 아니고 무자성·공이라고 해설하고 있다.

風의 네 가지에는 「물질」이라는 같은 성질을 이어받아야 하고, 물질이 아닌 마음(의식)이 「물질 다발[色蘊]」의 본질이 되는 일은 있을 수 없습니다. 즉, 마음의 본질은 「명료하게 안다」라는 성질이 있어서 마음이 「물질 다발[色蘊]」의 구성요소가 되는 일이 없는 경우도 마찬가지입니다.

이처럼 물질과 마음은 완전히 별개입니다. 육체 등의 물질 다발[色蘊]에는 생을 바꿀 때마다 시작과 끝을 인정할 수는 있지만, 윤회에 있어 심상속은 과거에서부터 계속 이어져 있어서 거기에는 시작과 끝이 있다는 것을 생각할 수 없는 것입니다. 윤회 속에 있는 중생들, 즉 인간과 생물이라는 존재도 심상속에 의존하여 「다섯 가지 존재의 다발[五蘊]」이 모이고 임시로 성립된 것에 지나지 않습니다.

(4) 진실의 법칙

마음(의식)에 시작이 없다는 이해는, 아집과 밀접한 관련이 있습니다. 만약 아집이 없는 「무아無我」의 상태에 이르면 지혜의 이해를 얻을 수 있을 것입니다. 그러나 실제로 「무아」의 상태를 체험하지 않는 한, 항상 「시작」과 「끝」, 「나」라는 것에 사로잡힐 것입니다. 그것 이외에는 「진실의 법칙」이라는 것밖에 없습니다. 그 이상의 설명은 불가능한 것입니다.

물질의 구성요소(四大)를 예로 들어보겠습니다. 「물(水)」이라는 구성요소의 경우, 성질은 「액체」이고 「젖는다」는 특징(본질)을 갖고 있습니다. 그것을 우리는 「물」이라고 합니다. 왜 「물」이라고 하는가 하면, 그것은 진실의 법칙, 자연의 모습이기 때문입니다. 「불(火)」이라는 구성요소는 뜨겁고 타는 성질이고, 그것도 진실의 법칙, 본질, 자연입니다. 연소할 때는 「바람(風)」이 원인이 되어 타는 일도 있지만, 그것이 연소의 본질은 아닙니다. 「불(火)」의 근본적인 성질은 「타고 뜨거운 것」이라는 것 이외에는 없습니다.

마찬가지로 마음은 「명료하게 아는 성질」을 가지는 것이 진실한 모습이며, 그것이 마음(의식)의 본질입니다. 아집은 자아에 사로잡혀 집착하는 마음이며, 이것이 「아집」이라는 마음의 진실입니다. 그러나 그것이 진실한 모습이라면 그런 아집의 마음을 제거할 수는 없는가 하면, 그렇지는 않습니다. 그 「아집의 마음」에는 장애와 방해가 있어 대상을 받아들이는 방식에 문제가 있는 것입니다. 그 때문에 사로잡힌 대상에는 해로운 성분이 포함됩니다. 이처럼 문제가 되는 마음은 명료한 마음(의식)과 함께 존재합니다.

예를 들면, 우리는 읽지 못하는 문자가 있어도 문자를 알게 됨에 따라 모르는 문자를 없앨 수 있게 됩니다. 그것을 무지의 마음이라고 생각해 보겠습니다.

예를 들어, 우선 알파벳 「A」를 모르는 「무지의 마음」을 가지고 있다고 합시다. 그러나 그 문자의 모습을 받아들이는 의식을 바꿔서, 그 모습을 「A」라고 인식했을 때 「A」를 아는 마음이 생겨서 「A」를 모르는 무지를 제거하게 됩니다. 이렇게 무지와 무명은 제거할 수 있는 것입니다.

실제로 학습을 하고 있지 않은 자연 그대로인 우리가 「A」라는 문자를 몰랐던 것처럼, 마음속에는 진리를 모르는 무지·무명이라는 것이 자연히 존재하는 것입니다. 그것은 태어나서부터 새롭게 우리 속에 성립된 것은 아니지만, 그러나 그 무지의 마음이 받아들이는 방식은 진실·본질이 아니므로, 진리를 바르게 앎에 의해 대상에 대한 잘못된 마음을 제거할 수 있게 되는 것입니다.

(5) 연기의 진실과 바른 견해

세상에는 많은 종교가 있습니다. 모든 종교의 목적은 주로 인간의 마음을 정화하고 억제하는 것에 있습니다. 많은 종교가 신앙에 의해 마음을 억제하려는 방법을 택하고 있다고 한다면, 불교에서는 주로 사물을 관찰[觀]하고 집중[止]하는 지혜[67]에 의한 것이라 알려져 있습니다.

나가르주나의 『근본중론송』에 석가모니 부처님을 찬탄하는 게송[歸敬偈]에도 이렇게 있습니다.

"당신의 자비심으로, 잘못된 견해인 모든 희론이 적멸하여 적정한 상태에 머물 수 있는 가르침을 설하신 석가모니 부처님께 예배합니다."

----

67) 앞서 얘기한 「지관의 행」을 가리킨다.

이처럼 우리의 마음이 끝없이 헤매는 즉, 마음을 억제할 수 없는 이유 대부분은 「잘못된 견해」에서 생기고 있습니다. 따라서 잘못된 견해를 제거하면 괴로움의 원인을 모두 없앨 수 있습니다. 여기에서 괴로움의 원인인 잘못된 견해를 없애기 위해서는 바른 견해가 어떤 것인가를 알 필요가 있습니다.『근본중론송』서론의 귀경게에는 이런 말이 있습니다.

"그분, 연기에 의해 생겨난 모든 것은 불멸不滅과 불생不生, 부단不斷과 불상不常, 불래不來와 불거不去, 불이不異와 불일不─이라고 희론(68)이 진정된 적멸(69)을 설시하여 주신 정등각자인 부처님, 그 영묘한 설법자[說者]에게 정례합니다."

우리에게 실제로 이득과 해악을 가져다주는 것과 직접 겪고 있는 모든 것들은 모두 연기에 의해 생겨나서 존재하는 것입니다.

인연에 의해 생긴 모든 존재는 각각 다른 본질을 가지

----

68) 망상과 분별 때문에 잘못된 인식에서 생기는 허구의 논의.
69) 번뇌를 벗어나 윤회의 고통에서 해방된 상태. 상좌부불교에서는 해탈의 경지를 가리킨다. 대승불교에서는 윤회에서 해방되었지만, 소지장이 남아있는 상태라고 한다.

고, 각각의 다른 특징과 역할을 가지며, 우리에게 이익이 되게도 하고 해를 끼치기도 하는 것입니다.

그들의 모습이 나타나는 대로 우리의 감각으로 받아들일 때 우리는 그것이 스스로 독립적인 별개로 성립하여 존재하는 것[自性, 自相]처럼 생각합니다. 그 결과 우리는 그것들이 마치 실체로 존재하고 있는 것처럼 생각하게 됩니다.

즉, 우리 마음은 대상의 현현을 보고「선악과 고락이 단독으로 존재[自存]하는 것이다.」라고 생각하고,「대상이 실체로서 나타나고 있다.」라고 보는 것입니다. 이런 마음이 집착이나 화가 되어 우리 자신에게 괴로움이 생기게 합니다. 이렇게 해서 마음의 더러움도 생겨나는 것입니다.

요약하면, 우리가 집착이나 화를 내도록 하는 대상을, 스스로 실체로서 존재하고 독자적으로 존재[單獨]하는 자존적인 것으로 받아들입니다. 그러나 어떤 마음이 어떤 대상을 실체로써 받아들이지만, 그 실체의 본질(본성·진실)은 생겨나는 것도 아니고[不生] 소멸되는 것도 아니며[不滅], 끊어지는 것도 아니고[不斷] 영원한 것도 아니[不常]

라고 설명하고 있습니다.

연기 즉, 의존관계에서 성립된 이러한 것들은 모두 인因과 연緣에 의해 생긴 것입니다. 인과 연에 의해 생긴 것의 모든 현상을, 단순히 보인 것만으로 만족하지 않고 관찰하고 추구할 때 현상 그대로의 상태[實體]를 찾아낼 수는 없는 것입니다.

사물의 본질에 근거한 판단에 있어서는 「불생不生과 불멸不滅」이며, 대상의 면에서도 「부단不斷과 불상不常」이며, 오는 것도 가는 것도 없는 「불래不來와 불거不去」, 자신(我)에 관해서는 하나도 아니고 다른 것도 아니라는 「불일不一과 불이不異」라고 설명하고 있습니다.

그러나 그것은 모두 마음과 언어상으로는 존재하는데, 그것은 모두 의존관계로 성립된 법[존재]이고, 속이지 않는 법[존재]이며, 실제로 있습니다. 그렇지만, 우리에게 나타난 대로 존재하는가 하면 그것은 아닙니다. 그래서 「불생不生과 불멸不滅」이라 하는 것입니다.

그러면 생멸이라는 것이 전혀 없는가 하면 그렇지는 않습니다. 그것은 모두 연緣에 의해, 잠정적으로 존재하는 다른 조건에 의존하여 생긴 것, 즉 다른 힘으로 성립된 것입니다. 그러므로 단독·자존으로 자립하여 존재하지 않는 것 즉, 자성[自相]이 없는 것입니다. 이러한 연기의 진실을 바르게 자유자재로 설명한 분이 바로 석가모니 부처님입니다.

그리고 「희론이 진정된 적멸」이라는 의미는, 이러한 8가지의 극단에서 벗어난 연기의 의미[八不中道]를 명상하며 수행하고, 최종적으로 그 궁극적인 것을 닦아 얻었을 때 모든 희론은 적멸한다는 것입니다. 즉 모든 망상과 분별은 사라진다는 것입니다. 이처럼 희론이 적멸될 때, 공성을 이해하는 과정에서 부정해야 할 모든 것, 즉 세속적인 현현의 자성[自相]이 사라져 가는 것입니다. 여기에는 아직 유법(有法:색의 형상)[70]이 남게 되고, 이원론[분별]의 희론이 남아있습니다. 그러나 공성을 직관적으로 이해하고 인식할 때, 모든 유법이 소멸해가는 것입니다. 그곳에는 이원론도 없고 희론도 없습니다. 모두 사라집니다. 궁극적인 상태는 희론이 적멸하고 열반에 든 상태라고 할 수 있습니다. 진리의 사실과 현상만을 인식[체험]

---

70) 유위법. 오온. 인연의 화합에 의해 만들어진 현상의 존재가 구체적으로 나타나는 형관形觀[色]을 말한다. 세속의 존재 구성 등에서 볼 수 있는 「성립·유지·변화·소멸」의 성질을 가지며, 원인과 조건[인·연]에 의존하여 성립하고 있다.

했을 때 일체지자로서의 지혜를 획득한 것이 됩니다.

이러한 궁극적인 길에 도달하는 것은, 모든 희론이 적멸되고 진리의 세계인 「법계의 지혜」[71]를 얻는 것입니다. 그 지혜라는 것은 온갖 것을 동시에 이해할 수 있는 것, 즉 이제(二諦)인 승의제와 세속제를 동시에 이해하는[72] 것이 가능해지는 것입니다.

찬드라끼르띠(月稱)[73] 논사는 『입중론 자주自註』에서 "세속적인 것에 관여치 않고 진리만을 직관적으로 이해한다. 그처럼 진리를 깨달았으므로 부처이다."라고 하였습니다.

이제二諦를 동시에 보는 그 힘으로, 만들어진 사실에 관여치 않고 법성만을 직관적으로 이해한 것이 됩니다. 그렇게 하여 진실을 깨달은 분이기 때문에 부처라고 말할 수 있습니다.

....

71) 진여, 법성, 사물의 불변의 진리, 진실의 본성, 즉 공성. 결국 승의제, 법성, 공성, 진여, 진실의, 법계 등은 동의어이다.

72) 승의제의 지혜는 있는 그대로를 이해하고, 일체법을 공이라 인식한다. 세속제의 지혜는 존재할 수 있는 동안 세속적 차원의 현현을 안다.

73) 찬드라끼르띠(월칭 : 600~650경)는 중관 귀류논증파의 철학을 집대성한 대표적 논사. 주요 저서 『입중론』은 중관 귀류논증파의 사상을 선명하고 명확하게 드러낸 성전으로, 「중관학」의 최종결론이 되는 궁극적인 견해로서 현대티베트불교 겔룩빠의 승원 교육과정에서도 「중관학」의 가장 중요한 텍스트가 되고 있다. 여기에서는 자주自註에서 인용되고 있다.

그래서 반야경을 주석한 『현관장엄론』에서 마이뜨레야(미륵)는 "그것을 바르게 갖춘 모니들은 여러 가지 상을 구족하여 이것을 설하시니, 성문·보살들과 함께 부처님의 어머니인 반야에 정례합니다."라고 하고 있습니다.

(6) 공의 지혜 – 인과에 의한 연기

불교에서는 단독으로 스스로 존재하는 「나[我]」라는 것을 부정합니다. 또 불교도들은 세계의 창조자도 인정하지 않습니다. 철학적인 입장에서는 불교나 힌두교 등에도 여러 가지 견해가 있지만, 불교에서는 우리 인간은 다섯 가지 존재의 다발[五蘊]에 의해 임시로 만들어진 존재에 지나지 않는다고 보기 때문에, 거기에는 항상 단독·자존의 「아我」와 같은 것을 인정하지 않습니다.

결과적으로 여러 가지 인因과 연緣에 의해 얻어지는 것으로, 아무것도 없는 것에서 가피를 얻을 수는 없는 것입니다. 만약 부처님의 가피가 원인과 조건이 없이 얻을 수 있다면 그것은 갑자기 얻은 것이 되고 무원인無原

因이 되어 버립니다.

부처님의 깨달음의 경지가 무원인, 즉 원인이 없는 것에서 생겼다고 설명하는 것은 불가능합니다. 또 상응하지 않는[不應] 원인에 의해 생겨나는 것도 인정할 수 없습니다. 그것은 논리적으로도 원리적으로도 모순이 되기 때문입니다. 어떤 결과라도 그것을 이끈 원인에 의해 생기는 것 이외의 것으로는 될 수 없습니다. 이처럼 어떤 존재라도 원인에 따라 생기는 것이라고 불교에서는 주장하고 있습니다.

아상가(無着)[74]는 연기에 있어 연緣[75]을 세 가지로 설명하고 있습니다. 그 세 가지는 「부동不動한 연」과 「무상無常한 연」과 「능력[잠재하는 씨앗]의 연」입니다.

상주常住하며 스스로 존재하는 창조주와 절대자의 의지가 작용하는 것에 의해 사물에 생겨날 리는 없고, 여러 신들이나 창조자의 의지로 사물이 움직이고 있는 것도 아닙니다[부동한 연]. 자연에 있는 것이라도, 「이것이

....

74) 아상가(무착)(395~470경)는 마이뜨레야 미륵을 스승으로 하여 직접 전수를 받았다고 한다. 유식파의 창시자. 초기 유가행자의 여러 설법을 정리하고 유식사상 교리의 기초를 닦았다. 그러나 최종적으로는 아상가가 확립한 반야학의 견해는 유식사상에는 없고 중관 사상으로서의 가르침으로 인도하는 결과가 되었다.
75) 아상가가 설법한 연기 이론. 연기에 필요하다고 여겨지는 전제 조건의 3종류이다.

있어서 저것이 생긴다.」라고 부처님은 설하고 있습니다. 존재하는 것은 본질적인 것에 시점을 두면 모두 설명이 됩니다. 원인이 없는 곳에서 모든 사물이 생기지는 않는다는 것입니다.

사물의 존재는 「이것이 있으므로 저것이 생긴다. 이것이 생겼기 때문에 저것이 생긴다.」라는 상호의존 때문에 생긴 결과입니다. 그리고 처음에 생겨나게 한 원인 그것도 다른 원인에서 생긴 것이라는, 그것도 결과의 본질입니다.

모든 것은 인과관계로 성립된 것이며, 그 이외의 것으로 되지 않습니다. 인과 연에서 생긴 것이, 단독으로 스스로 존재하는 것으로 생겨날 리는 없습니다. 「이것이 생기니까 저것이 생긴다.」 즉 「무상한 연」이 있는 것입니다.

인과 연 그 자체도 무상의 성질을 가지는 것이고, 사물이 생기는 것에 필요한 것 모두를 갖추고 있느냐 하면, 그렇지는 않습니다. 그래서 「잠재하는 씨앗의 연」에 대해 생각해 보겠습니다. 예를 들어, 결과가 달콤한 성질이라면 그 원인도 그것에 상응하는 달콤한 성질이 원인일 필요가 있습니다. 달콤한 성질 이외에 매운 성질 등에서 생길 리는 없습니다. 매운 것의 결과로 달콤한 것은 생기지 않습니다. 무상인 원인과 무상인 조건도, 결과에 상응하는 성질이기에 원인과 조건의 본질입니다.

한 알의 보리를 예로 들어보겠습니다. 한 알의 보리를 심으면 보리를 수확하는 결과를 가져오는 것처럼, 본질적으로 같은 결과가 생긴다고 우리는 생각합니다. 그러나 그 씨앗이 되는 보리이든, 결과가 되는 보리이든 무시 이래로 존재할 리는 없는 것입니다. 결과의 상태가 그대로 존속될 리 없지만, 그러나 무엇인가 요소의 흐름이 있다고 생각할 수 있습니다. 앞으로 그러한 결과를 생기게 하는 것처럼, 거기에는 미세한 종자가 되는 미립자, 혹은 원자 같은 것이 있었다고 생각할 수 있습니다. 이것은 무시 이래의 공(空:우주의 구성요소인 오대五大의 「공」을 가리킨다.)의 겁[「공」의 시대]부터 존재한다고 생각할 수 있습니다.

이러한 요소의 흐름이 많이 모여져 있는 속에서 따로따로 만나 지금의 물질적인 세계가 생겨났다고 하는 것입니다. 불교의 말로는 그것을 「법처法處의 색」[76]이라고 부릅니다. 그것은 빛의 입자[量子]와 파동, 전파와 같은 것을 가리킵니다. 우주의 「공」의 시대, 거기에 공간(허공)이 있고 그 공간은 「공」이었습니다. 그때 거기에는 미세한 요소가 있었을 것입니다. 그것들이 만나고 결합되면서 지금의 우주가 생겼다고 합니다.

「공공空空」[77]이라는 구성요소에서 「공」이라는 구성요소가 생기고, 「공」이라는 구성요소에서 움직임[風]이 생기고, 움직임이라는 구성요소에서 열[火]이 생겼습니다. 열이라는 구성요소에서 액체[水]가 생기고, 액체라는 구성요소에서 고체[地]가 생겼습니다.

『아비달마구사론』[78]에서는 이렇게 설명하고 있고, 밀교에서도 똑같이 설명하고 있습니다. 또 현교의 『보성론』[79]에도 그러한 생각이 있고, 거기에서는 우주가 생긴

....

76) 일체법 가운데 법경法境(法處)에 포함되는 색色. 무표색無表色, 극미極微, 공간空間, 부정관不淨觀, 수변처정水偏處定의 현현顯現 등이다.

77) 공성도 또한 공이라는 것. 여기에서는 우주의 기원이라 여겨지는 양자적 진공의 상태를 비유하고 있다고도 생각할 수 있다.

78) 바수반두(역주(46)를 참조)의 저작으로 「아비달마의 교리 모두를 포함하고 있습니다.」라는 의미의 불교 논서. 불교 교리의 기초학. 초급 입문서로서 아시아 지역에서 널리 학습되고 있다.

79) 티베트에서는 마이뜨레야가 남긴 운문(게송)에 아상가가 주석을 붙인 것이다. 대승불교의 여래장 사상(모든 중생은 본질적으로 법성을 갖추고 있으며 부처가 될 가능성이 있다는 것.)을 논리적으로 설명한 논전이다.

시대에 바람에서 불, 불에서 물, 물에서 땅으로 우주를 생성해 가는 흐름이 있으며, 소멸할 때는 땅이 물로, 물이 불로, 불이 바람으로, 바람에서 공으로 융화되어 흐른다고 설명하고 있습니다.

밀교의 무상유가 탄뜨라의 경우, 우선 공의 상태에서 시작한다고 설명합니다. 이것은 물론 철학적인 「공」의 의미도 있지만, 일반적으로 기세간(器世間:산·강 등의 자연환경)과 유정세간(중생이 활동하는 세계)의 관계를 나타내고, 물과 비 등 모든 것은 공에서 나타난다고 설명하기도 합니다.

공간에 침투하고 미세한 곳에서 이쪽으로 흘러오는 우주의 흐름, 거기에 불교에서는 에너지(힘)의 연이 있다고 설명합니다. 지금 그러한 에너지와 같은 것은 존재로서 실제로 있으며, 그것은 몇 억 년 전부터 흘러온 미세한 에너지의 연이 아닐까 하는 논리도 됩니다.

마찬가지로 깨달음의 경지도 아무것도 없는 곳에서 깨달음이 나타나는 것이 아닙니다. 무엇이든 존재하고 있는 것, 즉 근원이 되는 무언가에서부터 깨달음은 시작한다고 생각할 수 있습니다. 석가모니 부처님의 가르침도 깨달음도 본질로서 잠재적인 무엇인가[에너지]가 존재하고 그것을 바탕으로 설명하고 있습니다.

여기에서 이제二諦에 대한 이해가 필요하게 됩니다. 만약 이제에 대한 이해가 없으면 깨달음을 얻기 위한 두 가지 길, 즉 방편과 지혜로 통할 수는 없다고 할 수 있습니다. 이제 중에 세속제에서는 현현[범부의 인식대상]을 들 수 있는데, 승의제에서는 희론을 벗어난 절대적인 존재 차원의 진리, 즉 법성·공성만을 볼 수 있습니다.

그럼 공성으로서의 깨달음에 이르는 미세한 에너지의 연은 어떻게 설명될까요?

무상유가 탄뜨라와 현교의 『보성론』 속에는 부처님의 현현인 불신佛身의 설명과 함께 그것도 설명하고 있습니다.

나가르주나는, 무상유가 탄뜨라에 의하면 우리에게는 「기본」(기본이 되는 본질, 궁극의 진리)을 포함한 삼불신(三佛身:법신·보신·응신)[80]이 존재한다고 설명하였습니다.

『구히야사마자[密集]』에서는 「원인이 되는 삼불신」이라는 말로 나타나 있고, 정화해야 하는 삼불신에 관해

....

80) 대승불교 불신의 나타남. 법신·보신·응신을 가리킨다. 「법신」은 색이나 형상을 가지지 않은 부처의 신체로 궁극의 진리 그 자체로 우주에 편재하고 있다고 여긴다. 「보신」은 소화所化로서 보살인 성자에게만 나타나는 부처의 신체. 「응신應身」은 중생을 교화하기 위해 중생에 맞추어 변화하여 나타나는 부처의 신체로 화신化身이라고도 한다.

서술하면서, 특별한 수단[道]으로서의 「환과 같은 신체[幻身]」를 가지는 것에 대해 설명하고 있습니다. 수단[道]으로서 삼불신에 의지하여, 결과로서 삼불신을 성취한다는 것입니다.

신역新譯 밀교[겔룩빠, 까규빠, 사꺄빠 등의 밀교]에서도 그렇게 설명하고 있고, 구역舊譯 밀교[닝마빠의 밀교]에서도 잠재적으로 있는 것, 근원이 되는 것과 결과가 같다는 것, 즉 우리는 불신佛身을 이미 갖고 있다고 하는 것, 궁극적인 삼불신을 성취할 씨앗[궁극의 진리인 근원, 에너지]을 잠재적으로 갖고 있다고 설명합니다.

또 사꺄빠가 「도道와 과果」의 이론[道果說]을 설명할 때도 이러한 해설이 사용되고 있습니다. 「인因」의 경우, 4신[네 종류의 불신=자성법신 · 지법신 · 수용신 · 화신]에는 윤회에 속하는 모든 것(일체법)이 모이고, 사신四身은 그중에 포함된 상태입니다. 「도」의 경우는, 사신은 인과의 법칙에 포함됩니다. 「과」의 경우에는 생물의 잠재적인 본질의 씨앗이 포함된 상태가 됩니다. 즉 어떤 경우에도 우리는 사신이 내재하고 이미 잠재적인 구생(俱生:태어날 때 갖추어져 있는 것)의 광명81)을 가지고 있다는 것입니다.

「과」인 우리 개인이 스스로 소유하고 있는 것은 「도道」인 자기 자신의 윤회이며, 동시에 장래에 얻어야 할 열반은 「인因」입니다. 이렇게 해서 「도」에 「인」과 「과」의 양쪽이 갖추어져 있으며, 이들 모두에 잠재적인 구생倶生의 광명[에너지]이 포함되어 있다고 설명합니다.

무상유가 탄뜨라에서는 잠재적인 광명에서 우리 자신이 가지고 있는 공덕과 지식 등이 나타나고, 모든 세속의 것이 동시에 나타난다고 설명합니다. 즉 모든 희론이 적멸한다는 것은 우리가 체험하고 있는 윤회와 열반의 모든 것이 잠재하고 있는 구생의 광명으로 나타나며, 그리고 반대로 그것들도 또 광명에 융해되어 가는 것입니다. 윤회에 속한 모든 것이 광명으로부터 나타나고 동시에 광명에 융해되는 것입니다.

이것은 윤회와 열반 두 가지가 청정하게 되는 상태에 관계되는 것으로, 우리가 깨달았을 때 수득修得하는 청정의 경지를 동시에 얻는 것입니다.

이처럼 설명하고 있는 깨달음의 경지에의 길에서는,

----

81) 『잠재적인 구생의 광명』에 대해서는 330쪽을 참조.

지금 존재하고 있는 우리 속에 태어날 때부터 갖추고 있는 것에 대해서 더욱 깊게 이해해 가는 것입니다. 즉, 이러한 견해에 기인하여 천천히 조금씩 마음속에 변화를 일으키며 명료한 상태로 되어 가서, 언젠가는 깨달음의 경지에 이르는 것입니다.

그때에는 실제로 지금 존재하는 현상의 모든 것을 바르고 상세하게 이해할 필요성도 생겨납니다. 물질적인 현상인 외적인 우주 그 자체가 어떻게 성립되었느냐고 하는 것을 생각하고, 더 논리적으로 그리고 과학적으로 내적인 우주의 세계관을 이해해야 합니다.

외적인 우주와 내적인 우주의 설정은 불교에서는 마음이 있는가 없는가, 의식이 있는가 없는가로 구별합니다. 마음과 의식을 가진 것이 내적인 우주[유정세간]이고, 마음과 의식을 가지지 않은 것은 외적인 우주[기세간]입니다. 따라서 물질과 물체로 이루어진 우주는 외적 우주입니다.

현대의 과학자들이 물질적인 사물의 성립에 관해 설명할 때도, 인과에 기인한 외적 우주의 성립 논리와 다섯 가지 존재의 다발인 오온의 형성에 관한 생각을 참고로 하여 설명하면 좋겠습니다.

앞서 얘기한 것처럼 공에서 바람, 바람에서 불, 불에서 물이 생깁니다. 이때의 불이나 바람 등은 속세간에서 말하는 불과 바람은 아니고, 미세한 본질이나 성질을 가리킵니다. 불은 열을 가진 따뜻한 성질의 것이고, 바람은 움직이는 성질을 가리키고 있습니다. 이동하는 힘[에너지]으로 열이 생겨나고 거기에서 불이 생겨납니다. 그러한 불에 의해서 또한 바람이 생겨나고 거기에서 물이 생겨납니다. 천천히 천천히 점차로 물의 성질이 팽대해졌을 때 물의 원자와 분자가 생겨나 땅이 생겨나는 것입니다.

밀교에서 말하는 이 논리는 타당한 것으로 생각할 수 있습니다. 그러므로 진실을 추구하는 과학자들이 이 논리에 대해서 실제로 사물의 본연의 상태나 성립이 어떻게 이루어졌는가를 추구하고 관찰하기를 권하고, 그 결과를 들어보고 싶습니다.

과학은 현실의 사실과 현상[事象]을 고찰하고 연구를 거듭하며, 그리고 결과를 낼 수가 있습니다. 단 거기에 사실과 현상이 있기 때문이라고 하는, 그 이유만으로 믿거나 하지는 않습니다. 추구하고, 분석하고, 발견한 뒤에 그 사실과 현상은 존재하는 것으로 생각합니다. 이것이 과학적인 사고방식입니다.

불교의 가르침도 마찬가지로 단지 경전을 신앙적으로 믿는 것만이 아니라, 철저하게 추구하고 관찰하고 고찰하고 분석합니다. 그런 끝에 발견한 것과 자신의 체험과 딱 일치하고, 또한 실제로 이해가 가는 결론을 얻었을 때만 받아들이고 믿는다는 것입니다.

불교의 우주론에서 설명하는 외적인 기세계[외적인 우주]에 대한 것뿐만 아니라, 현대의 과학자가 분석한 외적 우주에 관한 이론[현대우주론]을 아는 것도 중요합니다. 바수반두(세친)[82]가 설명한 아비달마불교 등에 나타나 있는 외적우주[수미산설의 우주]를 그 논술대로 받아들이는 것은 현대에서는 굉장히 어렵습니다.

과학자들의 연구에서 도출된 외적 우주[기세간]에 관한 최근의 이론은 필시 바른 것으로 생각합니다. 따라서 우리도 그 지식을 배워야 합니다. 불교도는 「안다」는 것이

....

82) 바수반두(세친 400~480년경)는 아상가의 동생이다. 마이뜨레야, 아상가의 흐름을 이어받아 유식과 철학을 확립했다.

중요합니다. 지식을 얻는 것도 중요한 것이지만, 진실을 알 필요가 있고 알아가는 자세도 아주 중요합니다.

내적 우주는 어떠할까요? 그것은 주로 마음의 모습과 마음의 움직임에 관한 것이며, 불교에서는 이 내적 우주에 대해서도 상세히 설명하고 있습니다.

의식이 있는 것은 내적 우주이고, 의식이 있는 것에는 지성도 있고 감각도 있는 이른바 유정 세간입니다. 우리들의 고락 그 자체도 감각, 감수 작용입니다. 그 감각도 의식의 일부이며, 지성도 의식입니다. 요약하면 내적우주[유정 세간]에 관해서는 주로 의식에 대해 알 필요가 있는 것입니다.

그러나 이러한 마음에 관계된 내적우주의 연구에 대해서는, 지금 서양의 과학자들은 아직 충분하다고 할 수 없는 것 같습니다. 불교나 인도 철학에서는 정신, 의식, 마음에 대해 긴 시간 탐구와 분석이 행해져 왔습니다. 예를 들면, 선정[83]에 대한 설명은 인도 철학에서도 볼

....
83) 마음을 대상에 집중시키는 것. 대상을 파악하여 계속 유지하는 「억념」과, 집중이 바르게 행해지고 있는가를 음미하는 「정지正知」가 포함된다.

수 있지만, 그러나 이것은 특히 불교적인 분야의 것으로 생각합니다. 또 밀교나 아비달마 불교 등에서 설명하는 거친 의식과 미세한 의식에 관한 것처럼, 특징적이고 굉장히 깊이가 있는 중요한 이론이 불교에는 많이 존재하고 있습니다.

따라서 철학자들, 그중에서도 객관적인 시점을 가지고 냉정한 판단과 솔직한 성격을 갖춘 많은 과학자가 내적 우주에 대해 큰 관심을 가지고 연구하고 있습니다. 그들은 이러한 불교가 가르치는 이론을 굉장히 흥미 있게 여기고, 중시하고 있습니다. 불교에서는 존재의 근본과 실제 있는 사물의 현상의 차이에 대해 명확하게 설명하고 있으므로, 실제로 눈에 보이지 않는 것이 현실적으로 어떻게 존재하고 관련되어 있는가, 이러한 연구로 명확해집니다.

이러한 의식과 마음의 흐름에 관해 설명하는 종교는 그다지 없는 것 같습니다. 아마 불교뿐이 아닐까 생각합니다. 자이나교 등도 인과의 연기를 조금은 설명하고 있지만, 그 이외의 종교에는 이러한 가르침은 없지 않은가 싶습니다.

인도의 자이나교에서도 인과의 연기는 인정합니다. 그러나 연기라는 말은 사용하지 않고, 인과 연기의 사상도 불교와는 다르며, 고락의 경험자인 「자아」의 실체를 인정하고 있습니다[아뜨만論].[84] 즉, 「우리는 이미 존재한다. 그리고 마음은 독립해서 존재하는 단독·자존의 것(自性, 自相)이다.」라고 생각하고 있기 때문입니다. 요약하면, 불교처럼 자아가 없고, 자상이 없는 마음의 본성(마음의 공성)이라는 것을 인정하고 있지 않은 것입니다. 따라서 연기에 대한 가르침은 불교뿐이라고 생각합니다.

앞서 얘기한 것처럼 석가모니 부처님 가르침의 특징은, 연기의 이론을 설명하는 것입니다. 종파·학설에 상관없이 불교 전체가 인정하는 연기라는 것은, 인과관계를 나타내는 연기가 됩니다. 중관파의 사람들은 그 인과의 연기에 따라 의존관계의 연기를 설명하고 있습니다.

---

84) 인도 고전철학, 힌두 철학, 자이나교, 초기 불교 등에서 표현되는 궁극의 자아의 모습을 아뜨만이라 한다. 아뜨만觀은 한 가지가 아니고, 우파니샤드에서는 브라만과 일체로 되는 「내적內的인 진아」이며, 힌두 철학에서는 자타의 구별이나 차이를 넘은 유일무이의 실재로서의 아뜨만과, 이원론에서 생겨난 순수한 정신을 가리키는 이론, 각 개인 고유의 주체원리를 세우는 이론이기도 하다. 자이나교에서도 각 개인 고유의 자아를 가리킨다. 불교에서도 푸드갈라, 일미온一味蘊을 논하는 부파가 있으며, 대승불교에서는 유식 철학의 아뢰야식, 『대반열반경』의 대아大我 등의 개념이 있다.

이것은 굉장히 넓고 더욱이 깊은 연기의 이론으로 되어 있습니다.

인과관계의 연기는 좋은 환생이라는 것을 설명하는 이론이 되고, 중관파와 유식파 이외에서 널리 인정받고 있는 불교 이론입니다. 그러나 『유식론』에서도 설명하는 것처럼, 궁극의 목적[깨달음]을 설명하지는 못합니다. 궁극의 목적을 논하려면 주로 중관철학에 있는 마음의 본성(본질), 마음의 진실에 이르러 설명해야 합니다.

마음의 본성이라는 것은 「멸제滅諦」[85]에 의해 나타나는 것입니다. 마음의 더러움을 대치對治의 힘으로 없애가고, 혹은 끊어가는 「단斷」의 상태, 그러한 상태를 마음의 본성, 마음의 진실이라고 생각해야 합니다.

궁극의 목적[해탈, 깨달음]을 달성하기 위해서는 의존관계의 이론을 해명하는 것이 가장 중요합니다. 즉, 인과관계의 연기에 의해 좋은 환생이 달성되고, 의존관계의 연기에 의해 궁극의 목적이 달성됩니다. 이 두 가지의 연기를 설명한 석가모니 부처님의 가르침은 정말 훌륭

· · · · · · · · · · · · · · ·
85) 역주(53)의 『사성제』를 참조.

하다고 생각합니다. 부처님을 찬탄하는 말은 나가르주나의 논서 중에서도 많이 볼 수 있습니다. 거기에서는 연기 이론의 경지를 독자적으로 넓힌 것은 훌륭하고 위대한 일이라고 찬탄하고 있습니다.

여러분에게 「불교는 무엇입니까?」라는 질문을 받았을 때는 무엇이라고 답합니까?

「절이 있고 스님이 있고 법요를 행하는 것」이라고만 대답하지 않고, 「불교의 행은 비폭력의 행이고, 사상思想은 연기의 견해이다. 」라고 대답할 수 있을 것입니다.

「비폭력의 행은 무엇입니까?」라고 묻는다면 어떻게 대답할까요?

이것은 모든 종교에 공통된 교의입니다. 그러나 왜 비폭력이어야만 하느냐는 배경은, 「창조자가 그렇게 말했기 때문에 그에 따른다. 」라는 것이 아니고, 「인과에 있어 연기의 이론에 의한 것이다」라고 답해야 합니다.

그러면 다음으로 「연기는 무엇입니까?」라고 물어올 것입니다.

그때는 「연기라는 것은 굉장히 재미있는 주제입니

다.」라고 말하는 것만으로 충분합니다. 연기의 사상을 알고 싶다면, 조금이라도 경전을 읽고 공부하지 않으면 이해할 수 없기 때문입니다.

우리는 불교도로서 「부처님께 귀의합니다, 법에 귀의합니다, 승가에 귀의합니다.」라고 입으로 말만 하는 것으로는 연기를 알 수 없습니다. 「삼보에 귀의합니다. 삼보에 귀의합니다.」라고 외우고 있지만 말고, 우리는 21세기의 불교도가 되어야 합니다.

옛날 오래전 시대에는 삼보에 귀의한다는 귀의문을 외운다든지, 진언을 외운다든지, 십선계[86]를 지키고 악행을 금지하고 선을 실천하며 인생을 보내도 좋았을 것입니다. 열심히 그것을 외우고 있어도 좋았을 것이고, 그 정도로도 불교도로서 충분했습니다. 그러나 이미 그런 시대는 끝났습니다. 현대는 그렇게 하는 것만으로는 안 됩니다.

---

86) 불교의 열 가지 도덕 규범으로서 기본적인 계율인데, 불살생不殺生 · 불투도不偸盜 · 불사음不邪婬 · 불망어不妄語 · 불양설不兩舌 · 불악구不惡口 · 불기어不綺語 · 불간탐不慳貪 · 부진에不瞋恚 · 불사견不邪見이다.

(7) 해탈에의 여정

지혜라는 것은 연기의 이론에 대해 충분히 이해하는 것으로 생각합니다. 연기의 진리를 잘 이해한다면 해탈이 있을 수 있다는 것을 이해할 수 있게 됩니다. 그것이 이해된다면 고통의 체험에서 벗어나 해탈을 얻고 싶다고 생각하게 될 것입니다.

불교에는 그 해탈을 얻기 위한 가르침이 있습니다. 사실은 불교의 가르침을 구한다는 것은 해탈을 얻고 싶다는 마음이 있다는 것입니다.

좋은 환생과 천상계[색계, 무색계][87]에 태어나기 위한 수단은 육사외도[88]들도 설명하고 있고, 천상계에 태어나는 것은 육사외도에도 있습니다. 또 내세를 믿지 않는 사람이라도 좋은 환생을 얻는 예는 있다고 생각합니다.

....

[87] 윤회의 육도·삼계(욕계·색계·무색계에서 생기는 미혹의 세계) 가운데 욕계를 벗어나서 얻을 수 있는 상태가 색계·무색계이다. 색계는 정상적인 신체를 가진 하늘의 세계이며, 선정의 깊이에 따라 사는 단계가 4가지로 나뉜다. 무색계는 색계 위에 있고 거친 단계의 신체를 동반하지 않는 정신적인 영역으로 역시 선정의 깊이에 따라 사는 단계가 4계로 나뉜다.

[88] 부처님의 시대에 갠지스강 중류의 마가다 지방(비하르주 남부)에서 활약하던 여섯 명의 사상가와 철학 종파이다. 니간타 나타뿟따가 설명한 자이나교 이외는 현재 남아 있지 않은데, 그 외는 도덕부정론(뿌라나 깟사빠), 결정론(막칼리 고살라), 유물론(아지따 께사깜발린), 칠요소설(빠꾸다 깟짜야나), 회의론자(싼자야 베랏티뿟따) 등이다.

그러나 내세를 믿고 윤회의 좋은 환생을 믿는 것은 불교의 특징입니다.

석가모니 부처님은 사성제[89]를 설하셨는데, 그 가운데 멸제滅諦에 대해 배우고 이해하면 해탈을 얻는 수단을 얻을 수 있게 됩니다. 이것은 불교에만 있는 특징적인 해탈에의 여정이라 생각합니다.

고제苦諦[90]의 수단을 생각한다면, 「고고苦苦」[91]를 없애기 위해 십선계 등의 계율을 실천하는 것입니다. 이러한 교의는 많은 종교에서도 공통되게 볼 수 있습니다. 변화의 고통인 「괴고壞苦」[92]를 극복하기 위해서는 천상계의 수습에 노력해야 합니다. 색계·무색계의 선정을 닦는 것으로 괴고에서의 해방을 얻는 것입니다. 이것은 육사외도의

---

89) 석가모니 부처님이 깨달음을 얻은 후, 초전법륜에서 설했다고 하는 4가지의 진리인 고제·집제·멸제·도제를 말한다. 「고제」는 생로병사, 원증회고, 애별리고, 4고8고四苦八苦 등 윤회 속에 머무는 한 미혹의 고통은 생긴다는 진리. 「집제」는 괴로움의 원인은 갈애와 욕구 등 무명의 연기와 인과에서 생긴 번뇌나 업이라는 진리. 「멸제」는 번뇌와 업을 끊는 것으로 고통을 가라앉혀 지멸시키는 과정을 거쳐 고통에서 벗어나 과실이 없는 완전한 상태가 된다는 진리. 「도제」는 고통의 지멸에 이르는 길. 팔정도를 비롯하여 수도修道의 실천 진리인데, 사성제는 불교의 기본 이념을 보여주는 근본 교리이다.

90) 역주(53)를 참조

91) 병과 상실 등의 육체적·정신적인 고통인 직접적인 고통인데, 좋아하지않는 대상으로부터 느낀다.

92) 좋아하는 것을 잃거나, 변화하는 것에 의해 느끼는 고통이다.

가르침에서도 볼 수 있습니다. 그리고 「행고行苦」[93]에서 사람을 해방시키는 수단이 해탈이고, 이것이 멸제滅諦입니다. 따라서 연기의 이론이라는 것은 불교에 있어서 굉장히 중요한 주제입니다.

우리가 불교의 가르침을 믿는 불교도라면 이 가르침의 내용을 공부하여 깊이 이해하여야 합니다.

우리는 괴로움을 추구하지는 않습니다. 행고行苦에서 벗어나고 싶다는 마음이 일어나면, 행고의 원인인 번뇌를 일으키는 무지와 사견邪見은 바람직하지 않다는 것을 알게 됩니다. 바람직하지 않다는 것을 안다면 그것을 버리고 싶다는 마음이 생깁니다. 이렇게 해서 무지 때문에 생기는 사견을 어떻게 끊을 것인가를 추구해가게 됩니다.

사견이 받아들이고 있는 대상이 실제로 있는지 없는지, 존재하는지 존재하지 않는지를 현실적으로 알아보고 관찰합니다. 그리고 자신의 무지한 마음이 받아들이

· · · · · · · · · · · · · ·

93) 윤회에 지배당한 존재인 중생에게 깊이 내재한 보편적인 괴로움인데, 오온에 의해 구성된 심신에 편재한다.

는 대상은 실제로는 존재하지 않는다는 것을 이해할 수 있다면, 사견은 버려야 마땅하다는 것을 깊게 이해할 수 있을 것입니다.

그 사견을 가진 마음도 본래는 명료하고 흐림이 없는 맑은 것이며, 본질에서는 무지와 사견의 성질을 가지지 않은 청정한 것이었습니다.

무지에서 일어나는 사견을 비롯한 번뇌의 마음은 거기에 훈습[94]의 마음도 동반하고는 있지만, 그 모든 것은 우리 마음의 성질로 보면 일시적인 것, 즉 객진 번뇌[95]밖에 없는 것입니다. 본질적인 마음에는 객진 번뇌는 포함되지 않습니다.

예를 들면, 우리에게는 선善과 불선不善의 마음이 있는데, 그들 마음은 「80자성의 분별심[80번뇌]」[96]이라는 거친 단계의 마음 상태에서 볼 수 있는 것입니다. 이것은 이른바 속세간의 일반적인 통상의 마음 상태이지만, 80

....

94) 세속의 현행과 인상이 미세하게 마음에 잔류한 영향을 말한다. 이 경우는 소지장으로 이루어진 미세한 잠재인상의 영향이나 잠재적인 여력을 말한다.

95) 우발적으로 외부에서 가져온 번뇌에 의한 마음의 더러움을 말한다. 깨달음의 방해가 되는 마음의 더러움은 본래의 마음에 갖추어진 것이 아니고 일시적으로 부착된 티끌 같은 것에 지나지 않는다고 하는 것이다.

96) 일반적인 일상에 나타나는 마음의 80종류의 상태를 말한다. 거친 단계에서 표면화한 의식을 80으로 분류한 것이다.

자성의 분별심을 멸했을 때, 죽음의 과정 중에서 우리의 마음은 미세하여 완전히 무기無記[97]가 됩니다.

그 상태는 중립의 마음으로, 선도 아니고 불선도 아닌 무기의 상태입니다. 여기에서 마음은 무기 이외의 상태는 아닙니다.

유가행(요가)의 실천에서는, 이러한 미세한 단계의 무기의 마음 상태를 달성하고, 마음을 선善으로 바꿀 수가 있는 것입니다. 이것을 「구생俱生의 광명심」이라든가, 「잠재적인 구생의 광명」이라고도 합니다. 이 미세한 마음의 상태는 번뇌의 영향을 받지 않습니다. 유가행 명상의 힘으로, 외부에서의 번뇌의 더러움에 물들지 않은 선善의 마음을 달성합니다.

해탈에 도달 가능한 길은 다음에 서술할 두 가지 이론에서 가르치고 있습니다.

하나는, 『반야경』[98]에서 설명하고 있는 「모든 존재는 자성을 갖고 있지 않다.」라는 것, 또 하나는, 『보성론』

....

97) 선善도 악惡(不善)도 아닌 성질이다.
98) 자세하게는 『반야바라밀(다)경』. 주로 공의 사상이 지지하는 지혜의 완성(반야바라밀)을 설명한 경전의 총칭이다. 최초의 『반야경』의 원본은 기원 전후의 무렵에 성립되었다. 파생하는 같은 명칭의 경전이 다수 전해지고 있다.

등 제3전법륜의 여래장계의 경전[99])에 있는 「마음의 본질은 광명이고, 눈부시게 빛나는 청정이다.」라는 것입니다. 즉 무자성과 공의 이론, 자성 청정심과 객진 번뇌라는 두 가지 이론입니다.

이 두 가지 이론을 잘 이해하면, 실제로 더러움이 없어지고, 번뇌를 정화하는 마음이 있다는 것, 또한 그것을 얻을 수 있다는 것을 알게 됩니다. 무지·무명에 의한 사견을 통해 볼 수 있는 것은, 마음의 본질인 「잠재적인 구생의 광명」[자성청정심]이 아니고, 아집과 번뇌 등이 객진으로 나타나 마음의 더러움이 되어있는 일시적인 존재를 나타낸 상태입니다.

그 과정에서, 마음의 본질인 광명에 포함되지 않는 일시적인 마음의 더러움은 제거할 수 있는 것이라는 것을 알게 됩니다. 객진번뇌를 멸하는 수단을 생성하여 직접 대치하면 객진번뇌는 멸할 수가 있다는 걸 알게 됩니다. 처음부터 바르게 인식하는 것은 어려울 수도 있지만, 추

· · · · · · · · · · · · · ·

99) 티베트불교에서는 부처님께서 3번에 걸쳐 가르침(법)을 설했다고 하는데, 그 세 번째의 「전법륜」의 내용을 나타내는 『여래장경』은 마음의 광명과 공성, 도제道諦를 상세하게 해설한 경전이라 한다. 「모든 중생은 여래장이다.」라고 설하고 있으며, 본성인 불성(佛性:마음의 광명)은 객진번뇌客塵煩惱를 제거하는 것으로 빛을 발한다고 설하고 있다.

측하는 것으로 감각적으로는 이해할 수 있게 될 것입니다.

무지에 기인한 사견을 직접 대치하는 마음이라는 것이 생긴 결과가 멸제이며, 멸의 경지를 얻기 위해 닦아얻는 것과 달성하기 위해 도제道諦가 있습니다.

이것을 이루어서 해탈하신 분이 석가모니 부처님이신데, 우리도 바른 이해에 이르기 위해서는, 사성제를 설명하신 석가모니 부처님께 귀의하는 것이 중요합니다. 그리고 이것을 성취하려고 하는 승가에 귀의하는 것도 또한 중요한 것입니다.

(8) 지혜와 자비

이렇게 하여 지혜에 의해 행고行苦를 잘 고찰하고 이해하며, 그 이해가 자신의 견해가 될 때 괴로움을 벗어나 해탈을 구하고자 하는 마음이 생겨날 것입니다. 이것이 「출리의 마음」입니다. 그리고 그것이 남에 대한 것일 때 「대자비」가 생겨납니다. 중생에 대해 따뜻한 자애의 마음이 생기고, 중생들의 괴로움을 이해하며 중생들이 그 괴로움에서 벗어나기를 원하는 연민의 마음이 생기게 됩니다. 그것이 자비의 마음입니다.

그러한 자애와 연민의 자비가 생겨나면 자신의 번뇌를 버리고, 깨달음[해탈]을 얻기 위해서는 지혜야말로 필요불가결하다는 것을 알게 됩니다.

중생들이 고통 때문에 괴로워하고 있고, 모든 존재가 괴로움의 상태에 있는 것에 자애와 연민을 느낍니다. 그런 가운데 자신이 괴로움의 원인을 알고 있다면, 모두가 괴로움에서 벗어날 수 있도록 어떻게든 스스로 온갖 수단을 다 쓰고 싶다고 생각할 것입니다.

그러나 일체중생들은 무수히 많고, 능력·흥미·기대·관심도 여러 가지로 무수히 많습니다. 그런데도 지금의 자기 자신의 모습은 한 사람의 인간에 지나지 않고, 마치 아무것도 할 수 없는 상태입니다.

예를 들면, 지금 자신이 어머니라고 해 보겠습니다. 아들이 강에 떠내려가고 있습니다. 그러나 아들을 구하려고 강에 들어가면 자신도 떠내려가 버립니다. 한 사람의 어머니로서 아들을 구할 수 없습니다. 아무것도 할 수 없는 상태입니다. 그것이 우리 자신의 모습이라고 생각합니다.

지금 자신은 아무것도 할 수 없지만, 깨달음을 얻는다면 남을 도울 수 있습니다. 일체중생을 구제할 수 있습니다. 그러므로 남을 위해서 일체지자의 깨달음을 얻으려는 의지, 그러한 마음이 생겨나기 마련입니다. 그러한 뜻을 품은 마음, 동기가 중요한 것입니다.

단순히 「해탈하고 싶다」라든가, 「깨닫고 싶다」고 말하거나 생각하는 것만으로는 그 동기조차 얻을 수 없습니다. 노력하여 마음을 수습하고, 훈련해 가는 것이 중요합니다. 근본적으로 이론적으로 깊게 잘 생각해 봐야 합니다.

예를 들어, 까담빠[100] 수행자의 말씀에, 「모든 것은 언제나 변화한다. 사물은 그대로인 것이 없다. 백 년 동안 생기지 않은 것도 언젠가는 생기게 된다.」라고 하였는데, 이것은 사실이며 맞는 말입니다. 백 년 지나도 얻을 수 없다고 생각한 것도, 시간이 지나 어느 날 자신이 체

---

100) 아띠샤 존자 입적 후, 그의 가르침을 계승한 제자 돔된빠가 연 종파이다. 후에 이 종파를 계승한 겔룩빠를 「신 까담빠」라고도 하였다.

험할 날이 오는 것입니다.

　불법의 수행을 시작한 즈음에는, 도저히 자신은 불가능하다고 생각한 것, 아득히 멀리 있다고 느낀 것도, 수행을 거듭하여 반복하고 마음이 익숙해지도록 훈련을 쌓아가는 동안에, 마치 자신의 옆에 있는 것처럼 가깝게 느낄 수 있게 되고, 자신의 것이 되어갑니다.

　그중에서도 깨달음을 위한 실천 방법의 내용을 이해할 수 있도록, 자신의 의식을 키워가는 것도 중요합니다. 명상과 수행을 계속하면 언젠가 자신이 명상 중에 체험한 것이 현실의 생활에서 체험하게 됩니다.

　거듭 시간을 쌓아 계속해 가면 자신과 실천이 하나가 되는 때가 오고, 더욱더 계속하면 자신이 노력한 대로 체험을 할 수 있게 됩니다.

　그렇게 하여 실천을 계속해 가는 동안 노력하지 않아도 자연히 체험이 나타나는 단계가 됩니다.

　『반야심경』의 「가떼 가떼 빠라가떼 빠라상가떼」라고 하는 구절은, 마음 수행의 진행 단계를 서술하고 있는 것입니다. 마음이 차례차례 단계를 밟아 올라갈 수 있다고 하는 의미입니다.

그러므로 수행자라면 실천의 계획을 세워야만 합니다. 그것은 굉장히 중요합니다. 자신의 마음을 방치하지 않는 것입니다. 세상의 통속적인 생각 중에 마음을 방치한 채로 있으면, 몇 년이 지나도 평범한 것밖에 할 수 없습니다. 마지막으로 죽어갈 때도 평범한 사람인 그대로이라면, 수행자로서는 상당히 유감스러운 것입니다.

까담빠 수행자의 말에 있는 것처럼, 「한두 달 죽지 않고 살아 있을 수 있다면, 금생의 목적을 달성하도록 하자. 1, 2년 죽지 않고 살아 있을 수 있다면, 인생의 궁극적인 목적[깨달음]을 달성하도록 하자.」라는 이 정도의 기개를 가져야 할 것입니다.

이것은 굉장히 중요한 관점이라고 생각하는데, 여러분은 그렇게 생각지 않습니까? 자신에게 그렇게 물어보십시오.

4. 본존의 명상瞑想(「중관의 사념주」－③본존의 염주)

(1) 불교 탄뜨라의 실천

청정한 심신을 가지고 바라보면
거기에 환희가 넘치는 본존의 주처가 있고,
본존의 3불신佛身이 나의 몸에 있으니
자신을 평범하게 보지 말고,
이 세상의 현상에 사로잡히지 않은 채
명료하게 일어나는
깊고 깊은 진리의 현현을 응시할지라.

끝없이 방황하는 마음을 묶어 놓고
마음은 깊고 명료한 상태로 있을지라.

있는 그대로 마음을 방치하지 말고
음미를 시작할지니,
항상 마음은 깊고 명료하게 있도록.

이 내용은 무상유가 탄뜨라의 실천법입니다. 물론 다른 모든 밀교의 가르침에도 이 내용은 필요하다고 여기고 있습니다.

밀교에는 ①소작所作탄뜨라, ②행行탄뜨라, ③유가瑜伽탄뜨라, ④무상無上유가탄뜨라의 네 가지가 있습니다. 또 다른 설로는, 내內탄뜨라 세 가지와 외外탄뜨라 세 가지로 분류하는 예도 있습니다. 또 여섯 가지로 나뉘는 예도 있습니다. 구역舊譯 밀교인 닝마빠에서는 구승九乘의 탄뜨라로 설명하기도 합니다. 그것은 현교의 세 가지 [성문·연각·보살]에, 밀교의 소작·행·유가 탄뜨라 세 가지, 그리고 [최후의 승乘인] 무상유가 탄뜨라 세 가지입니다. 신역 밀교에 의하면, 무상유가탄뜨라를 ①모母탄뜨라, ②부父탄뜨라, ③불이不二탄뜨라로 설명하는 예도 있지만, 구역 밀교인 닝마빠에서는 무상유가탄뜨라 세 가지를 ①「대大유가」, ②「수隨유가」, ③「극極유가」로 설명하고 있습니다.

이들 무상유가탄뜨라의 경전에서는 주로 만뜨라(진언)에 근거한 가르침이 설명되어 있고, 산스크리트어로 표현되어 있습니다. 만트라의 어원은 「만man」과 「뜨라tra」

라고 하는 두 가지 말로 이루어져 있습니다. 「만」은 「마음[心]」과 「뜻[意]」을, 「뜨라」는 「해방」과 「구제」를 의미합니다. 따라서 만뜨라는 「마음을 구원한다」라는 의미가 됩니다. 「마음을 구원한다」라는 것은 어떤 의미인가 하면, 이것은 통상 인식의 현상에 사로잡힘에서 마음을 구원한다는 것입니다.

그러면 현현에 사로잡힌 마음을 구제한다는 것은 어떤 것인가요? 그것은 오감[다섯 감각의식]에 사로잡힌 모든 사물은 통상적인 모습의 현상[현현]이 되지만, 마음의 측면에서는 그 통상적인 모습이 나타나는 방면[현현해 있는 상태]을 부정하고, 멈출 수가 없다고 하는 것입니다.

통상적으로 보이는 모든 사물에 사로잡힌 식별을 없애는 것입니다. 그렇게 해서 마음에서는 현현과 그 사로잡힘을 소멸시키는 그것이 마음을 구하는 것이 됩니다.

일반적으로 불교에서는 오감의 감각의식에는, 모든 사물의 존재가 「실체의 현상」으로 받아들이는 경우와, 「실체의 현상」으로 받아들이지 않는 경우가 있다고 여기고 있습니다. 부정해야 마땅한 대상인 단독으로 자존自存하는 양상[自性, 自相]이 그때 나타나 있는가, 있지 않은가를 생각해 보겠습니다.

어느 쪽의 경우라도 오감 의식으로 받아들이면 모든 것은 실재하고, 실체가 있는 것처럼 나타납니다. 그러나 마음과 의식 중에서는 시각으로 받아들여 보이는 그대로 모든 것은 독립하여 존재한다고 생각하지 않거나, 실체로서는 있을 수 없다고 생각하는 예도 있을 것입니다.

실체는 나타나지만, 단독으로 자존한다는 자성은 없다는 무자성을 자기 자신의 체험에서 얻을 수 있다면, 오감 의식에서 받아들인 모든 것이 실체로서의 현상이라고 믿지 않고 부정할 수 있게 될 것입니다.

즉, 오감의 의식에서 받아들여진 모든 것의 통상적인 현상[현현]과 사로잡힘[집착]을 명상으로 서서히, 서서히 부정해갑니다. 그러한 삼매[101]의 체험과 함께 현현에 대해서 마음속에 강한 부정을 인식할 수 있게 되고, 모든 것은 무자성이라는 것을 이해할 수 있게 됩니다.

우리의 신체도 마찬가지입니다. 우리의 신체도 통상의 현상[현현]으로 존재하고 인간으로서의 여러 가지가

· · · · · · · · · · · · · ·
101) 마음을 대상에 집중한 흐트러짐이 없는 조용하고 깊은 명상 상태.

나타나고 있지만, 마음속에서는 그것을 부정하고 자신은 그렇게 평범하지 않다고 볼 수가 있습니다.

본존 유가의 수행에서는, 자신은 평범한 보통의 인간이 아니고 부처 그 자체, 보살 그 자체의 존재라는 확신을 얻을 수 있습니다.

마음을 만심慢心의 상태에 머물게 하지 말고, 통상적인 모습의 현상[顯現]과 그 현현에 사로잡혀 있는 마음을 구제하는 수단으로써, 즉 오감에 대한 감각 의식의 현상과 그 사로잡힘에서 마음을 구제하는 수단의 하나로, 본존 유가의 명상으로 마음의 집중력을 높여갑니다. 그렇게 하여 마음속에 명확한 본존의 모습이 나타나고, 또 자신의 모습이 그 본존으로 변화하여 나타났을 때, 통상의 현상과 사로잡힘의 인식은 마음속에서부터 소멸합니다.

이렇게 하여 현현의 대치로서, 본존의 모습인 자신을 인식하고, 대상이 되는 본존의 소의[의지할 곳]와 능의[의지하는 것]의 모습102)이 마음속에 명확하게 나타나, 그 모든

....

102) 의지할 대상을 「소의所依」, 의지하는 것을 「능의能依」라고 한다. 여기서는 본존과 본존이 머무는 승의제勝義諦의 공空을 말한다.

것이 만다라라는 것[103])을 인식할 수 있습니다. 그 확실
한 존재감에 의해 통상의 감각 인식은 멈추고 현현을 제
거할 수 있는 것입니다.

이 명상과 수습의 수단은 불교 탄뜨라의 모든 것에 공
통된 실천 방법입니다. 관음보살의 성취법을 외울 때도
통상의 평범한 감각을 제거하고, 자신을 관음보살의 모
습으로 관상합니다.

(2) 본존 유가의 공성

티베트에서는 밀교가 굉장히 성행합니다. 티베트불교
전체도 밀교의 본존 유가의 영향을 강하게 받고 있습니
다. 따라서 이러한 본존 유가의 실천은 굉장히 중요합니
다. 본존 유가의 중요성을 우리는 확실히 인식해 두어야
합니다.

이전에 스리랑카의 한 장로가 이렇게 말했습니다.

· · · · · · · · · · · · · ·
103) 여기에서는 티베트불교의 만다라가 포괄적으로 표현하는 공성의 우주관을 가리
킨다.

「밀교의 가르침은 매력적입니다. 해탈을 생각지 않고, 밀교에서는 재산과 장수와 힘 등을 얻을 수 있는 수단과 의식이 많이 있습니다.」

그러나 불교학자인 쿤탄 창[104]이 가르친 것처럼, 밀교는 주의 깊게 행해야만 합니다. 한 발 잘못 나아가면, 예를 들어 밀교에서의 수행이 이번 생에 재물이나 장수 등을 획득하기 위한 수단이 되어 버리면, 수행자라 하더라도 삼악도[105]에 떨어지는 인연을 만들지도 모릅니다. 그러한 인연을 만들어서는 안 됩니다. 이것이 잘못된 동기를 가지고 본존 유가를 행해서는 안 되는 중요한 이유입니다.

보통 일반사회에서 폭력을 행사하는 사람을 죽이면 법률에 따라 엄중한 처벌을 받게 됩니다. 밀교의 수행자가 집안에서나 동굴에서 관상·명상을 할 때, 그 수행의 동기에 분노나 집착, 파괴적이고 폭력적인 감정을 가진

....
104) 쿤탄 창(1762~1823)은 쿤탄 텐빼 론메라고도 하며, 암도 지방 출신이다. 동티베트의 라랑 따시키르 승원의 21대 원장이었다. 라싸의 데풍사에서 불교철학을 배우고, 게셰 학위를 취득하였다. 12권이나 되는 티베트불교와 탄뜨라에 관한 저서를 남겼으며, 그의 가르침은 지금도 높이 평가되며 계승되고 있다.
105) 육도 윤회 중에 지옥·아귀·축생의 삼도를 말한다. 악행의 결과로 따르는 고통이 큰 세계이다.

채 「네 가지 업의 성취법」[106]을 수행하면 안 됩니다. 그런 동기는 탐욕의 소행입니다. 재물과 장수를 얻기 위한 성취법이나 기원이 결과적으로 탐욕의 성취가 되어 버리기 때문입니다. 밀교의 경전에도 그렇게 설명하고 있습니다.

밀교의 특별한 수행 중에는 상대를 마음속으로 강하게 이미지화해서 격한 감정을 나타내며 행하는 의식도 있고, 의식문에서도 과격한 언어를 사용하는 게송을 외우기도 하고, 수행자가 싸우는 것처럼 강한 의식을 가지고 붉은 삼각형의 또르마를 던지는 의식도 있습니다.

그런데 이런 의식은 일반인들이 할 수 있는 수행이 아니기도 하지만, 전문적인 수행자라 하더라도 굉장히 주의 깊게 행하지 않으면 위험합니다. 그렇게 하지 않으면 수행자 자신에게도 다른 해를 미치게 하는 의식이 되어 버리므로 매우 주의해야 합니다.

그러므로 현현한 것에 사로잡히는 감각을 중지하고, 청정한 본존의 감각으로 관상하며, 청정한 네 가지의 감

....
106) 본존 친근 후에 행하는 실지의 수법으로 식재(평화), 증익, 조복, 경애(자재력)의 네 가지를 가리킨다.

각[장소·신체·재물·행위]을 유지한 채 수행해야 합니다.

그렇게 수행하지 않으면 밀교의 수행이라는 의미는 없습니다. 단지 형식적으로 밀교라는 말을 사용할 뿐인 수행은 매우 위험한 것입니다. 「본존 유가」나 「공성에 대한 관상」 없이, 단순히 의식이나 법요를 행하는 것으로는 유익하지 않을 뿐만 아니라 도움이 되지도 않습니다.

수행자가 많은 의식과 법요를 행해왔지만 뭔가 특별한 효과가 없었다면 밀교의 본질적인 수행 없이 외형적인 의식만 행했기 때문이라 볼 수 있습니다. 그러므로 밀교의 실천은 아주 바르고 순수하고 정당하게 한다는 것이 중요한 것입니다.

순수한 밀교라는 것은 어려운 것입니다. 순수하고 정당한 밀교는 본존의 모습에 의해 맑고 청정한 감각으로 실천해야 합니다.

또 옛 인도의 불교 수행자 중에 '본존 유가는 사견의 대치가 되지 않는 것이 아닌가? 우리의 윤회의 근본 원인인 실체를 받아들이는 의식과 무지에 의한 사견에서 생기는 괴로움의 원인을 본존 유가로 소멸시키는 것은 어렵지 않을까?' 라는 의문을 가지는 사람이 있었습니다. 그에 대해서 롭상예셰[107]의 말씀에 있는 것처럼, 「본존유가의 관상」은 실체성을 취하는 의식을 제거하는 것이 아니면 안 됩니다.

차크라와 맥관 등을 명상하고, 마음을 집중하는 것은 다른 종교에도 있습니다. 그러나 밀교의 본존유가를 실천할 때 중요한 것은, 「공성의 지혜에 근거해서 관상하는 것」입니다. 롭상예셰의 생기차제와 구경차제[108]의 실천에도 그렇게 설명되어 있습니다.

우리가 밀교의 의식을 할 때 맨 처음 「옴 스바와슈다 사르와다르마 스와와 슈드함.」[109]이라는 진언을 외웁니다. 모든 청정한 감각, 즉 공의 명상 상태에서 외어야만 합니다. 이 진언을 외지 않더라도, 본존의 진실의(眞實義: 진실불변의 본성)[110]와 자신의 진실의를 하나로 하여 관상하

....

107) 롭상예셰(1525~1590)는 케둡 상게 예셰라고도 한다. 짱 지방 출신으로 판첸 라마 1세(롭상 최끼 갤첸)의 근본 스승이다. 15세부터 따시룽뽀 사에서 「5종의 논서」(티베트불교 철학·중론·반야경·아비달마·계율)를 공부하고 26세에 계사戒師가 되었고, 수많은 저서를 남겼으며 위대한 스승으로 지금도 여전히 칭송받고 있다.

108) 무상유가 탄뜨라를 대표하는 두 종류의 명상법이다. 「생기차제」는 마음에 본존을 생기하고 자기와 본존의 일체화를 꾀하는 관상의 과정이고, 「구경차제」는 인간의 신체나 미세한 단계에 존재하는 차크라나 맥관 등을 제어하는 것으로 부처님의 깨달음에 이르는 수행법이다.

109) 세 가지 업을 정화하는 진언[淨三業眞言]이다. 공성의 관상에 쓰인다.

110) 진여, 법성, 사물의 진리, 진실의 불변의 본성, 즉 공성을 말한다.

여야 합니다. 즉 「본존 유가」는 아집과 사견의 대치가 되어야 하기 때문입니다.

「본존 유가」란, 공성을 이해하고 공성의 지혜에 기인한 본존의 모습이 생기도록 해야 하는데, 공성의 지혜가 없으면 본존 유가를 실천해도 무의미합니다.

「본존 유가」의 수행에서는 우선, 무아를 인식하는 것이 중요합니다. 단독으로 스스로 존재하는 자아는 없다는 무아의 관상을 확고하게 해야 합니다. 자신에게는 실체가 없다는 것을 인식하고 이해한 그 바탕 위에 본존의 모습을 생기하고, 종자나 지물持物에서 생겨나는 본존의 모습으로 관상하는 그 과정이 중요합니다.

여기에서 다시 한번 대상이 되는 본존의 모습에 무자성, 즉 실체가 없다는 공의 견해를 관상합니다. 그것이 바로 「깊고 깊은 지혜, 명료한 지혜」라는 말로 표현된 것의 의미입니다.

「깊고 깊은 지혜」라는 것은 본존의 모습이 공이라는 것, 즉 진리의 모습인 법성을 대상으로 관상하는 것입니다. 「명료한 지혜」라는 것은 자신도 공성이라는 것을 광대한 본존의 모습으로 명확하게 관상하는 것입니다. 그리고 이 두 가지가 갖추어진 것이「깊고 깊은 지혜, 명료한 지혜」가 되는 것입니다. 이것은 밀교의 네 가지 탄뜨라에 공통된 것입니다.

밀교의 무상유가탄뜨라의 가르침에는「화」나「집착」을 방편으로 사용하기도 합니다. 그러나 현교의 보살도에서는 이타행을 위해「집착」을 이용하기는 해도「화」를 방편으로 하는 일은 결코 없습니다.

그에 비해 밀교에서는 본존과의 일체화의 체험과 인식을 얻은 후에, 실천의 길로서「화」를 수단으로 사용하기도 합니다.

방편과 지혜의 특별한 인식과 체험으로「화」를 실행하지만, 그 동기는「자비」에 기초를 둡니다. 밀교에서는 이런 특별한 길이 있으므로, 분노존 등을 본존으로 하는 관상도 밀교의 실천에는 필요불가결하게 되는 것입니다.

5. 공의 명상(「중관의 사념주」 – ④ 공의 염주)

일체 소지 만다라의
가는 곳마다 넘쳐흐르는 맑은 빛이여.
그것은 존재의 궁극적인 본질이며
언어를 초월한 진리의 빛이로다.
희론의 이치에 마음이 움직이지 않도록 할지라.

이처럼 우리는 「본래, 근본에서 벗어나 있는 것」을 이해하고, 해탈을 지향해야 합니다.

「본래, 근본에서 벗어나 있다」는 것은 꾼켄 잠양쉐바 111)의 말입니다. 논증에 기인하여 이해를 확실하게 얻을 때까지 철저하게 추구하고 배워 익혀야 합니다. 단순히 입으로만 한다던가, 말을 사용하는 것이라면 간단하지만, 사물의 본질은 근본부터 존재하지 않는다는 것, 즉 근본부터 스스로 존재하는 것[자성]은 없다, 실체는 없다

---
111) 꾼켄 잠양 쉐바(1648~1721)는 18세기를 대표하는 명승 중의 한 사람이다. 겔룩빠의 데풍사 고망당의 커리큘럼을 저술했다.

는 것을 잘 이해하는 것이 중요합니다.

거기에다 마음속 깊이, 연기에 의한 본성[의존관계의 연기]에 의해 성립된 공이라는 것을 잘 이해하여야 합니다.

현현과 육식六識이 거듭되어 생겨나는
이원론二元論의 망분별妄分別과
무근無根의 현상이 소용돌이치는 혼란의 희곡戲曲,
계략이 보이는 착각,
이러한 환상들을 진리라 생각지 말고
이 맑디맑은 공성을 바라볼지라.

사물 스스로는 존재하지 않지만, 마치 사물 자체가 근본에서 독립하여 있고 실재하는 것처럼 나타납니다. 나타난 대로 실체로 받아들여, 실체화한 것을 좋은 것이라고 느낀다면 그 사물에 대해 집착이 생겨납니다. 반대로 혐오감을 품었을 때 그것에서 벗어나고 싶다고 생각하며 화가 생겨납니다. 이렇게 해서 화나 자만심이나 질투 등 모든 잘못된 마음이 생겨나는 것입니다.

아리야데바(聖天)는 『사백론四百論』[112]에서

"몸에 있어 뿌리처럼 우치[무명]는 모든 곳에 살고 있듯이, 윤회의 뿌리는 의식이다. 의식은 현상에 사로잡힌다. 나타나는 대상의 무자성을 보면 윤회는 끊어진다."라고 하였습니다.

신체에 있는 감각이 미망을 보는 것처럼, 모든 무지는 집착과 화[분노] 등의 모든 것에 머물러 있습니다. 실제 모든 번뇌도 무지를 끊어 없애는 것에 의해 소멸되는 것입니다.

무지를 어떻게 소멸시킬 것인가 하면, 「나타나는 대상의 무자성을 보면」 연기를 본 것이 되고, 그것에 의해서 무지가 생기지 않는다는 것입니다.

따라서 아리야데바의 『사백론』에도 "온갖 노력을 거듭하며 그리고 마음으로 연기에 관해 이야기하자. 연기를 이해하면 무지가 생길 일은 없다. 연기를 설하기 위해 모든 노력을 하자."라고 말하고 있습니다.

· · · · · · · · · · · · · · ·

112) 아리야 데바(聖提婆)의 저작. 아리야 데바는 나가르주나의 제자로 함께 중관파의 조사로 추앙되고 있다. 다른 학파나 육사외도와의 비교 논증을 통해 중관 사상의 견해를 명확하게 나타내고 있는 『사백론』은 중관파를 배우는 기본 논서의 하나이다. 본론이 400계송이나 되기 때문에 『사백론』이라 이름 붙여졌다.

여기서 한 번 더, 「공의 염주」를 인용해 보겠습니다.

무근無根의 현상이 소용돌이치는 혼란의 희곡戲曲,
계략이 보이는 착각,
이러한 환상을 진리라 생각지 말고
이 맑디맑은 공성을 바라보라.

모든 것은 공의 성질을 가진 것이고, 나타나 있어도 환영처럼 실제로 실체도 없습니다. 모든 것의 본질은 공성이라는 것입니다.

끝없이 방황하는 마음을 묶어 놓고
마음은 공에 두도록 할지라.

있는 그대로 마음을 방치하지 말고
음미를 시작할지니, 항상 마음은 공에 있도록.

이 「중관의 사념주」는 껠상갸초(달라이 라마 7세) 존자가 공의 견해를 자신의 마음에 스며들게 하려고 저술한 것입니다. 그 근원이 되는 것은 문수보살이 쫑카빠 대사에게 공성의 지혜를 실천하도록 내린 가르침입니다.

세존의 지혜의 몸[智身]이시자,
대정계大頂髻를 갖춘 말씀의 주인이시라.
지혜의 몸으로 스스로 생겨났으니
성스러운 「문수지혜살타」이시나이다.

『성 문수사리진실명경』 제10송)

비할 바 없는 최상의 님이신 부처님
께서는 신들과 인간들의 유익·이익·행복을 위하여, 위없는
것을 알고, 위없는 것을 주고, 위없는 것을 가져오는 최상의
위없는 가르침을 설하셨습니다.

부처님께서 입멸하신 뒤, 지존한 스승이신 부처님에 대한
외경과 흠모의 마음에서, 그리고 부처님의 가르침을 기억하

고 새기고 사유하기 위해 부처님의 깨달음과 지혜, 부처님의 모든 가르침 그 자체를 인격화하여 「만주쓰리(文殊師利:妙吉祥)」라 이름하였습니다.

다르마dharma, 법을 인격화한 대승불교는 문수사리를 중심으로 수많은 경전을 성립시키며, 부처님 가르침을 마하야나 mahāyana 대승의 언어로 다시 천명하였습니다. 특히 티베트불교에는 단순히 부처님 가르침의 교리체계를 정립하는 데 그치지 않고, 부처님 가르침으로 상구보리上求菩提의 자리自利와 하화중생下化衆生의 이타利他라는 궁극적인 목적을 성취할 수 있는 실천·수행체계를 명확하게 제시하는 특징을 가지고 있습니다.

이 책은 불교의 근본 교리와 수행체계를 바탕으로 문수사리의 지혜에 의한 구원의 가르침으로 전해지고 있는 제[je] 쫑카빠 대사의 『도의 세 가지 요결』과 사꺄 빤디따의 『네 가지 사로잡힘에서 벗어나는 비결』을 게셰 소남 갤첸 곤다 스님이 해설한 것에, 특집으로 달라이라마 존자님이 해설하신 껠상 갸초(달라이라마 7세) 존자의 『중관의 사념주』 법문을 꾼촉 시타르가 채록한 것을 역자가 추가한 것입니다.

특히 『중관의 사념주』는 티베트불교의 한 부분인 밀교의 가르침과 중관사상을 통합하여 수행하는 요점을 나타낸 게송인데, ①「스승의 염주」②「자비의 염주」③「본존의 염주」④「공의 염주」라는 네 가지 주제로 되어 있습니다.

티베트불교에서 '스승[guru/lama 上師]'은 삼보를 구현한 존재라고 하는데「스승의 염주」의 해설에서 달라이라마 존자님은, 티베트불교 겔룩빠의 전통적인 기원문인「믹쩨마」와「간덴 하갸마」를 외우면서 삼대 보살(관음·문수·금강수)과 쫑카빠 대사를 한 몸으로 생각하며 의지하는 관상을 통해 스승의 염주[명상]의 중요성을 말씀하고 있습니다.

두 번째「자비의 염주」에서는 윤회 속에 있는 일체중생, 즉 모든 살아있는 존재의 고난에 가득 찬 상태, 특히 우리 인간들이 직면하고 있는 괴로움의 본질에 관해 설명하고, 괴로움의 상태에 있는 모든 존재에 대해 한량없는 자비의 마음을 일으키는 것의 중요성을 강조합니다.

세 번째「본존의 염주」에서는 티베트불교를 실천하는 과정에서 단계를 거쳐 밀교의 가르침을 받게 되는데, 밀교수행의 진수는 본존 유가에 있습니다. 밀교 수행의 특징인 자신을 본존으로 관상하는 성취법을 설명하면서 본존 유가를 바르게 실천하기 위해서는 공성의 지혜에 대한 이해가 불가결하다는 것을 역설하고 있습니다.

　마지막으로 「공의 염주」에서는 모든 것의 본질은 공성이며, 스스로 단독으로 독립하여 존재하는 것이 아니라고 설명합니다. 공성의 지혜는 모든 번뇌와 고난의 근원을 끊기 위해 부처님이 설하신 가르침의 핵심입니다.

　『중관의 사념주』 해설에서, 이 시대에 우리는 특히 바른 믿음을 가지고 계율을 지키는 바탕 위에 「지혜」에 대한 깊은 이해가 필요하다고 하고 있습니다. 우리가 이렇게 계·정·혜 삼학을 온전히 갖추었을 때 비로소 불교의 궁극적인 목표인 윤회를 종식하고 번뇌가 남김없이 지멸된 니르바나nirvana 열반을 성취할 수 있기 때문인데, 달라이 라마 존자님은 자신의 현세에서의 행복과 평안을 위해서도, 자비와 지혜를 동반한 수행을 반복하여 실천해가는 것이 중요하다고 강조하고 있습니다.

　깨달음을 이루시고 최초로 설하신 경 『초전법륜경』에서, 「부처님께서 설하신 가르침」은 우리에게 "눈을 생기게 하고, 앎이 생기게 하며, 궁극적인 고요, 곧바른 앎, 올바른 깨달음, 열반으로 이끄는 것"이라고 하셨습니다.

　이러한 부처님의 지혜와 가르침을 인격화한 「문수사리의

지혜에 의한 구원의 길」을 전하고 있는 이 가르침에 의지해 수행함으로써, 생로병사와 슬픔·비탄·고통·근심·절망의 모든 괴로움에서 벗어나고 윤회가 없는 니르바나 열반을 증득하여 어떠한 괴로움도 없는 지복의 삶을 짓게 되기를 축원하면서 「로되타애 린뽀체」의 말씀으로 발원합니다.

"세간의 어디든 스승[導師]께서 계시지 않으면,
동자童子의 모습으로 나투시어
여래의 사업을 행하시며
여래의 교법을 짊어지시는
문수사리 묘길상妙吉祥이시여,
저의 스승이 되어 주소서."

Buddha Sasanam Ciraṃ Tiṭṭhatu.
부처님 가르침이 오랫동안 머물기를 기원합니다.

람림의 마을 보리원 람림학당
텐진윗쑹 고천 석혜능

문수사리에게
깨달음에 이르는
세 가지 길을 듣다

초판 인쇄 | 불기 2566(2022)년 3월 10일
초판 발행 | 불기 2566(2022)년 3월 17일

본   송 | 쫑카빠, 사꺄 빤디따
해   설 | 소남 걜첸 곤다
옮   김 | 고천古天 석 혜 능釋慧能
          정족산 보리원 람림학당
          울산광역시 울주군 웅촌면 은하1길 16-3
          전화 : (052)227-4080 E-mail : vajrapani1214@gmail.com

펴 낸 이 | 김주환
펴 낸 곳 | 도서출판 부다가야
등   록 | 1992년 7월 8일
등 록 번 호 | 제 5-387호
주   소 | 부산광역시 부산진구 중앙대로 940(양정동)
          출판 : (051)865-4383 · 팩스 : (051)865-4821

편집디자인 | 대한기획
          전화 : (051)866-7818 · 팩스 : (051)864-7075
          E-mail : daehan5680@daum.net

ISBN   979-11-86628-37-9(03220)

값 18,000원

TIBETBUKKYOU MANJYUSYURI NO HIKETSU by GESHE SONAM GYALTSEN GONTA
Copyright ⓒ Geshe Sonam Gyaltsen Gonta, 2004
All rights reserved.
Original Japanese edition published by Hozokan, Inc., Kyoto
Korean translation rights ⓒ 2022 by BUDDHAGAYA
Korean translation rights arranged with Hozokan, Inc., Kyoto through EntersKorea Co., Ltd. Seoul, Korea